마키아벨리
군주론

마키아벨리 군주론

니콜로 마키아벨리 **지음**

신동준 **옮김**

ⓘ 인간사랑

이 책을 은사이신 고故 인산仁山 김영국金榮國 선생님 영전에 바친다.

필자는 비록 마키아벨리를 주제로 학위논문을 쓰지는 않았으나 그와의 만남은 멀리 학부시절까지 거슬러 올라간다. 마키아벨리의 『군주론』 저술의도가 그렇듯이 필자 역시 지난 1975년 대학에 입학한 이후 현재에 이르기까지 수십 년 동안 계속 하나의 주제를 천착하고 있다. 난세 속에서 이상과 현실을 조화시킬 해법은 과연 무엇인가 하는 물음이 그것이다. 1998년의 박사학위 논문 주제를 춘추전국시대의 제자백가에서 찾은 이유가 여기에 있다. 여기에는 석사학위 취득 후 10년간 저널리스트로 활동하면서 '3당통합' 등의 막전막후 드라마를 현장에서 직접 살펴본 게 큰 도움이 됐다.

필자가 다시 박사과정에 들어가게 된 데에는 논문 지도교수인 최명崔明 서울대 명예교수와 지난 2000년 작고하신 인산仁山 김영국金榮國 은사의 도움이 컸다. 조선일보와 중앙일보 주필을 지낸 유근일과 문창극 선배의 뒤를 이어 모교 정치학과에서 박사과정을 이수한 3번째 현직언론인이 된 배경이다. 잊지 못할 은혜를 입은 셈이다.

이번에 지도교수의 역저 『춘추전국의 정치사상』(박영사, 2004) 후속편에 해당하는 『춘추전국의 제자백가』(인간사랑, 2014)를 펴낸데 이어 고인의 역저인 『마키아벨리와 군주론』(서울대출판부, 1995)의 개정판에 해당하는 본서를 출간케 된 배경이 여기에 있다. 두 분의 학문적

업적을 선양하는데 일조코자 한 것이다.

『춘추전국의 제자백가』는 원래 필자의 학위논문인 『선진先秦 유법가儒法家의 치도관治道觀과 치술관治術觀 비교연구』를 보완코자 하는 취지에서 시작됐다. 학위논문 작성 때 집중 탐사한 유가와 법가는 물론 도가와 묵가 및 병가 등 여타 제자백가의 주석서를 펴낸 뒤 나온 책이다. 개인적으로는 제자백가 사상을 총결總結한 셈이다. 일단 오랫동안 가슴 한 구석을 짓누르던 시름을 덜어냈다는 느낌이다.

본서의 출간은 바로 이런 배경 하에서 나왔다. 고인의 역저를 전면적으로 손질한 개정판을 통해 마키아벨리를 제자백가와 하나로 녹이고자 한 것이다. 이는 플라톤과 더불어 서양사상사를 양분하고 있는 마키아벨리를 제자백가의 일원으로 간주한 결과다. 위대한 정치사상에 동서와 고금의 구별이 있을 리 없다. 21세기 현대 의학에도 동양전래의 침술과 한방이 유용한 것과 같다. 중국에서는 양의와 한의의 구별이 없다. 사람의 병을 고치는데 유용하다면 양의와 한의를 구분할 필요가 전혀 없다. 실제로 마키아벨리는 여러모로 제자백가와 닮았다. 난세의 현장을 목도하며 이를 슬기롭게 타개할 뛰어난 방략을 제시한 게 그렇다.

필자가 마키아벨리를 제자백가와 동일한 인물로 바라보게 된 것은 전적으로 고인 덕분이다. 고인의 역저를 처음 접한 것은 동경대에서 박사학위 논문을 준비할 때였다. 동서고금을 관통하는 난세의 이치는 전혀 다를 게 없다는 사실에 경탄하며 논문준비에 박차를 가한 기억이 새롭기만 하다. 필자는 학부 이래 박사과정을 마칠 때까지 20여 년 동안 시간을 격해 고인의 『군주론』 강의를 들을 때마다 찬탄을 금치 못했다. 고인의 강의가 시간이 갈수록 깊이와 맛을 더해간 덕분이다. 고인이 지금까지 살아 계셨다면 틀림없이 증보판 내지 개정판을 내셨을 것이다. 그런 작업이 불가능하게 된 점을 늘 안타깝게 여기던 필자가 이번에 비재菲才를 무릅쓰고 고인이 남긴 역저의 개정판에 해당하는 본서를 펴낸 이유다.

본서의 출간을 서두른 데에는 크게 3가지 이유가 있다. 첫째, 뛰어난 내용에도 불구하고 문어체 번역어가 많았다. 문어체 번역은 널리 읽혀 난세의 타개 방략을 두루 전하는데 일정한 한계가 있다. 필자가 개정판에 해당하는 본서를 펴내면서 가능하면 이들 문어체를 모두 구어체로 바꾼 이유다.

둘째, 역사적 사실에 어긋나는 내용이 없지 않다. 『군주론』의 당초 헌정 대상을 줄리아노 디 로렌초 데 메디치가 아닌 줄리아노 데 메디치로 해석해 놓은 게 대표적이다. 전자는 후자의 조카이다. 줄리아노 데 메디치 사후 그의 유복자 줄리오 데 메디치는 백부인 '대 로렌초'의 3남으로 입양됐다. 최근에 나온 강정인과 박상섭 번역본 역시 똑같은 잘못을 범하고 있다. 영역본의 잘못을 답습한 결과로 보인다. 필자가 서둘러 개정판을 내고자 한 이유 가운데 하나이다.

셋째, 이탈리아어 원문과 비교할 때 뉘앙스가 다른 번역이 다수 눈에 띄었다. 최근 이탈리아어 원문에 가깝게 번역했다고 공언한 번역본도 상황은 마찬가지이다. 말만 그럴 뿐 사실은 영역본을 저본으로 삼은 게 아닌가 하는 의구심을 낳는 대목이다. 필자가 그간 틈틈이 써온 원고를 정리해 본서를 펴내면서 가능하면 모든 구절과 단어를 이탈리아어 원문에 가깝게 번역한 이유다.

현재 시중에 나와 있는 『군주론』 번역서는 매우 많다. 무려 40여 권이 넘는다. 그러나 필자가 볼 때 나름 이탈리아어 원문에 가까운 번역서는 단 2권뿐이다. 강정인과 김경희가 공역한 『군주론』(까치글방, 2008)과 박상섭의 『군주론』(서울대출판부, 2011)이 그것이다. 강정인 번역본은 지난 2008년 제3판 개정판을 내면서 이탈리아어 원문을 충실히 따랐다고는 하나 이전 판본과 크게 달라진 게 없다. 키워드인 virtù를 '역량'으로 일관되게 번역해 놓았다고 밝혔으나 꼭 그런 것만도 아니다.

2011년에 나온 박상섭 번역본은 이탈리아어 원문에 가장 충실하다는 평을 받을 만하다. 그러나 직역에 너무 충실한 나머지 문장이 매끄럽지 못하고, 본문에 부기한 괄호 속의 해설이 난삽하다. virtù를 원어 그대로 '비르투'로 번역해 놓고, 괄호 속에 서로 다른 의미의 해설을 덧붙여 넣은 게 그렇다. 같은 문장을 반복해 읽어야 의미를 알 수 있는 대목이 적지 않은 이유다. 본서가 virtù를 '자질', fortuna를 '운' 내지 '운명'으로 통일시켜 번역하고, 중요한 구절 및 단어마다 이탈리아어 내지 라틴어 원문을 병기해 놓은 이유다.

객관적으로 볼 때 마키아벨리가 활약한 15-16세기의 이탈리아는 난세 중의 난세인 춘추전국시대를 방불케 한다. 고인의 역저를 새롭게 다듬은 본서를 펴내면서 마키아벨리의 저술의도를 최대한 살리려고 애쓴 이유다. 마키아벨리가 『군주론』을 저술한 의도는 제자백가가 백가쟁명百家爭鳴을 전개한 의도와 하등 다를 게 없다. 난세의 이치가 동서와 고금에 따라 다를 리 없다는 은사의 가르침이 새삼 상기되는 대목이다.

21세기의 G2시대는 미국과 중국이 천하의 패권을 놓고 한 치의 양보도 없이 치열한 다툼을 벌이는 천하대란의 시기이다. 그 한복판에 한반도가 있다. 필자가 본서의 출간을 서두른 이유다. 마키아벨리가 조국 이탈리아의 통일을 염원하며 『군주론』을 저술한 심경과 하등 다를 게 없다. 『군주론』에는 난세를 헤쳐 나갈 온갖 지략이 가득 차 있다. 활용은 전적으로 독자들의 몫이다. 본서가 고인의 역저에 과감히 메스를 가한 것은 이 때문이다. 고전을 통해 난세의 지략을 찾고자 하는 독자들의 부담을 조금이라도 덜어주고자 한 것이다. 본서가 조속한 한반도통일을 토대로 명실상부한 '동북아 허브시대'를 열고자 하는 모든 사람에게 나름 도움이 됐으면 한다.

끝으로 이 머리말을 통해 고인에게 거듭 감사의 말씀을 올리고자 한다. 고인은 서울대 정치학과의 초석을 놓은 것은 물론 이른바 '폴리페서'가 난무하는 난세 속에서 정치학과에서는 처음으로 정년퇴임을 하셨다. 지난 2010년 5월 고인의 서거 10주기를 맞아 서울대 정치학과와 한국정치연구소, 한국정치사상연구회 주최로 '인산 김영국 선생님 10주기 추모학술대회'가 열린 게 우연이 아니다. 발표된 글은 모두 『인산 김영국 선생의 정치학』(인간사랑, 2010)에 수록돼 있다. 본서는 당시 학술대회에 참석하지 못한 필자의 회한을 담은 것이기도 하다. 난세의 이치에는 동서와 고금이 따로 없다는 진리를 일러주신 고인의 영전에 본서를 바치며 삼가 명복을 빈다.

2014년 가을 학오재學吾齋에서 저자 쓰다.

이탈리아 역사 개관

1. 로마제국의 몰락

마키아벨리는 그리스와 더불어 서양의 역사문화를 대표하는 로마제국의 후신인 이탈리아 출신이다. 로마제국은 그토록 찬란한 역사문화를 이뤘지만 마키아벨리가 생존할 당시는 한낱 전설에 지나지 않았다. 이탈리아 전체가 사분오열돼 주변 강대국의 약탈대상으로 전락한 탓이다. 마키아벨리가 이탈리아의 조속한 통일과 로마제국의 재현을 기원하며 『군주론』을 저술한 근본배경이 여기에 있다.

지중해를 내해內海로 삼고 유럽 천하를 호령했던 로마제국은 4세기에 접어들면서 곳곳에서 말기 증상을 보였다. 반란 때문이었다. 지배층의 끝없는 사치, 하층민에 대한 가렴주구, 백성의 불만을 억누르기 위한 군대 확장이 주요 원인이었다. 3세기 말 속주 갈리아에서 빚어진 '바고다이Bagaudae 민란'이 대표적이다. 이는 켈트어로 '투쟁하는 사람'이라는 뜻이다. 한때 독립정권을 수립했던 이 민란은 갈리아 전역에 커다란 영향을 미쳤다. 로마제국이 지배하는 전역에 걸쳐 민란의 기운이 뭉게구름처럼 피어오른 배경이다.

원래 로마제국은 전쟁을 통해 확보한 노예의 노동력을 착취해 번

| 바고다이 민란

영을 구가하는 '약탈경제'의 토대 위에 서 있었다. 이는 주변 야만인을 대상으로 한 이른바 '노예사냥'이 뒷받침됐기에 가능했다. 부작용이 뒤따랐다. 게르만족을 포함한 야만족을 대거 제국 내로 유입시키는 결과를 낳은 게 그렇다. 실제로 3세기에 다뉴브 강 하류에 고트족이 등장한데 이어 라인 강 일대에는 프랑크족과 삭소니아족이 나타났다.

로마문명의 세례를 받은 이들 야만족은 점차 멋대로 문명과 야만의 경계선을 넘기 시작했다. 4세기 초 소작농을 뜻하는 콜로누스colonus가 로마제국 내로 대거 유입된 배경이다. 이들은 로마인 지주에게 고용돼 토지를 경작하거나 로마군에 편입됐다. 당시 로마제국을 위협한 최대의 적은 동쪽 사산조 페르시아였다. 사산조 페르시아는 로마 속주의 백성을 부추기며 반란을 지원했다. 아르메니아 등 동쪽 속주가 속속 페르시아 판도에 편입된 이유다.

주목할 것은 당시 훈족의 공격을 피해 게르만족이 대거 로마제국의 영토 안으로 밀려 내려온 점이다. 이들은 부유한 로마귀족에게 고용돼 소작농으로 살거나, 동맹부족이 되어 합법적으로 정착해서 살았다. 일부는 용병이 되어 로마 군대로 들어갔다. 이들의 숫자가 날로 늘어나자 4세기 후반에 이르러 게르만족 출신 로마군 사령관이 대거 등장하는 상황이 빚어졌다. 394년에 테오도시우스 황제가 마침내 제국을 둘로 쪼개 두 아들에게 나눠주었다. 이후 서로마는 게르만족의 대거 유입으로 인해 마침내 476년 게르만족 용병대장 오도아케르에 의해 멸망하고 말았다. 그러나 동로마는 중세 말까지 1천년 동안 이어졌다. 동로마가 오랫동안 살아남게 된 것은 동로마 황제가 중앙집권 체제를 강화한 덕분이었다.

서로마의 멸망은 마치 3세기 말 조조에 의해 기병부대로 유입되기 시작한 흉노족과 오환족 등의 유목민족이 서진西晉의 내분을 틈타 중원으로 대거 몰려 들어와 이른바 5호16국五胡十六國 시대를 연 것과 닮았다. 5호16국 시대를 연 북방민족과 생활양식을 같이하는 훈족은 4세기 초 서유럽으로 대거 이동하면서 게르만족의 대이동을 촉발시켰다. 이것이 로마제국 몰락의 한 원인이었다. 흉노족과 오환족, 훈족 등의 북방 유목민족이 3-4세기에 걸쳐 동서를 가리지 않고 역사의 흐름을 뒤바꿔 놓은 셈이다.

서로마에 게르만 용병이 대거 유입될 당시 속주에서는 하층민의 반란이 계속돼 도시가 쇠퇴하면서 자급자족의 자연경제 체제로 후퇴했다. 로마에 몰려 있던 귀족들이 이내 농촌으로 내려가 영지를 경영한 배경이다. 이때 자영농은 인두세와 토지세의 무거운 부담을 견디지 못한 나머지 보유 토지를 대지주에게 넘겨 부담을 덜고자 했다. 하층민 역시 대지주 밑으로 들어가 노동력을 제공하며 가까스로 생계를 이어갔다. 이를 라티푼디움Latifudium이라고 한다. '광대하다'는 뜻의 라투스latus와 '영지'를 뜻하는 푼두스fundus의 합성어이다.

'라티푼디움'의 뿌리는 멀리 기원전 2세기 초까지 거슬러 올라간다. 당시 로마제국의 영토 확대에 따라 광대한 규모의 국유지ager publicus가 등장했다. 대개 원로원 의원senator과 기사equites가 이를 관리했다. 헬레니즘과 카르타고의 과학적 영농기법이 도입되고 많은 자본이 투하되면서 인근에 있던 소규모 자영농은 경쟁에서 탈락할 수밖에 없었다. '라티푼디움'이 등장케 된 사회경제적 배경이 여기에 있다.

노예노동으로 형성된 '라티푼디움'의 초기 영농방식은 근본적인 문제를 안고 있었다. 도구가 낡으면 새 도구를 구입해 보충하듯이 인간도구인 노예 역시 '노예사냥'을 통한 안정적인 공급이 전제돼야만 보충이 가능했다. 그러지 못할 경우 노예의 가격이 치솟아 보충이 어렵게 된다. 그러나 '로마의 평화Pax Romana'가 찾아오면서 그런 가능성이 사라졌다.

이때 나타난 현상이 바로 '라티푼디움의 콜로누스화'이다. 소작농인 콜로누스 중에는 자유인 출신도 있었고, 해방된 노예도 있었다. 이들은 라티푼디움 내의 토지 일부를 얻어 거기서 나온 수확으로 자신과 가족의 생계를 유지하고, 금전 내지 수확물로 지대地代를 바쳤다. 사정에 따라서는 무상노동을 제공키도 하였다. 중세를 특징짓는 '장원경제莊園經濟'가 등장케 된 배경이다. 자영농의 몰락은 국방과 경제 기반의 붕괴를 의미한다. 서로마가 쇠퇴의 길을 걷게 된 사회경제적 배경이 이러했다.

당시 콘스탄티노플을 중심으로 한 동로마는 이와 정반대 상황이었다. 도시는 여전히 건재했고, 도시를 중심으로 한 상공업이 번영했다. 비록 소작농으로 변모하기는 했으나 자영농 형태를 유지하는 농민이 대거 존재했다. 이들은 농촌공동체를 통해 세금을 부담했다. 비록 일부 지역에서 '라티푼디움' 현상이 나타나기는 했으나 서로마처럼 '장원경제'의 봉건지주로 치닫지는 않았다.

서로마의 몰락에는 '라티푼디움의 콜로누스화'와 더불어 '바고다이 민란'으로 상징되는 일련의 민란이 결정적인 배경으로 작용했다. 당시 민란은 로마의 모든 속주에서 거의 매일 일어나다시피 했다. 속주에서 빈발하는 하층민의 민란은 게르만족의 제국 내 침공을 용이하게 만들어줬다. 410년 서고트의 추장 알라리크가 노예들의 도움으로 로마를 점령한 뒤 3일 동안 무자비한 약탈을 자행한 게 그 증거다. 알라리크의 로마 침공은 서로마가 역사무대에서 사라지는 전주곡에 해당한다.

2. 중세의 종언과 신성로마제국

서로마는 게르만족 용병대장 오도아케르에 의해 강제 폐위된 소년황제 로물루스 아우구스툴루스Romulus Augustulus를 끝으로 숨이 멎었다. 이를 계기로 속주의 귀족들은 게르만족 용병대장들과 결탁해 콜로누스를 중심으로 한 민란을 강경 진압하며 독립국을 세우고자 했다.

서로마의 모든 도시가 이내 폐허로 변한 배경이다. 이는 그리스문명의 뒤를 이어 찬란한 꽃을 피운 로마문명의 절멸絶滅을 의미했다. 서구의 중세가 황량한 토대 위에서 출발한 배경이 여기에 있다. 특히 서로마의 중심지인 이탈리아의 모든 도시는 상황이 더욱 나빴다. 잦은 민란과 강경 진압, 약탈과 방화 등으로 인한 것이었다.

그러나 이 와중에도 일부 도시에서는 동방교역 등을 통해 부를 축적하면서 로마문명을 재현코자 하는 움직임이 활발히 전개됐다. 11세기 무렵 유럽의 정치적 안정에 힘입어 활발한 교역으로 일정한 힘을 축적한 베네치아와 제노바, 밀라노, 피렌체 등의 도시가 대표적이다. 이들 도시는 해당 지역의 중심에 위치한 지리적 이점을 최대한 살려 거대한 상업도시로 성장해 나갔다. 이는 토호土豪로 변신한 귀족들과 신흥 부르주아로 부상하기 시작한 부상富商이 혼인 등을 통해 힘을 하나로 모은 결과였다.

주목할 것은 서유럽 전역에 산재한 모든 교회의 최고 우두머리로 군림한 교황의 끝없는 탐욕이다. 중세 때 정신세계를 지배한 이들 교황은 세속의 권력까지 장악할 요량으로 신성로마제국Heiliges Römisches Reich과 사사건건 부딪쳤다. 신성로마제국의 탄생 배경은 9세기 초 프랑크왕국의 샤를마뉴 대제Charlemagne Magnus로 거슬러 올라간다. 독어로는 카를 대제Karl Magnus, 라틴어로는 카롤루스 대제Carolus Magnus, 영어로는 찰스 대제Charles the Great로 부른다. 그의 명성과 역사에 끼친 영향이 그만큼 컸다는 반증이다.

8세기 말 샤를마뉴 대제는 옛 로마제국의 영토를 거의 모두 장악한 뒤 이탈리아로 진격해 롬바르드족의 공격으로 궁지에 몰려 있던 로마교황을 구해주었다. 800년 교황이 보답으로 샤를마뉴에게 로마제국 황제를 연상시키는 관冠을 씌워 주었다. 프랑크왕국이 제국帝國으로 불린 이유다. 그러나 그의 사후 이 제국은 이내 독일, 프랑스, 이탈리아로 삼분됐다. 이탈리아 지배자가 보유했던 제호帝號도 이내 소멸됐다. 10세기 초 독일에서 샤를마뉴 대제의 혈통인 카롤링거왕조가 단절되자 10세기 중엽 그 뒤를 이은 작센왕조에서 걸출한 인물이 출현했다. 바로 오토Otto 1세이다.

오토 1세는 밖으로 지금의 헝가리 선조인 마자르의 침공을 막아내고 국경 부근에 변경구역인 마르크Mark를 설정해 방비를 튼튼히 하면서 국내에서는 왕권에 도전하는 귀족 세력을 제압키 위해 교회를 끌어들였다. 당시 독일 내부의 교회와 수도원은 귀족의 침탈로 크게 피폐해 있었다. 오토 1세는 이들 교회를 귀족의 침탈로부터 보호하면서 토지를 기증해 자립을 도왔다. 또 시장의 개설권과 화폐 주조권 등을 부여해 일거에 부를 쌓을 수 있는 기회를 제공했다. 이와 동시에 그들의 자제나 가신을 주교나 대수도원장 등 고급 성직자의 자리에 취임시켜 국왕의 울타리 역할을 수행케 했다. 국내 교회를 우군으로 끌어들이는데 성공한 그는 여세를 몰아 로마교황까지 우호세력으로 만들었다. 교황의 요청을 받자 곧바로 원정을 단행해 교황을 위협하던 귀족들을 제압하고 교황의 보호자 역할을 자임한 게 그렇다.

962년 교황 요한 12세가 로마에 온 오토 1세에게 황제의 관을 씌워주었다. '신성로마제국'의 탄생 배경이다. 명칭도 오토 대제Otto Magnus로 바뀌었다. 이후 역대 독일 국왕 모두 황제의 뜻으로 통용되는 '카이사르'의 독일어 발음인 카이저Kaiser를 칭한 이유다. 당시 오토 대제가 스스로 로마제국의 부활로 여긴 것은 샤를마뉴 대제 때와 같다. 교회와 제휴해 '제국'과 '대제'를 칭하게 된 사정도 비슷하다. 그러나 약간

다른 점이 있다. 교회와의 결합이 샤를마뉴 대제 때와 비교할 수 없을 정도로 견고했다. 이는 이후 교황과 황제의 충돌이 빈발하는 배경으로 작용했다.

당시 오토 대제는 교회를 왕권을 지탱하는 핵심 장치로 간주했다. 고위 성직자를 임의로 임면任免코자 한 이유다. 이를 '제국교회정책'이라고 한다. 이 정책은 여러 황제에 의해 면면히 계승됐고, 잘리에르 왕조의 하인리히 3세 시대에 최고조에 달했다. 교회에 대한 지배를 황제의 임무로 확신한 그는 교황청 내부의 부패를 청소하며 4명의 교황을 임의로 임면키도 했다.

그러나 뒤를 이은 하인리히 4세는 고위 성직자 서임 문제를 놓고 교황 그레고리우스 7세와 갈등을 빚었다. 이 갈등은 1075년부터 1122년까지 40여년 넘게 이어졌다. 이 갈등의 승자는 교황이었다. 하인리히 4세는 1077년 교황의 파문으로 궁지에 몰린 나머지 마침내 교황 앞에 무릎을 꿇고 말았다. 이른바 '카노사의 굴욕'이다. 이후 그는 절치부심하며 반격을 노렸고, 그의 뒤를 이은 하인리히 5세 때에 들어와 1122년 이른바 보름스협약을 통해 고위 성직자 서임을 둘러싼 갈등은 일단 봉합됐다.

12세기 후반에 즉위한 호엔슈타우펜 왕조의 프리드리히 1세는 신성로마제국 황제를 대표하는 인물이다. 이탈리아 지배의 이상에 불탄 그는 독일의 내부 체제를 정비한 뒤 모두 6회에 걸쳐 이탈리아 원정에 나섰다. 그러나 소기의 목적을 충분히 이루지는 못했다. 이는 이탈리아의 분열이 그만큼 심각했다는 반증이기도 하다. 호엔슈타우펜 왕조는 신성로마제국의 전성기를 구가한 왕조로 불린다. 이 왕조의 마지막 왕인 프리드리히 2세의 행보는 매우 특이했다. 그는 노르만계의 시칠리아 왕가 출신인 모친의 상속을 받아 시칠리아 왕을 겸하며 시칠리아 섬과 남이탈리아 일대를 다스렸다. 궁정은 시칠리아 섬의 팔레르모에 있었다. 프리드리히 2세는 그곳에 상주하다시피 했다. 시칠리아 왕국이 중앙집권 체제로 다스려진 이유다.

프리드리히 2세 사후 시칠리아 왕위는 에스파냐의 아라곤가로 옮겨지고, 독일에서는 정통 황제가 없는 이른바 대공위시대大空位時代가 열렸다. 무질서와 혼란이 난무한 이유다. '대공위시대'가 끝난 후에도 혼란은 지속됐다. 독일 내 제후들이 신성로마제국의 보위를 돌아가며 맡은 사실이 이를 뒷받침한다. 1438년 오스트리아의 합스부르크 왕가가 보위를 잇는 이른바 '합스부르크 시대'가 찾아왔다.

'합스부르크 시대' 역시 제후들이 토호처럼 각지에 할거하는 상태는 전혀 바뀌지 않았다. 황제는 영토의 보존 및 확대에 전념했고, 제후들 역시 자신의 영지 보유에 힘썼다. 주목할 것은 이때 황실이 혼인정책을 통해 헝가리와 보헤미아 및 북이탈리아로 영토를 확대시키는 데 성공한 점이다. 그러나 독일의 분열을 극복하는 데는 별다른 노력을 기울이지 않았다. 17세기 전반에 터져 나온 30년 전쟁의 부산물인 베스트팔렌조약으로 인해 신성로마제국의 황제는 사실상 껍데기만 남은 꼴이 됐다. 제후들 모두 제국에 적대하지 않는다면 외국과 임의로 동맹을 맺을 수 있는 독립적인 존재로 인정됐기 때문이다. 신성로마제국은 19세기 초 나폴레옹의 등장으로 사실상 붕괴하고 말았다. 1806년 16명의 제후가 라인동맹을 조직해 제국에서 분리하면서 신성로마제국의 황제는 황위 포기와 제국의 소멸을 공식 선언해야만 했다.

원래 신성로마제국의 황제는 마치 춘추전국시대의 주나라 왕실처럼 한 지역을 다스리는 국왕 내지 공작 등의 제후들보다 한 단계 위에

서 있다. 황위는 늘 독일국왕
이 차지했고, 독일국왕에 선
출된 자는 아헨에서 국왕 대
관식을 행한 뒤 다시 로마로
가 교황으로부터 제관帝冠을
수여받았다. 독일국왕은 선왕
의 혈통 상속자가 제후들의
선거에 의해 새 국왕으로 선
출되는 과정을 거쳤다. 당초
선거인단은 일반 제후로 구성
됐으나 1273년 이후 마인츠
와 쾰른 및 트리엘을 관할하

▌막시밀리안 1세

는 3명의 대주교를 포함해 보헤미아 왕과 작센 공, 브란덴부르크 변경
백邊境伯 등 7명으로 한정되었다. 이들을 7선제후七選帝侯라고 했다. 이
는 1356년 금인칙서金印勅書로 성문화됐다.

　　마키아벨리가 39세가 되는 1508년에는 황제 막시밀리안 1세의 즉
위 이후 교황이 주관하는 로마의 대관식 관행이 사라졌다. 이를 계기
로 아헨에서 대관식을 끝낸 독일국왕은 즉시 황제로 불렸다. 당시 황
제의 주권이 미치는 범위는 전통적으로 지금의 독일과 이탈리아를 포
함해 오늘날 프랑스 동부와 스위스에서 지중해의 프로방스에 이르는
이른바 부르군트 지역에 이르렀다. 그러나 실제로는 이탈리아와 부르군
트를 지배한 적이 거의 없고, 한때 덴마크와 폴란드 및 헝가리 등지까
지 위세를 떨친 적도 있지만 지속적으로 지배한 지역은 독일 지역밖에
없었다.

마키아벨리가 활약하는 15-16세기는 속권俗權의 상징인 신성로마제국의 황제와 신권神權의 대리자인 로마교황이 대립하는 가운데 프랑스와 스페인 등이 사분오열된 이탈리아를 놓고 치열한 각축을 벌이던 때였다. 마키아벨리의 고향인 피렌체는 외세의 압력과 침공으로 인해 공화정과 왕정을 오가며 혼란을 거듭했다. 마키아벨리가 피렌체를 뛰어넘어 이탈리아 전체의 통일과 옛 로마제국의 부활을 외친 것은 뜨거운 애국심의 발로였다. 이는 로마제국의 영광을 유려한 필치로 생생히 그려낸 리비우스의 『로마사』를 탐독한 덕분이다. 지중해를 내해로 삼고 천하를 호령했던 로마제국과 사분오열돼 열강의 약탈대상이 된 이탈리아의 현실은 하늘과 땅만큼 차이가 있었다. 마키아벨리의 입장에서 볼 때 안팎으로 불후의 명저 『군주론』이 나올 수밖에 없는 정황이 전개되고 있었던 셈이다.

3. 피렌체와 메디치 가문

원래 열강의 침탈에 대한 이탈리아의 저항은 마키아벨리의 등장 이전에도 여러 번 있었다. 그 배경에는 교황이 도사리고 있었다. 신성로마제국은 로마제국의 후신을 자처한 탓에 나폴레옹의 등장으로 '제국'의 명칭을 포기할 때까지 이탈리아 전 지역에 대한 지배 야욕을 버린 적이 없었다. 13세기 초 신성로마제국이 노골적으로 개입하고 나서자 이탈리아 도시들은 교황 인노켄티우스 3세와 4세의 지원 하에 크게 반발하고 나섰다. 이 과정에서 교황을 지지하는 겔프Guelf파와 신성로마제국 황제를 지지하는 기벨린Ghibeline파가 대립했다. 역부족을 절감한 교황은 이내 프랑스의 앙주Anjou가에 도움을 청했다. 앙주가는 이를 빌미로 나폴리를 손에 넣었다. 앙주가의 나폴리 지배는 스페인의 아라곤Aragon가가 개입하는 13세기 말까지 지속됐다.

14세기에 들어와 이탈리아의 분열은 더욱 심화됐다. 겔프파와 기벨린파의 대립, 도시국가들 간의 치열한 각축이 있었다. 마키아벨리가 태어나는 15세기 중반까지 이탈리아의 이런 분열양상은 전혀 개선되지 않았다. 이 와중에 고대 그리스와 로마제국의 역사문화를 되살리자는 이른바 르네상스 운동이 전개되기 시작했다. 덩달아 외세의 침공으로부터 이탈리아를 지키자는 목소리도 높아졌다. 1454년 4월 9일 베네치아와 밀라노 간에 체결된 로디Lodi 평화조약은 그 구체적인 산물에 해당한다. 이를 계기로 이탈리아를 대표하는 교황, 나폴리, 밀라노, 베네치아, 피렌체 등 5대 세력이 이탈리아 동맹을 구축했다. 상호 대립의 지양으로 평화공존을 꾀하며 외세의 개입을 차단하는 게 목적이었다.

그러나 내막을 보면 이탈리아 내 5대 세력이 외세의 개입을 막기위해 잠시 손을 잡은 미봉책에 지나지 않았다. 실제로 이후 1494년까지 이어지는 40년간의 평화는 강력한 통일국가의 출현을 방해했고, 이탈리아를 주변국의 약탈대상으로 헌납하는 결과를 낳았다. 최선의 균형정책으로 간주된 '로디' 조약이 이탈리아 전 지역을 주변 열강의 전리품으로 만드는 최악의 결과를 초래한 셈이다.

주목할 것은 이탈리아 동맹의 결성을 기점으로 5대 세력 가운데 가장 강력한 밀라노와 피렌체에 각각 스포르차Sforza 가문과 메디치Medici 가문이 확고한 지배권을 확립한 점이다. 『군주론』에 이들 양대

가문의 얘기가 쉬지 않고 등장하는 이유다. 말할 것도 없이 강력한 리더십과 막강한 무력을 배경으로 이탈리아 통일의 주역이 되기를 염원했기 때문이다.

그러나 프랑스와 스페인 등 주변 세력은 마키아벨리의 이런 염원을 비웃듯 무력을 더욱 강화하고 있었다. 가장 눈에 띄는 것이 스페인의 급팽창이다. 1479년 카스티야의 이사벨 1세와 아라곤의 페르난도 2세가 결혼동맹을 통해 스페인 연합왕국을 건설했다. 콜럼버스가 스페인의 지원을 받아 아메리카 대륙 탐사에 나선 것도 바로 이즈음이다. 그만큼 막강했다. 이웃한 프랑스도 백년전쟁 승리의 여세를 몰아 욱일승천의 기세로 스페인과 자웅을 겨루고자 했다. 샤를 8세가 아라곤 가문의 나폴리 왕이 죽자 자신의 가문인 앙주가의 보위승계를 주장하며 나폴리를 무력으로 점령한 게 그렇다. 이는 이탈리아에 대한 본격적인 외세 개입을 알리는 서곡에 해당했다. 실제로 마키아벨리의 고향인 피렌체에서는 사제 출신인 사보나롤라가 샤를 8세의 지원 하에 권력을 장악했다.

원래 사보나롤라는 프랑스의 침공 전에 이미 종교의 타락과 피렌체의 부패를 신랄하게 비판하고 조만간 천벌이 내릴 것을 예언하고 있었다. 프랑스의 침공은 그의 예언이 맞아떨어진 것이나 다름없었다. 공포에 떨고 있는 백성 앞에서 그는 이렇게 말하며 민심을 휘어잡았다.

"이것은 바로 신이 내린 검이다. 나의 예언은 적중했다. 회초리가 내리쳐진다. 신 스스로 그 군세를 이끌고 있다. 이것이 바로 신이 내린 노여움의 시련이다. 오, 피렌체여, 로마여, 이탈리아여! 노래와 춤으로 세월을 보낼 때는 지나갔다. 이제는 눈물의 강이 흐른다. 백성이여, 회개하라! 주 예수여, 우리의 죄 때문에 우리에 대한 사랑 때문에 돌아가신 분이여, 이 피렌체 백성을 용서해 주시옵소서!"

당시 프랑스의 급속한 이탈리아 진출에 교황 알렉산데르 6세와 신성로마제국 황제 막시밀리안 1세, 스페인의 페르난도 2세 모두 경악했다. 1495년 이들이 베네치아와 밀라노를 끌어들여 신성동맹Heilge Allianz을 맺은 이유다. 이듬해인 1496년 이들의 협공을 견디지 못한 샤를 8세의 프랑스군이 이내 이탈리아에서 철군했다. 그렇다고 프랑스가 이탈리아 지배 야욕을 버린 것은 아니었다. 샤를 8세의 뒤를 이은 루이 12세는 베네치아 동맹을 맺은 뒤 밀라노를 급습했다. 이는 교황청의 묵인이 있기에 가능했다. 당시 알렉산데르 6세는 로마냐 일대를 체사레 보르자의 영지로 만들어주기 위해 프랑스군을 활용코자 했고, 정략결혼을 통한 영지확보를 꾀한 루이 12세 역시 이혼에 대한 교황의 승인이 필요했다.

1497년 스포르차 가문의 밀라노 공국이 베네치아와과 합세한 프랑스군에 무릎을 꿇었다. 교황 알렉산데르 6세의 사생아인 체사레 보르자가 로마냐를 손에 넣은 배경이다. 원래 체사레 보르자는 '이탈리아 통일'이라는 원대한 꿈을 지닌 인물이었다. 그의 행보는 나름 볼 만했다. 국왕 루이 12세와 친숙해져 발렌티누아 공작이 되고, 그가 추천한 여자와 결혼한 게 그렇다. 대사를 이루기 위해 작은 일에 연연치 않은 것이다. 로마냐를 지배하는 와중에 나폴리를 침공하고, 밀라노와 피렌체를 위협해 항복과 동맹서약을 받아낸 배경이 여기에 있다. 당시 체사레 보르자는 부친인 교황이 죽기 전에 목적을 달성해야만 했다. 목적을 이루기 위해 수단과 방법을 가리지 않은 이유다. 사람들은 그의 냉혹한 처사에 몸을 떨었으나 마키아벨리는 오히려 '이탈리아 통일'

┃ 루이 12세

의 가능성을 내다보고 높이 칭송했다. 마키아벨리가 은퇴 후 그를 이상적인 모델로 삼아 『군주론』을 집필한 배경이다.

그러나 당시 체사레 보르자 앞에 놓인 현실은 녹녹치 않았다. 밀라노는 이미 루이 12세의 지배 아래 있었고, 베네치아는 독자적인 무력을 보유한 공화국이었다. 체사레 보르자는 차선책을 택했다. 그가 피렌체와 볼로냐에 눈길을 돌리자 다급해진 두 도시는 루이 12세에게 도움을 청했다. 루이 12세는 체사레 보르자를 견제할 속셈으로 스페인의 페르난도 2세를 끌어들여 나폴리 왕국을 분할코자 했다. 그러나 역부족으로 프랑스군이 이내 철수하자 나폴리는 시칠리아와 스페인의 지배하에 들어가게 되었다.

설상가상으로 1503년 8월 강력한 후원자 역할을 수행한 부친 알렉산데르 6세가 말라리아로 급사한데 이어 보르자 가문의 숙적인 율리우스 2세가 교황으로 취임했다. 이는 그에게 치명타로 작용했다. 체사레는 이내 실각해 산탄젤로 성에 감금됐다가 스페인 카스티야의 메디나 델 캄포 요새에 이감됐다. 감시가 허술한 틈을 타 탈출에 성공한 그는 이내 나바라 왕국의 팜플로나로 갔다. 나바라 왕국의 총사령관에 임명된 그는 이내 스페인 아라곤의 페르난도 2세와 전쟁을 벌일 심산이었다. 그러나 나바라 왕국은 스페인의 영향권 내에 있었다. 페르난도 2세를 추종하는 루이 드 뷰몽 백작의 배신으로 내전이 일어났다. 1507년 3월 12일 드 뷰몽 백작의 성을 공격하던 체사레 보르자는 오히려 적에게 포위돼 전사하고 말았다. 그 이후 이탈리아의 통일이 이뤄지기 위해서는 3백여 년의 시간이 더 필요했다.

당시 교황 율리우스 2세는 뛰어난 술책을 자랑했다. 그는 우선 프랑스와 스페인 및 신성로마제국과 손을 잡고 베네치아를 제압해 교황령을 대폭 늘렸다. 이어 프랑스를 축출하기 위해 어제의 적인 베네치아를 비롯해 스위스와 스페인, 영국 등을 끌어들여 제2차 신성동맹을 결성했다. 1521년 마침내 스페인과 연합해 프랑스군을 밀라노에서 쫓아냈다.

그러나 율리우스 2세의 목적은 교황령을 확대하고 이탈리아 내에서 자신의 영향력을 극대화하는 것이었다. 마키아벨리가 염원한 '이탈리아 통일'과는 거리가 멀었다. 이후 이탈리아 지배권을 둘러싼 프랑스와 신성로마제국 간의 이탈리아 전쟁이 치열하게 전개된 이유다.

당시 신성로마제국의 카를 5세는 프랑스의 프랑수아 1세를 패퇴시켜 밀라노를 강제로 병합한 뒤 피렌체를 메디치 가문에게 돌려주었다. 그러나 1527년 5월 16일 피렌체의 메디치 정권이 전복되고 공화국이 성립했다. 로마 서북쪽 티레니아 해 기슭에 있는 항구도시 치비타베키아에 머물던 마키아벨리는 공화국 정부로부터 해고통지를 받고는 피렌체로 돌아왔다. 그해 6월 21일, 며칠 동안 병상에 누워 있던 마키아벨리가 문득 숨을 거뒀다. 향년 58세였다.

당시 마키아벨리의 고향 피렌체는 혼란스런 국제정세의 와중에 여러 유형의 정권이 명멸했다. 메디치 가문을 대체한 사보나롤라의 신정神政 정치, 소데리니의 과도정부, 메디치 가문의 왕정 복귀, 공화국 정부 수립 등이 있었다. 그러나 가장 오랫동안 피렌체를 통치한 것은 메디치 가문이었다. 마키아벨리가 쓴 『피렌체사』에 따르면 메디치 가문의 피렌체 지배는 1434년 피렌체의 '국부'로 칭송받은 대大 코시모Co-simo가 권력을 장악한 이래 오래도록 이어졌다.

선조가 의사를 지낸 까닭에 메디치Medici 성씨를 얻게 된 메디치 가문은 원래 키아리시모 2세 가계, 대 코시모 가계, 로렌초 가계 등 3대 계파로 이뤄졌다. 이들 3대 가계로 구성된 메디치 가문은 레오 10세와 클레멘스 7세, 피우스 4세, 레오 11세 등 4명의 교황을 비롯해 카트린 드 메디시스와 마리 드 메디시스 등 2명의 프랑스 왕비를 배출키도 했다. 많은 사가들이 르네상스 이탈리아의 영욕을 상징하는 가문을 꼽을 때 서슴없이 메디치 가문을 거론하는 이유다.

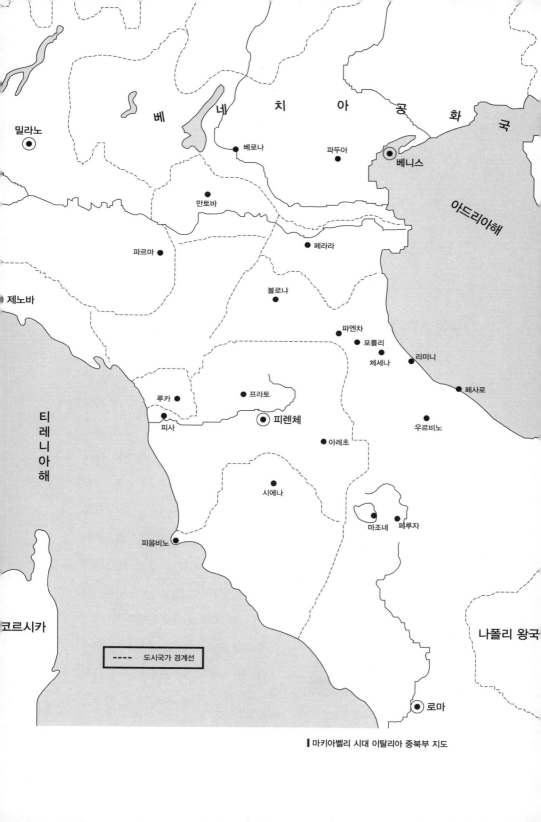

밀라노

제노바

베 네 치 아 공 화 국

베로나   파두아

베니스

만토바

파르마   페라라

볼로냐

아드리아해

파엔차
포를리
체세나   리미니
페사로

루카   프라토
피사   피렌체   우르비노
아레초

시에나

마조네 페루자

피옴비노

티레니아해

코르시카

나폴리 왕국

로마

- - - - 도시국가 경계선

▌마키아벨리 시대 이탈리아 중북부 지도

『군주론』출현배경 및 용어해설

1. 『군주론』출현배경

1) 저술과 출간

　『군주론』은 당초 '대 로렌초'의 아들인 줄리아노 디 로렌초 데 메디치Giuliano di Lorenzo de' Medici에게 바칠 예정이었다. 당시 그의 사촌형이자 친형으로 입양된 줄리오 추기경은 교황 레오 10세를 돕고 있었다. 레오 10세는 중부 이탈리아의 교황령에 교황 직할의 나라를 만들 생각을 갖고 있었다. 이 경우 이런 대임을 맡을 사람으로 줄리오보다 더 나은 인물이 없었다. 줄리오는 자신이 총애하는 파올로 베토리를 보좌관으로 삼을 공산이 컸다. 파올로 베토리는 마키아벨리의 막역지우인 프란체스코 베토리의 형이다. 마키아벨리가 파올로 베토리에게 서신을 통해 라틴어로 된『군

┃레오 10세

주국론De Principatibus』 필사본의 탈고 소식을 전하며 이를 직접 줄리아노 디 로렌초 데 메디치에게 전달하는 게 좋은지 여부를 물은 이유다. 『군주국론』은 마키아벨리 사후 출간된 『군주론Il Principe』의 원형이다.

당시 마키아벨리는 내심 파올로 베토리가 줄리오의 보좌관으로 중용될 경우 자신도 재차 공직자의 길을 걸을 수 있을 것으로 판단했을 공산이 크다. 이런 여러 정황을 종합해 볼 때 마키아벨리는 줄리오를 매개로 줄리아노 디 로렌초 데 메디치에게 자신의 능력을 보여줄 요량으로 『군주국론』 필사본을 저술한 것으로 짐작된다. 그러나 마키아벨리의 이런 구상은 1516년 3월 17일 줄리아노 디 로렌초 데 메디치가 급사하면서 이내 무위로 돌아갔다. 헌정 대상을 그의 뒤를 이은 로렌초 디 피에로 데 메디치Lorenzo di Piero de' Medici로 바꾼 이유다. 그는 일명 '대大 로렌초'로 불리는 조부 이름과 같은 까닭에 흔히 '소小 로렌초'로 불린다. 마키아벨리가 '소 로렌초'를 직접 만나 『군주국론』 필사본을 헌정했는지 여부는 명확치 않다. 실제로 헌정이 이뤄졌어도 읽지 않았을 가능성이 높다는 게 전문가들의 중론이다.

공직 복귀의 꿈을 접은 마키아벨리는 문학으로 방향을 바꿨다. 이와 동시에 피렌체의 유력 가문 가운데 하나인 루첼라이Ruchllai 집안에서 조직한 오리첼라리 정원Orti Oricellari의 지식인 모임에 출입하기 시작했다. 그리고 당시 토론을 바탕으로 『로마사 논고』를 탈고했다. 『로마사 논고』는 이 모임에 참석한 2명의 지식인에게 헌정됐다. 1518년에 저술된 그의 희곡 『만드리골라』는 공연 전에 이 모임에서 먼저 낭독되기도 했다.

1519년 '소 로렌초'가 사망하자 교황 레오 10세의 사촌이자 '소 로렌초'의 숙부인 줄리오 데 메디치Giulio de' Medici 추기경이 피렌체를 다스

▎로렌초 디 피에로 데 메디치　　　▎줄리오 데 메디치

리게 됐다. 마키아벨리는 지인들과 줄리오 추기경의 도움으로 『피렌체
사』를 저술하게 됐다. 이후 마키아벨리의 공직 복귀 노력이 상당한 성
과를 거두었으며, 이내 피렌체 성곽 복원작업을 위한 책임자에 임명됐
다. 본격적인 공직자 생활이 다시 시작된 것이다. 그러나 당시 국제정
세가 매우 불안했다. 1526년 5월 스페인이 로마를 점령하면서 교황 클
레멘스 7세로 선출된 줄리오 추기경의 위신이 땅에 떨어졌다. 피렌체
에서도 반反메디치 소요가 일어나 공화정이 복귀됐다. 일각에서는 마
키아벨리가 과거에 봉직했던 제2서기국 서기장으로 재임명되리라는
소문이 나돌았으나 이 또한 무산됐다. 클레멘스 7세와 가깝게 지냈다
는 게 이유였다. 마키아벨리는 이런 실망스런 사건이 빚어진 지 10여
일 뒤인 1527년 6월 21일 이내 숨을 거뒀다.

　　전문가들은 현존 『군주론』의 원본에 해당하는 『군주국론』 라틴어
필사본의 저술 시점을 대략 1513년 여름을 전후한 짧은 기간이었던 것
으로 보고 있다. 이 책은 생전에 출간되지 못하고 그가 죽은 지 5년

이 지난 1532년 로마에서 출간됐다. 그 배경과 관련해 여러 얘기가 있다. 피렌체에서 출간할 경우 반감이 적지 않았을 것이라는 분석이 가장 그럴 듯하다. 필사본의 형태로 여러 사람들 사이에 회람됐을 공산이 크다.

라틴어 필사본인 『군주국론』을 이탈리아어 『군주론』으로 바꿔 첫 출간을 행한 장본인은 로마의 출판업자 안토니오 블라도Antonio Blado이다. 1532년 초 최초로 출간된 판본을 '블라도본'으로 부르는 이유다. 당시 블라도는 마키아벨리가 직접 쓴 필사본을 손에 넣지 못한 상태에서 시중에 회람되던 몇 개의 필사본 가운데 하나를 입수했을 것으로 짐작된다. '블라도본' 초판의 인쇄부수는 알려져 있지 않으나 꽤 많이 찍었을 것으로 보인다.

'블라도본'의 뒤를 이은 사람은 피렌체의 출판업자 베르나르도 디 준타Bernardo di Giunta이다. 그는 '블라도본'을 토대로 같은 해 5월과 1540년에 개판본을 출간했다. 베네치아에서는 1537년부터 1554년에 이르기까지 모두 6번에 걸쳐 출간했다. 이를 '베네치아본'이라고 한다. 박상섭은 지난 2002년에 펴낸 『국가와 폭력, 마키아벨리의 정치사상연구』에서 『군주론』이 세상에 널리 알려진 것은 '베네치아본'이었을 것으로 추정했다.

1550년 최초로 『마키아벨리 전집』이 출간됐다. 여기에는 그의 모든 저술이 수록된 것은 아니나 '블라도판'을 저본으로 한 『군주론』이 포함돼 있었다. 이를 '테스티나testina본'이라고 한다. 이는 '작은 상반신 초상'이라는 뜻이다. 『마키아벨리 전집』에 수록된 '블라도본'의 속표지에 마키아벨리의 상반신이 인쇄된 까닭에 이같이 불린 것이다.

주목할 것은 이탈리아에서 출간될 당시 주변의 프랑스 등에서도 자국어로 된 번역본을 바삐 펴내기 시작한 점이다. 최초의 번역본은 1553년에 나온 불역본이다. 나중에 나온 '베네치아본'보다 1년이나 앞 섰다. 같은 라틴어권에 속한 점이 크게 작용했을 것으로 보인다.

당시만 해도 영국은 셰익스피어의 표준영어가 일반에게 보급되 기 시작할 때였다. 독일도 별반 다를 게 없었다. 공용어는 라틴어였다. 1560년에 나온 라틴어 판본이 영국과 독일 등 게르만어권의 『군주론』 번역에 크게 기여했을 것으로 보인다. 이들 언어권의 번역본은 불역본 보다 근 1백년 가까이 뒤졌다. 독역본이 1623년, 영역본이 1640년에 처음으로 출간되었다.

『군주론』은 교황에 관한 얘기를 직설적으로 묘사해 놓은 까닭에 번역본 출간이 쉽지 않았을 것이다. 실제로 교황 비오 4세 때 설립된 종교재판소는 1557년 『금서목록Index Librorum Prohibitorum』을 작성한 뒤 1559년 공식 발표했다. 『군주론』을 포함한 마키아벨리의 모든 저술이 목록에 올랐다. 이탈리아어 판본 출간이 억제된 배경이다. 라틴어 판 본이 『금서목록』 공표 이듬해인 1560년에 첫 출간된 것은 각국의 번역 본 출간을 억제키 위한 고육책으로 보인다. 라틴어를 해독할 수 있는 사람은 그리 많지 않았다. 1550년에 첫 출간된 『마키아벨리 전집』은 이후 4번에 걸쳐 추가 인쇄됐으나 인쇄할 때마다 새롭게 조판해야 했 던 당시의 출판사정으로 인해 약간씩 차이가 난다.

『금서목록』에 묶여 있던 『군주론』이 재차 출간된 것은 1813년이었 다. 피렌체 출판업자 피아티Piatti가 『마키아벨리 전집』의 일환으로 이 를 펴냈다. 이 책은 1849년 이탈리아와 접경한 스위스 티치노Ticino에서 단행본으로 출간됐다. 이는 피렌체의 로렌초 메디치 도서관에 소장된 필사본을 저본으로 삼은 것이다. 이보다 1년 전인 1848년에는 '블라도

본'을 저본으로 삼은 책이 피렌체 출판업자 폴리도리Polidori에 의해 복간된 바 있다. 이를 '폴리도리본'이라고 한다.

학자들의 분석에 따르면 1813년에서 1849년에 나온 『군주론』은 대부분 '블라도본'과 '테스티나본', '폴리도리본'을 저본으로 삼은 것이나 내용상 적잖은 차이를 보이고 있다. 1891년 영국의 클래런던 출판사에서 출간한 이른바 '버드Burd본' 역시 1813년에서 1849년에 나온 판본을 저본으로 삼은 까닭에 정본正本으로 삼는데 문제가 있다.

객관적으로 볼 때 마키아벨리가 직접 쓴 라틴어 필사본이 남아 있지 않은 상황에서 가장 '정본'에 가깝다고 평가받을 만한 것은 마키아벨리 사후 사람들 사이에 널리 읽힌 여타 필사본이다. 현재 10여개가 남아 있다. 이 중 가장 권위 있는 것은 1899년 주세페 리지오Giuseppe Lisio가 메디치 도서관 소장의 필사본을 기본으로 나머지 필사본과 비교해 교정한 이른바 '리지오본'이다. 20세기에 나온 모든 판본이 이를 저본으로 삼았다.

그러나 '리지오본'은 오랫동안 독일 고타 공국 도서관에 보관돼 있던 필사본이 반영되지 않았다는 비판이 제기돼 왔다. 1924년 페데리코 샤보Federico Chabod가 '리지오본'과 고타 필사본을 대조한 이른바 '리지오·샤보본'을 펴냈다. 이로부터 3년 뒤인 1927년 귀도 마초니Guido Mazzoni가 로마 학술원 도서관 소장의 필사본을 저본으로 삼고 고타 필사본과 메디치 필사본을 참고로 해 소량의 새로운 판본을 출간했다. 1929년 마초니는 마리오 카젤라와 함께 새롭게 개판한 『마키아벨리 전집』을 펴냈다. 이를 '마초니·카젤라본'이라고 한다. 여기에 수록된 『군주론』은 고타 필사본을 저본으로 삼고 나머지 몇 개의 필사본을 대조해 만든 것이다. 이후에 나온 이탈리아어 판본은 모두 '리지오·샤보본' 내지 '마초니·카젤라본'을 저본으로 삼은 것이다.

이런 상황을 일거에 뒤바꾼 획기적인 일이 지난 1994년 탁월한 마키아벨리 전문가로 알려진 조르지오 잉글레제Giorgio Inglese에 의해 이뤄졌다. 이는 그간 전혀 알려지지 않았던 독일 뮌헨대 도서관 소장의 필사본을 발견한데 따른 결과다. 이를 '잉글레제본'이라고 한다. '잉글레제본'은 크게 3부류의 필사본을 바탕으로 삼고 있다. 첫째, 리지오에 의해 검토된 필사본이다. 둘째, 고타 필사본이다. 셋째, 뮌헨대 소장의 필사본이다. 그는 고타 필사본과 뮌헨 필사본을 먼저 검토해 일치하는 구절과 단어를 택한 뒤 일치하지 않는 경우는 나머지 리지오본을 참조해 최종 텍스트를 결정하는 방식을 택했다. 현재 '잉글레제본'은 『군주론』의 최종결정판이라는 찬사를 받고 있다.

이전의 영역본은 모두 불완전한 '리지오·샤보본'이나 '마초니·카젤라본'을 토대로 한 것이어서 약간 문제가 있다. 그간 가장 널리 읽힌 스키너Quentin Skinner와 프라이스Russell Price의 영역본인 『The Prince』(Cambridge, Cambridge University Press, 1988)가 학자 및 독자들의 외면을 받는 이유다. 실제로 스키너의 영역본은 원문과 동떨어진 오역이 적지 않다. 지난 2005년 '잉글레제본'을 저본으로 삼아 번역한 본다넬라Peter Bondanella의 영역본이 최근 가장 널리 읽히는 것도 바로 이 때문이다.

본서도 강정인 및 박상섭과 마찬가지로 '잉글레제본'의 최신판인 『Il Principe』(Tonino, Einaudi, 2005)를 저본으로 삼았다. 이밖에도 지난 2012년에 작고한 멜로그라니Piero Melograni의 『Il Principe di Niccolò Machiavelli』(Milano, BUR, 2006)를 참고했다. 영역본과 불역본 참고용으로는 본다넬라의 『The Prince』(N.Y., Oxford University Press, 2005)와 마리 니코디모프Marie Gaille Nikodimov의 『Le Prince』(Paris, LGF, 2000)를 이용했

다. 이는 이탈리아어 원문 번역에 만전을 기하고자 한 것이다.

2) 원문과 번역

강정인과 박상섭은 '잉글레제본'을 저본으로 이탈리아어 원문에 가깝게 번역했다고 하나 일부 번역에 약간의 문제가 있다. 예컨대 '파괴적인 급류'를 뜻하는 fiumi rovinosi를 두고 강정인은 '험난한 강'으로 번역한 뒤 각주에서 '산골짜기를 흐르는 격류를 말한다.'는 설명을 덧붙여 놓았다. 왜 본문에 '험난한 강'이라는 이상한 번역어를 택하고, 구차하게 각주를 달아 놓았는지 이해하기 어렵다. 영역본의 violent river를 그대로 번역한 게 아닌가 하는 의구심을 낳는 대목이다. 박상섭은 '격렬히 흐르는 강물'로 번역해 놓았으나 '피우미fiumi'는 문맥상 급류로 해석하는 게 낫다.

유사한 사례를 하나 더 들면 마키아벨리는 제15장에서 평소 군주는 권력을 유지키 위해서는 상황에 따라 악을 행할 수 있는 자세를 갖춰야 한다고 역설하고 있다. 원문은 이렇다.

"Onde è necessario a uno principe, volendosi mantenere, imparare a potere essere non buono, et usarlo e non usare secondo la necessità."

강정인은 '악하거나essere non buono' 대목을 빼놓은 채 "따라서 권력을 유지하고자 하는 군주는 상황의 필요에 따라서 선하지 않을 수 있는 법을 배워야 한다."고 번역해 놓았다. 박상섭은 직역에 충실한 나머지 이해하기 힘들 정도로 난삽하게 번역해 놓았다.

"이러한 까닭에 권력지위(potere)를 유지하려는 군주는 착하지 않을 수 있음(potere)「=능력」과 그 착하지 않음「=악덕」을 필요에 따라 사용할 수도 있고 사용하지 않을 수도 있음(potere)을 배우는 것이 필요하다."

문법에 맞는 해석이기는 하나 무슨 뜻인지 금방 와 닿지 않는다. 영역본도 이렇게 어렵게 번역해 놓은 것은 없다. 교각살우矯角殺牛의 우를 범한 것이다. 특히 이해할 수 없는 것은 동사 potere를 명사로 간주해 '권력지위'로 해석해 놓은 부분이다. 무슨 근거로 이같이 번역했는지 알 길이 없다. 나아가 '시의時宜에 따라'의 뜻인 secondo la necessità는 비록 '악행을 행하거나 안하거나usarelo e non usare' 구절 뒤에 나오기는 하나 문맥상 '악하게 굴거나essere non buono'에도 걸린다고 보아야 한다. 이는 다음과 같이 번역하는 게 옳다.

"따라서 권력을 유지코자 하는 군주는 시의時宜에 따라 때로는 악하게 굴거나, 또는 악행을 저지르거나 하는 법을 배워야 한다."

이와 유사한 예가 제법 많다. 원래 『군주론』은 이탈리아어 원문조차 판본에 따라 그 내용이 약간씩 다르다. 『군주론』 자체가 메디치가 헌정용으로 저술된 까닭에 당초 라틴어 필사본으로 만들어졌고, 메디치 가문이 그의 사후 출간을 허용할 때 중세 이탈리아에 해당하는 당시의 속어로 출간케 했기 때문이다. 원문에는 토스카나 방언과 피렌체에서만 사용한 독특한 표현 등이 뒤섞여 있다. 이탈리아인들도 원문을 그대로 읽기가 쉽지 않은 이유다.

2. 『군주론』의 용어해설

*『군주론』을 관통하는 키워드에 대해서는 사람마다 약간 다르나 필자가 볼 때는 모두 5개로, 프린치페Principe, 스타토Stato, 비르투Virtù, 포르투나Fortuna, 네체시타Necessità가 그것이다. 강정인은 이들 키워드를 다양한 번역어로 옮겨 독자들을 헷갈리게 만들고 있다. 이들 키워드가 문맥에 따라 다양한 의미를 지니고 있는 까닭에 독자들에게 그 의미를 제대로 전달키 위한 부득이한 조치라고 해명하고 있으나 이는 지나쳤다. 문맥에 따른 상이한 의미를 정확히 전달키 위한 조치라 해도 키워드를 임의로 바꿔가며 번역하는 것은 과공비례過恭非禮에 해당한다. 박상섭은 이탈리아어 원문을 소리 나는 대로 번역한 채 괄호 안에 그 의미를 새겨 넣는 방식을 택했으나 이 또한 번문욕례繁文縟禮에 지나지 않는다. 본서가 '프린치페'는 군주, '스타토'는 국가 내지 나라, '비르투'는 자질, '포르투나'는 운 내지 운명으로 번역한 이유다.

강정인은 제3판 개역본에서 경어체를 사용하고 있으나 이 또한 지나치다. 『군주론』이 비록 군주의 신하 및 백성에 대한 통제인 이른바 제신술制臣術과 제민술制民術에 초점을 맞춘 것이기는 하나 내용 및 형식만큼은 객관적 사실에 대한 기술 내지 분석 형태로 되어 있다. 일반 독자를 겨냥한 저술로 간주해 평어체로 번역하는 게 타당하다. 마키아벨리 사후 『군주론』이 출간될 당시 이를 허락한 메디치 가문이 평어체로 바꿔 출간토록 했을 가능성도 배제할 수 없다. 다만 '헌정사'와 제26장만큼은 분명 메디치 가문의 군주를 상대로 한 만큼 경어체 번역이 원문의 취지에 부합한다.

인명의 경우 각주에서 이를 간략히 소개하는 동시에 보다 상세한 해설이 필요한 인물에 대해서는 부록의 인명사전에서 자세히 다뤘다. 마키아벨리의 자필 원고가 남아 있지 않아 원래의 문단이 어떻게 나뉘었는지 정확히 알 길이 없다. 저본으로 삼은 '잉글레제본'을 토대로 내용이 바뀔 때마다 문단을 나눴다. 독자의 편의를 고려한 조치이다. 다음은 『군주론』의 5개 키워드에 대한 간략한 해설이다.

1) 프린치페 Principe

『군주론Il Principe』의 제목이기도 한 이탈리아어 '프린치페Principe'는 영어 프린스prince와 어원을 같이하는 말이다. 이 말은 카이사르 사후 천하를 거머쥔 옥타비아누스가 처음으로 사용한 프린켑스princeps에서 나왔다. 당시 로마 원로원은 옥타비아누스에게 사실상의 제왕을 지칭하는 '존엄한 자'의 뜻인 아우구스투스Augustus 존호尊號를 올렸다. 그러자 옥타비아누스는 겸양의 취지로 '제1등 시민'을 뜻하는 '프린켑스'를 자처했다. 자신은 카이사르와 달리 로마공화정을 수호하기 위해 무기를 들고 가장 먼저 뛰쳐나갈 제1번 시민에 해당한다고 떠벌인 것이다. 말할 것도 없이 카이사르가 종신직의 제왕을 꿈꿨다는 이유로 척살당한 것을 의식한 결과다.

사가들은 이를 계기로 로마가 공화정共和政에서 제정帝政으로 진입했다고 평하고 있다. 나름 타당한 분석이지만 정곡을 찌른 것은 아니다. 왜냐하면 동양의 제정 체제로 흘러간 동로마와 달리 서로마는 패망할 때까지 결코 겉으로 보기에 공화정을 포기한 적이 없기 때문이다. 폭군의 상징으로 알려진 콤모두스와 칼리쿨라 등 모든 '아우구스투스'는 예외 없이 입으로는 '프린켑스'를 자처했기 때문이다. 좋게 해석하면 이상과 현실의 조화로 볼 수 있지만, 비판적으로 평가하면 명분과 현실간의 현격한 괴리와 모순을 슬쩍 덮어놓은 위장에 지나지 않았다. 20세기 초까지 수천 년 동안 제왕체제를 유지한 동양과 극명한 대조를 이루는 대목이다.

객관적으로 볼 때 '아우구스투스'와 '프린켑스'는 양립키 어려운 기이한 조합이라고 할 수밖에 없다. 실제로 콤모두스 사후 로마는 원로원이 중심이 된 공화정도 아니고, 그렇다고 '프린켑스'로 위장한 '아우구스투스' 중심의 제왕정도 아닌 왜곡된 통치체제로 흘러갔다. 이른바 '군인황제 시대'가 그것이다. 겉으로만 황제를 지칭하는 '아우구스투스'로 불렸을 뿐 내막을 보면 용병들이 옹립한 일개 용병대장에 지나지 않았다. 실제로 용병들이 군인들에 의해 옹립된 황제의 운명을 좌지우지했다. 이들의 반감을 사면 그의 목숨은 파리 목숨만도 못했다.

'프린켑스' 등장 이후의 서유럽 역사는 19세기 말 프랑스대혁명이 발발하기 전까지만 해도 제왕정과 공화정의 이런 기괴한 조합이 빚어낸 모순의 역사라고 해도 과언이 아니다. 마키아벨리가 활약하는 15-16세기의 경우는 더 심했다. 수많은 도시국가로 분열된 이탈리아는 이런 모순이 집약된 지역이기도 했다. 비록 르네상스의 물결이 천하대세의 도도한 흐름으로 자리 잡았지만 이는 어디까지나 문화예술 분야에 국한되었다. 통치체제만큼은 '군인황제 시대'의 모순에서 한 치도 벗어나지 못하고 있었다. 교황이 세속군주와 마찬가지로 교황령의 확장을 꾀하며 무력사용을 당연시한 점에서 알 수 있다.

'프린켑스'에서 유출된 '프린치페'와 '프린스'가 군주와 제왕이라는 의미 이외에도 왕자王者와 왕자王子, 대공大公, 귀족貴族 등 다양한 의미로 사용된 것도 바로 이 때문이다. 이는 공화정과 제왕정 등의 통치체제 유형을 막론하고 최고통치권자의 자리가 그만큼 불안정했음을 반증한다.『군주론』에 나오는 '프린치페'가 군주국principato, 왕국regno, 군주정monarchia, 제국imperio 등 다양한 유형의 군주국은 물론 통치체제를 불문하고 모든 나라의 최고 우두머리 내지 지도자의 의미로 사용되고 있는 게 그렇다. 나라의 규모와 통치체제를 가리지 않고 모든 나라의 우두머리 내지 지도자를 '프린치페'로 통일시켜 표현한 셈이다.

'아우구스투스'와 '프린켑스'의 모순에서 비롯된 '프린치페' 용어의 이런 혼란스런 모습은 명분과 현실이 괴리된 동양의 춘추전국시대 왕공王公 체계의 모순과 사뭇 닮아 있다. 명분상 천하의 주인은 주나라 왕실이었으나 사실상의 주인은 무력으로 천하의 제후를 호령하는 춘추오패春秋五覇와 전국칠웅戰國七雄이었다. 초나라가 제후 등급 가운데 가장 낮은 자작子爵의 나라였으나 춘추시대와 전국시대를 통틀어 남방의 최강국으로 군림한 게 그렇다. 주나라 왕실은 비록 천하의 주인을 뜻하는 천자天子 호칭을 독점적으로 사용했으나 실력만큼은 일개 자작의 제후국만도 못했다. 사실상의 패권覇權을 춘추오패와 전국칠웅이 쥐고 천하를 뒤흔든 배경이다.

『군주론』의 배경이 된 15-16세기 유럽의 모습이 꼭 이와 같았다. 예컨대 합스부르크가의 신성로마제국 '프린치페'는 천자, 프랑스 왕과 스페인 왕 등 대국의 '프린치페'는 천자 밑에 있는 제후왕諸侯王에 해당한다. 이들 제후왕은 공작公爵, 후작侯爵, 백작伯爵, 자작子爵, 남작男爵의 등급으로 이뤄진 제후들보다 한 단계 위에 있다. 이탈리아 내의 나폴리와 피렌체 및 밀라노 등 규모가 큰 도시국가의 '프린치페'는 공작이나 후작, 볼로냐와 피사 등 규모가 작은 여타 지역의 군주는 대소 규모에 따라 백작이나 자작 내지 남작에 해당했다. 프라이스는 『군주론』을 영역하는 과정에서 '프린치페'를 대부분 지배자를 뜻하는 룰러ruler로 번역하면서 가끔 군주를 뜻하는 프린스prince로 표현해 놓았다. '프린치페' 용어가 함축하고 있는 다양한 의미를 제대로 파악치 못한 셈이다.

원래 『군주론』의 이탈리아어 원제목은 '일 프린치페Il Principe'로 『군주』로 번역하는 게 옳다. 이를 최초로 번역한 일본인들이 『군주론』으로 명명한 뒤 21세기 현재까지 『군주론』으로 통용되고 있다. 원래 '일 프린치페' 명칭은 마키아벨리가 직접 정하지 않았다. 그의 생전에 출간된 적이 없기 때문이다. 오히려 그의 초기 필사본 제목인 『군주국론De principatibus』이 원래 제목에 가깝다. 마키아벨리는 『로마사 논고』에서 『군주론』과 관련해 2번에 걸쳐 언급하고 있다. 제3권 제42장에서는 '군주론'을 뜻하는 라틴어 '데 프린키페De Principe', 제2권 제1장에서는 '군주국'을 뜻하는 이탈리아어 '프린치파티Principati'로 표현해 놓았다. 마키아벨리 자신도 내심 『군주국론』과 『군주론』을 놓고 고심한 듯하다.

2) 스타토 Stato

'스타토'는 원래 16세기 이래 자치주自治州 내지 국가를 뜻하는 영어 스테이트state와 어원을 같이하는 말이다. 당시에는 현대적 의미의 '국가' 개념이 존재하지 않은 까닭에 다양한 의미로 사용됐다. 『군주론』에 나오는 '스타토'는 크게 4가지 의미가 있다.

첫째, 일정한 영토를 보유한 정치공동체를 지칭하는 경우다. 『군주론』에 나오는 '스타토'는 대부분 이런 의미로 사용됐다. 『군주론』에는 공화국을 뜻하는 레푸블리카repubblica와 도시국가를 뜻하는 치타città 용어도 자주 나온다. 본서는 '스타토'를 '국가' 내지 '나라'로 번역하는 한편 '레푸블리카'와 '치타'는 '공화국' 내지 '도시국가'로 구분해 번역했다. 이밖에도 영지領地를 뜻하는 '도미노domino'와 지역地域을 뜻하는 '프로빈치아provincia' 용어도 자주 등장한다. 주의할 점은 '프로빈치아'가 오히려 현대 국가 개념에 가깝다는 점이다. 이탈리아, 스페인, 독일, 프랑스 등이 『군주론』에 '프로빈치아'로 표현된 게 그렇다.

둘째, '영토' 내지 '지역'의 의미로 사용된 경우다. 제3장에서 롬바르디아 영토를 'lo stato di Lombardia', 제4장에서 아시아 지역을 'lo stato di Asia'로 표현했다. 셋째, '정부'와 '권력' 내지 '정권'을 뜻하는 경우다. 제5장에서 과두寡頭 체제를 'stato di pochi'로 표현했다. 넷째, '정치' 내지 '통치술'의 의미로 사용된 경우다. 베토리에게 보내는 서한에서 15년 동안 통치술l'arte dello stato을 연구하는데 보냈다고 썼다. 『군주론』 제3장의 마지막 대목에서 '스타토'를 전쟁la guerra과 대비되는 통치술lo stato의 의미로 사용한 것도 같은 경우다.

3) 비르투 Virtù

'비르투'는 선善 내지 미덕美德을 뜻하는 영어 버추virtue와 어원이 같다. 악惡 내지 부도덕不道德을 뜻하는 영어 바이스vice와 같은 의미인 비치오vizio와 대조되는 의미로 사용된 게 그렇다. 원래 이 단어는 남성을 뜻하는 라틴어 비르vir에서 파생된 것으로, 남성적인 힘이 내재하고

▌비르투의 승리, 안드레아 만테냐 그림

있는 용맹과 결단 등의 미덕을 상징한다. '비르투'가 군주의 용맹과 결단 등을 역설하고 있는 『군주론』에서 키워드로 사용되고 있는 이유가 여기에 있다. 많은 사람이 똑같은 '비르투'를 두고 문맥에 따라 역량, 자질, 품성, 능력, 기술, 활력, 위력, 결단, 힘, 기백, 용기, 용맹, 무훈 등 매우 다양한 용어로 번역하는 것도 이런 맥락에서 이해할 수 있다.

그러나 이는 잘못이다. 프라이스가 『군주론』을 영역하면서 이런 잘못을 범했다. 얼핏 원문의 취지를 최대한 살리기 위했다고 볼 수 있으나 이는 정곡을 꿰지 못한 것이다. 자칫 독자들에게 혼란만 부추길 소지가 크다. 강정인 역시 똑같은 우를 범하고 있다. 박상섭이 '비르투' 용어를 그대로 사용한 것은 이를 피하기 위한 고육책으로 보인다. 그러나 이 또한 미봉책에 불과하다.

『군주론』의 '비르투'는 치세와 난세를 불문하고 군주가 지녀야 할 모든 자질을 한마디로 요약해 표현한 것이다. 마키아벨리가 『군주론』에서 '비르투'라는 용어를 사용한 근본취지는 '군주의 자질'을 역설하기 위해서였다. 여기에는 선천과 후천, 선덕virtuoso와 악덕scelleratezza의 모든 자질이 포함돼 있다. 악덕은 비겁함을 뜻하는 이그나비아ignavia, 비열함을 뜻하는 빌타viltá, 나태함을 뜻하는 오찌오ozio, 연약함을 뜻하는 데볼레차debolezza 등을 모두 포함한 개념이다. '비르투'의 복수형 'le virtù' 역시 '여러 자질'로 새기는 게 옳다.

결론적으로 군주가 의당 지녀야 할 모든 자질이 『군주론』에서는 '비르투'라는 용어 속에 녹아 있는 셈이다. 실제로 마키아벨리는 필요할 경우 군주는 통상적인 도덕과 관습을 뛰어넘는 과감한 행보를 보여야 한다는 생각을 갖고 있었다. 폭군의 지탄을 받을 만한 무자비한 악행도 '비르투' 개념 속에 녹아 있는 이유다. 비상한 시기에 군주가 내리는 단호한 결단이 핵심이다. 그렇다고 난세에는 반드시 무자비한 행보만 취하라는 뜻은 아니다. 때로는 적을 감복시킬 정도의 너그러운 행보도 포함돼 있다. 본서가 제16장의 'virtù del liberale' 구절을 '군주의 관대한 자질'로 번역한 이유다. 본서는 프라이스가 범한 잘못을 답습하지 않기 위해 『군주론』에 나오는 모든 '비르투'의 번역을 '자질資質'로 통일시켰다.

4) 포르투나 Fortuna

'포르투나'는 행운을 뜻하는 영어 포츈fortune과 어원을 같이한다.

마키아벨리는 『군주론』에서 거의 매번 '포르투나'를 '비르투'와 함께 사용하고 있다. 군주가 권력을 장악하고 유지하는 데에는 '비르투'와 더불어 일정 수준의 '포르투나'가 작용한다고 역설한 게 그렇다. 주목할 것은 마키아벨리가 '포르투나'를 어떤 확정된 개념이 아니라 사람의 노력 여하에 따라 상반된 결과를 가져올 수 있는 매우 가변적이면서도 포괄적인 개념으로 사용하고 있는 점이다.

이는 동양에서 흔히 자신의 운명을 스스로 개척해 나갈 때 사용하는 개운開運과 취지를 같이한다. 본서가 '포르투나'를 운運 내지 운명運命으로 번역한 이유다. 말할 것도 없이 스스로 자신의 운명을 만들어간다는 취지를 내포한 용어로, 사실 이것이 마키아벨리가 '비르투'와 더불어 '포르투나'를 언급한 취지에 부합한다.

그럼에도 시중에 나와 있는 대다수 번역서는 '포르투나'를 다양한 용어로 번역해 '비르투' 못지않게 독자들을 혼란스럽게 만들고 있다. 문맥에 따라 행운, 운명, 운, 호의, 도움, 힘, 조건, 상황, 번영, 성패 등 다양한 용어로 번역해 놓았다. 이 또한 프라이스가 영역할 때 저지른 잘못을 답습한 것이다. '비르투'를 '자질'로 통일시켜 번역하는 게 『군주론』의 기본취지에 부합하듯이 '포르투나' 역시 운 내지 운명으로 통일시켜 번역하는 게 타당하다.

객관적으로 볼 때 『군주론』의 '포르투나'는 '비르투'가 통상적인 의미의 선덕善德과 악덕惡德을 모두 포함하듯이 행운幸運과 악운惡運이 섞인 개념이다. 여기에는 '비르투'가 그렇듯이 선천적인 행운과 악운은 물론 후천적인 행운과 악운 개념이 모두 녹아 있다. 사람의 노력 여하에 따라 행운 또는 악운으로 작용할 수 있다는 게 근본취지이다. 본서가 '포르투나'를 중립적인 개념의 운 내지 운명으로 번역한 이유다.

| 운명의 여신 포르투나

본서가 제14장과 제20장, 제25장에 나오는 'la fortuna'를 '행운의 여신'이 아닌 '운명의 여신'으로 번역한 것도 이 때문이다. 실제로 마키아벨리는 당사자가 노력하지 않거나 제대로 대처하지 못할 경우 '행운의 여신'이 오히려 '악운의 여신'이 되고, 정반대의 경우도 공히 성립한다고 역설하고 있다. 제14장에서 "현명한 군주라면 평시에도 게으름을 피우지 않고, 부지런히 자신의 입지를 강화함으로써 불의의 역경에 대비해야 한다. 그러면 설령 운명의 여신la fortuna이 변심할지라도 능히 이에 맞설 수 있다."고 역설한 게 그렇다. 여신의 의미로 사용된 'la fortuna' 역시 통상적인 의미의 '포르투나'를 운 내지 운명으로 번역한 것과 마찬가지로 상황에 따라 행운 또는 악운으로 작용하는 '운명의 여신'으로 번역하는 게 합리적이다.

5) 네체시타 Necessità

'네체시타'는 '필요'를 뜻하는 영어 너세서티necessity와 어원이 같다. 형용사 네체사리오necessario와 과거분사 네체시타토necessitato는 통상적인 의미로 풀이하면 된다. 명사형인 '네체시타'는 대략 '필요'로 번역하면 된다. 제10장에 나오는 '타국의 보호를 받아야 할 필요'를 뜻하는 necessità della defensione d'altri 구절이 그렇다. 그러나 문맥에 따라서는 시대적 요구 내지 시대정신을 뜻하는 시의時宜의 의미로 사용되는 경우가 있다. 제17장에 나오는 second la necessità 구절이 대표적이다.

『군주론』의 '네체시타'는 나름 중요한 의미를 지니고 있음에도 '포르투나'와 '비르투'에 비해 상대적으로 소홀히 취급돼 온 게 사실이다. 일각에서는 이 말을 '포르투나' 및 '비르투'와 더불어 3대 키워드로 꼽고 있다. 용어 해설에서 이를 중요하게 다루고 있는 강정인도 대략 이런 관점이다. 그는 '네체시타'의 의미를 크게 2가지로 파악했다. 첫째, 절대 내지 무조건적인 필연성이다. 둘째, 가상 내지 조건부적인 필연성이다. 『군주론』에 나오는 '네체시타'는 대부분 후자에 속한다는 게 그의 주장이다.

나름 일리가 있으나 너무 사변적이다. 『군주론』에 나오는 '네체시타'는 공익 특히 국익을 위해 동원하는 온갖 수단을 지칭하는 말이다. 도덕적 판단이 배제된 것이 특징이다. 제15장에서 '시의에 따라 때로는 악하게 굴거나, 또는 악행을 저지르거나 하는 법을 배워야 한다.'고 역설한 이유다.

마키아벨리가 말한 '네체시타'는 반도덕적 정치행위를 허용하는 경계선이자, 도덕과 반도덕이 교차하는 지점이기도 하다. 마키아벨리는 '네체시타' 개념을 통해 국익을 달성하기 위한 반도덕적 정치행위를 정당화하면서, 동시에 '네체시타'가 배제된 맹목적인 국익 추구를 경계하고 있다. 한마디로 시대적 요구에 부응해 국익을 추구할 경우에만 반도덕이 용납된다는 주장이다. 결코 국익 추구를 구실로 내세운 반도

▌그리스 여신 아낭케

덕을 무조건 용인한 게 아니다. '포르타나' 및 '비르투'와 마찬가지로 '네체시타'를 『군주론』의 키워드로 꼽을 수 있는 이유다.

마키아벨리의 이런 입장은 '비르투' 및 '포르투나'와 연관해서 생각하면 쉽게 알 수 있다. '비르투'가 아무리 출중해도 어찌할 수 없는 경우가 있다. 바로 시대적 요청인 '네체시타' 때문이다. 시대가 요구하거나, 시대정신에 부합할 때 비로소 '비르투'가 제대로 작동할 수 있다. 마치 천리마가 전장에서 그 기량을 마음껏 발휘하는 것과 같다. '포르투나'의 경우도 마찬가지다. 아무리 '포르투나'가 유리하게 작용할지라도 '네체시타'에 부응치 못하면 모든 게 남가일몽南柯一夢에 지나지 않는다. 오히려 대재앙을 자초할 수도 있다. 난세의 시기를 사는 군주는 마키아벨리가 역설했듯이 '네체시타'를 좇아 때론 세속적인 도덕관행을 과감히 뛰어넘을 수 있어야 한다. 그게 진정한 의미의 '비르투'이다. 그런 의미에서 '네체시타'는 '비르투'의 대전제에 해당하는 셈이다.

1부

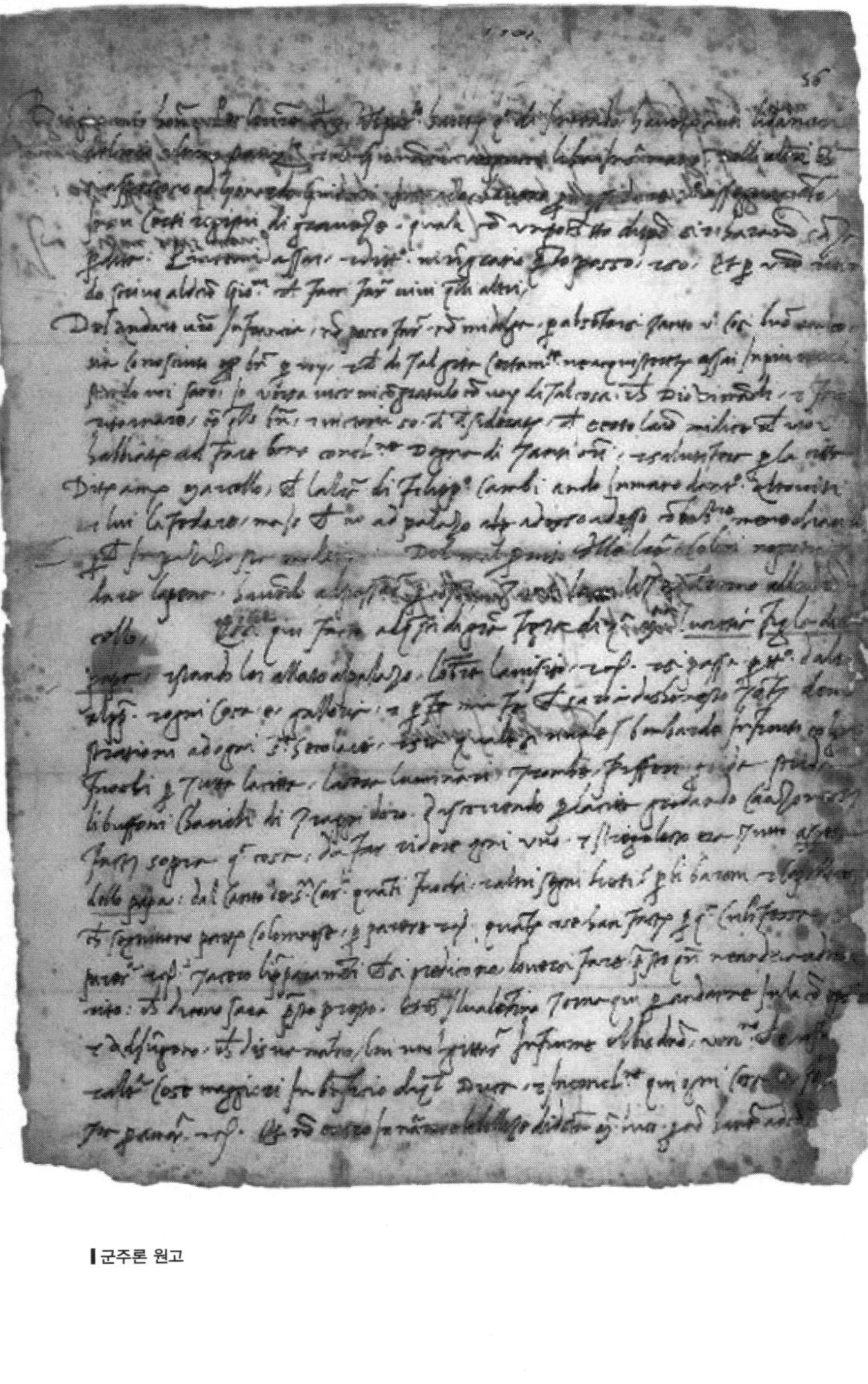

군주론 원고

헌정사

메디치 전하 상서[1]

Nicolaus Maclavellus
ad Magnificum Laurentium Medicem

군주의 환심을 사려는 자들은 통상 자신들이 가장 소중하게 여기는 것이나 군주가 기뻐할 선물을 들고 가 군주를 알현합니다. 군주는 말과 무기, 금박 비단, 보석을 비롯해 군위君威에 어울리는 장신구 따위를 선물로 받곤 합니다. 저 또한 전하에 대한 충정의 표시로 뭔가를 바치고자 했습니다. 그러나 제가 가진 것 중에는 근래의 일에 대한 오랜 경험과 고대사에 대한 꾸준한 연구를 통해 알게 된 고인古人의 사

적事迹에 관한 지식보다 더 귀하고 가치 있는 것은 없다는 사실을 깨달았습니다. 이제 이런 것들을 소상히 관찰한 결과를 한 권의 소책자uno opusculo로 만들어 전하께 바치려 합니다.

이 책은 전하께 바치기에 여러모로 부족합니다. 다만 제가 오랫동안 많은 시련과 위험을 무릅

▌로렌초 데 메디치

---

1   이 헌정사는 일명 '대大 로렌초'로 불리는 로렌초 데 메디치(Lorenzo de' Medici, il Magnifico, 1449-1492)가 아니라 '대 로렌초'의 손자로 교황 레오 10세의 조카이자 일명 '소小 로렌초'로 불리는 로렌초 디 피에로 데 메디치(Lorenzo di Piero de' Medici, 1492-1519)에게 올린 것이다. 마키아벨리가 당초 『군주론』을 헌정코자 한 대상은 '소 로렌초'의 숙부인 줄리아노 디 로렌초 데 메디치(Giuliano di Lorenzo de' Medici, 1479-1516)이다. '대 로렌초'의 동생인 줄리아노 데 메디치(Giuliano de' Medici, 1453-1478)와 엄히 구분해야 한다. 줄리아노 데 메디치는 1478년 4월 26일 파치 가의 음모에 휘말려, 피렌체 대성당에서 반대파 프란체스코 데 파치에 의해 살해당했다. '대 로렌초'는 간신히 목숨을 구했다. 당시 25세로 요절한 줄리아노 데 메디치는 법적으로 미혼이었으나 피오레타 고리니와의 사이에서 줄리오 데 메디

쓰고 체득한 것을 단기간에 전할 수 있는 것으로는 이 책보다 더한 게 없습니다. 자비로운 전하께서 기꺼이 받아줄 것으로 믿는 이유입니다. 저는 이 책을 전혀 꾸미지 않았습니다. 많은 사람들이 주제를 돋보이게 만들기 위해 동원하는 과장된 구절이나 고상하고 화려한 단어를 비롯해 그 밖의 다양한 수식 등 그 어떤 기교도 구사하지 않은 게 그렇습니다. 이 책이 오직 다양한 내용과 진지한 주제로 가치를 인정받기를 바랐기 때문입니다.

저처럼 비천한 자가 감히 군주의 통치를 논하고 그 원칙을 제시코자 하는 것이 무례한 소행으로 비춰지지 않았으면 합니다. 경관을 담은 지도를 그리고자 하는 자는 산과 고원을 그리고자 하면 평원으로 내려와 산과 고원을 올려보고, 평원을 그리고자 하면 산 정상으로 올라가 평원을 내려다봐야 합니다. 마찬가지로 백성의 본성을 잘 알려면 군주의 입장, 군주의 본성을 잘 알려면 백성의 입장에 설 필요가 있습니다.

모쪼록 전하께서는 저의 이런 충정을 헤아려 이 작은 선물을 받아주십시오. 이 책을 면밀히 읽고 그 뜻을 새기면, 운fortuna과 전하의

치(Giulio de' Medici, 1478-1534)를 유복자로 두고 있었다. '대 로렌초'는 유복자인 조카 줄리오를 자신의 3남으로 입양했다. 줄리오는 훗날 교황 클레멘스 7세로 취임한 인물이다. 줄리아노 디 로렌초 데 메디치는 친형 피에로 2세 등과 함께 피렌체에서 쫓겨났다가 다시 돌아와 권력을 잡았다. 1516년 급사한 후 조카인 '소 로렌초'가 권력을 이어받았다. 강정인과 박상섭 번역본을 비롯해 많은 번역서가 『군주론』의 헌정대상을 줄리아노 디 로렌초 데 메디치가 아닌 줄리아노 데 메디치로 기록해 놓아 독자들을 헷갈리게 만들고 있다. '줄리아노'는 줄리아노 디 로렌초 데 메디치와 그의 숙부인 줄리아노 데 메디치를 동시에 지칭하고 있는 까닭에 엄히 구분해야 한다. 그럼에도 강정인과 박상섭 번역본은 '줄리아노 전하'를 '줄리아노 데 메디치를 말한다.'고 풀이해 놓았다. 커다란 잘못이다.

피에로 데 메디치

탁월한 자질virtù이 약속한 위업의 성취를 바라는 저의 소망을 헤아리실 수 있을 것입니다. 동시에 잠시라도 그 높은 곳에서 제가 머물고 있는 이 낮은 곳으로 시선을 돌리면, 제가 그간 크고 지속적인 운으로 인해 얼마나 부당한 대우를 받아 왔는지도 아시게 될 것입니다.

제 1 장

군주와 국가

군주국은 얼마나 많고,
그 성립 배경은 무엇인가?[2]

Quot sint genera principatum
et quibus modis acquirantur

지금까지 사람을 지배해온 국가stato나 통치체제dominio는 예외 없이 공화국republica 아니면 군주국principato이다. 군주국은 한 가문이 오랫동안 다스린 세습 군주국principato ereditari과 새롭게 편입된 신생 군주국principato nuovo으로 나뉜다. 신생 군주국은 다시 프란체스코 스포르차Francesco Sforza[3]가 다스리는 밀라노 왕국처럼 완전히 새롭게 등장한 군주국, 스페인 왕 아라곤Aragon의 페르난도Fernando 2세가 다스리는 나폴리 왕국처럼 기존의 세습 군주국 군주에 의해 그 영토의 일부로 편입된 군주국으로 나뉜다.[4] 기존의 세습 군주국에 편입된 나라는 다시 군주의 통치에 익숙한 곳과 공화국처럼 자유롭게 사는 것에 익숙한 곳으로 나뉜다. 영토의 획득은 타인 또는 자신의 무력armi, 운fortuna 또는

2　　제1장의 내용은 제2장~제11장에서 논의되는 주제를 요약한 것이다.

3　　프란체스코 스포르차(Francesco Sfroza, 1401-1466)는 일명 '소小 스포르차'로 불리는 인물로 1441년 밀라노 공 필로포 비스콘티의 딸인 비앙카 마리아와 결혼한 뒤 비스콘티 사후 후계자가 없자 밀라노를 손에 넣은 용병대장이다. '대大 스포르차'로 불리는 그의 부친 무치오 스포르차(Muzio Attendolo Sforza, 1369-1424) 역시 용병대장 출신으로 직업군인이 됐을 당시 활력과 야망의 뜻을 지닌 '스포르차'로 이름을 지을 정도로 의지가 강한 인물이었다. 그의 사생아인 프란체스코 스포르차는 자신이 처음 방비하던 밀라노의 오래된 비스콘티 경계선이 1447년 시효만료 됐을 때 공화국을 배신하고 보위에 올라 1450년 스스로 밀라노 공을 선언하며 독립했다.

4　　남부 이탈리아와 시칠리아를 포함하는 나폴리 왕국은 보위승계를 둘러싸고 분규가 있었다. 1500년에 체결된 그라나다 조약으로 프랑스와 스페인에 의해 분할된 후 1503년에 군사적 폭력에 의해 스페인 왕 아라곤의 페르난도 2세에게 흡수됐다. 페르난도 2세는 아라곤의 왕자로 카스티야의 왕녀인 이사벨과 결혼한 후 아내와 함께 공동 통치자가 되었다. 가톨릭 왕el Católico이라는 별명이 있다. 여러 나라를 보유한 까닭에 아라곤 왕으로는 페르디난도 5세, 나폴리·시칠리아 왕으로는 페르디난도 3세로 불렸다.

자질virtù에 의한 방안 등이 있다.[5]

페르난도 2세

<hr />

5　　이 대목은 『군주론』을 관통하는 키워드 포르투나fortuna와 비르투virtù가 병칭된 최초의 사례에 해당한다. 본서는 일관되게 '포르투나'는 운運, '비르투'는 자질資質로 번역했다. 그 이유는 용어해설 항목에서 자세히 설명했다.

제 2 장

창업과 수성

세습 군주국에 관해

De principatibus hereditariis

공화국에 관해서는『로마사 논고』에서 상세히 언급한 까닭에 여기서는 생략하고, 군주국에 관해서만 언급할 생각이다.[6] 군주국이 어떻게 통치되고 유지할 수 있는지는 앞서 언급한 기준에 따라 설명토록 하겠다.

세습 군주의 이점

세습 통치에 익숙한 세습 군주국은 신생 군주국보다 훨씬 쉽게 나라를 보존할 수 있다고 말할 수 있다. 기존 질서를 바꾸지 않으면서 새로운 상황에 적절히 대처하는 것만으로도 충분하기 때문이다. 세습 군주는 통상적인 근면성만 지니고 있어도 문득 강력한 세력의 출현으로 나라를 빼앗기지 않는 한 능히 보위를 유지할 수 있다. 설령 보위를 빼앗겨 일개 시민privato이 될지라도 찬탈자가 어떤 운으로 곤경에 처하게 되면 능히 보위를 되찾을 수 있다.

실례로 이탈리아의 페라라Ferrara 공작 부자를 들 수 있다.[7] 이들

---

6   마키아벨리는『로마사 논고』제1권 제18장에서 특히 공화국에 관해 논하고 있다. 학자들은 이를 지칭한 것으로 보고 있다.『로마사 논고』가 먼저 저술됐을 것으로 보는 견해도 있으나 나중에 삽입된 구절로 보는 견해가 일반적이다.

7   마키아벨리는 본문에서 페라라 공을 한 사람처럼 얘기하고 있으나 내용적으로는 페라라 공작인 에르콜레 1세(Ercole Ⅰ, 1471-1505 재위)와 그 후계자인 알폰소 1세(Alfonso Ⅰ d'Este, 1505-1534 재위)를 모두 언급한 것이다. 이를 두고 대다수 역자들이 마키아벨리가 혼동한 것으로 해석했으나 이는 잘못이다.

┃ 율리우스 2세

은 1484년 베네치아인의 공격과 1510년 교황 율리우스 Julius 2세의 침공을 모두 물리쳤다.[8] 이유는 단 하나이다. 그의 가문이 그 지역을 오랫동안 다스린 덕분이다. 세습 군주는 신생 군주와 비교할 때 자신의 백성에게 더 해를 끼칠 이유가 없다. 백성들로부터 더 많은 호감을 얻는 이유다. 군주가 증오를 살만한 상식 밖의 악행을 저지르지 않는 한 많은 백성들이 그를 따르는 것은 자연스런 일이다.[9] 세습 통치가 오래될수록 급진적인 변혁에 대한 기억과 동기는 희미해지게 마련이다. 어떤 변혁이든 으레 새로운 변혁을 일으키는 화근

---

8   율리우스 2세(Julius Ⅱ, 1443-1513)는 매우 호전적인 교황이다. 마키아벨리는 그의 성급하고 모험적인 성격을 제25장에서 요약해 서술하고 있다. 에스테 가문의 에르콜레 1세는 전쟁에서 패해 1484년 베네치아에 영토의 일부를 양보하지 않을 수 없었다. 후계자인 알폰소 1세 역시 초기에 일부 도시를 상실하기는 했으나 잘 견디어낸 결과 이후 실지를 회복할 수 있었다. 에스테 가문은 4세기 동안 페라라의 영주로 군림했다. 마키아벨리는 점잖은 문화 애호가인 에르콜레와 거칠고 활기에 넘친 알폰소를 공히 언급함으로써 오랜 세월에 걸쳐 다져진 안정된 군주국가의 장점을 드러내고자 한 것이다.

9   마키아벨리는 제17장과 제19장에서 증오심을 자극하는 2가지 악행으로 타인의 재산을 탈취하거나 남의 여인을 빼앗는 것을 지적했다.

addentellato으로 작용하기 때문이다.[10]

---

10   화근禍根으로 번역한 본문의 구절은 아덴텔라토addentellato이다. 이는 흔히 '총안銃眼 내기' 내지 '움푹 파기'로 번역되고 있다. 마키아벨리는 기존 대책이 후속책의 초석이 되도록 주도면밀하게 짜는 것을 '아덴텔라토'로 표현하곤 했다. 여기서는 부정적인 의미로 사용된 까닭에 '화근'으로 번역했다.

제
3
장

정복과 통치

혼합 군주국에 관해

De principatibus mixtis

신생 군주의 어려움

　신생 군주국이야말로 건국 직후부터 어려운 문제에 봉착하게 된다. 우선 전혀 새로운 국가가 아니라 기왕의 군주국에 손발처럼 새로이 병탄된 혼합 군주국principato misto의 경우이다. 이런 나라의 문제는 기본적으로 모든 신생 군주국에서 자연스럽게 나타나는 고충에서 비롯된다. 본래 백성은 자신의 삶을 조금이라도 개선할 수 있다고 믿으면 기꺼이 군주를 갈아치우고자 한다. 군주의 지배에 저항해 무기를 들고 봉기하는 이유다.

　그러나 이는 착각이다. 이들은 상황이 더 악화된 것을 경험한 후에야 비로소 이를 깨닫는다. 이는 또 다른 자연스럽고도 상식적인 필연에서 비롯된 것이기도 하다. 통상 신생 군주는 휘하 군사 또는 정복에 따른 많은 가혹행위로 인해 점령지 백성에게 피해를 끼칠 수밖에 없는 상황에 처하게 마련이다. 영토 확장 과정에서 해를 입은 사람들이 군주의 적이 되는 이유다. 심지어 보위 옹립에 협조한 자들과도 우의를 유지할 수 없다. 그들이 기대한 만큼 만족시켜 줄 수 없기 때문이다. 그렇다고 그들에게 빚을 지고 있는 마당에 강경책을 구사할 수도 없는 노릇이다. 아무리 강군을 거느리고 있을지라도 새로운 지역을 점령하기 위해서는 반드시 해당 지역 백성들의 호의favore를 얻어야만 한다.

　1499년 10월 프랑스 국왕 루이 12세가 루도비코 스포르차Ludovico Sforza 공이 다스리던 밀라노를 일거에 점령했다가 이듬해인 1500년 2월 곧바로 상실한 것도 바로 이 때문이다. 최초 밀라노 탈환 때 루도비

코 스포르차는 자신의 군대만으로도 능히 루이 12세를 몰아낼 수 있었다.[11] 루이 12세에게 성문을 열어준 백성들은 기대한 만큼의 보상을 받지 못하자 이내 새로운 군주의 억압적인 통치를 더 이상 참을 수 없었기 때문이다.[12]

▌루도비코 스포르차

두 번째 정복의 장점

반란으로 상실한 정복지를 재차 정복할 경우 쉽게 잃는다. 반란에서 교훈을 얻은 군주가 권력기반을 더욱 강화하기 위해 반역자를 처벌하고, 요주의 인물을 찾아내고, 약점을 보완하는 등 더욱 무자비하고 단호하게 처신하기 때문이다. 당초 루도비코 스포르차 공이 프랑스를 몰아낼 때는 단순히 변경을 교란하는 것만으로도 충분했다. 그러나 1504년 4월 프랑스군에 의해 재점령된 밀라노를 다시 탈환할 때는 주변국과 연합해 대항해야만 했다. 가까스로 프랑스군을 격파해 이탈

---

11   루도비코 스포르차(Ludovico Sforza, 1451-1508)는 루이 12세가 1499년 가을에 점령한 밀라노를 1500년 2월 5일 탈환했다. 2달 뒤인 그해 4월 라벤나Ravenna 전투에서 패해 밀라노를 다시 잃고 말았다.

12   루도비코는 말년에 투르Tour에서 멀리 않은 로에스Loohes의 성에서 유배생활을 했다.

리아에서 축출한 배경이다.[13] 이는 앞서 말한 이유 때문이다. 프랑스가 두 번씩이나 손에 넣은 밀라노를 잃은 전말이 이와 같다.

언어와 관습이 같을 경우

프랑스가 밀라노를 첫 번째로 잃게 된 배경은 앞서 설명했다. 이제 두 번째로 잃게 된 배경을 살펴보기로 한다. 당시 루이 12세가 취할 수 있었던 대책은 무엇이고, 그와 유사한 처지에 있는 군주의 경우 과연 병탄한 영토를 루이 12세보다 더 잘 유지할 수 있었는지 여부 등을 알아보자.

우선 말할 수 있는 것은 새로 병탄한 영토가 같은 언어를 사용하는 동일한 지역provincia에 속하는지 여부에 따라 그 유지 방법이 달라진다는 점이다.[14] 언어가 같고 나아가 자치경험viver liberi이 없는 경우라면 그런 영토를 지배하는 것은 매우 쉬운 일이다.[15] 그 영토를 확실히

13　프랑스는 두 번째로 밀라노를 함락시킨 후 10년 이상 장악하다가 율리우스 2세가 주도한 신성동맹Lega Santa에 의해 축출됐다. 축출의 주역은 교황과 스페인 및 베네치아의 동맹군이었다. 문서에는 신성로마황제 막시밀리안 1세와 영국의 헨리 8세도 포함돼 있다. 동맹 가입을 거부한 인물은 에스테 가문의 알폰소였다. 이 동맹이 결국은 교황이 자신을 공격하는 빌미가 될 것으로 내다보았기 때문이다.

14　여기의 프로빈치아provincia는 도시 내지 도시국가보다 규모가 더 큰 지역을 의미한다. 마키아벨리는 프랑스와 이탈리아, 독일 등을 염두에 두고 이같이 표현한 것이다.

15　자치경험自治經驗의 본문 구절은 'viver liberi'이다. 이를 두고 박상섭은 공화정으로 번역했다. 마키아벨리가 이 용어를 공화정의 의미로 사용하고 있다는 주장이다. 나름 일리 있지만 정곡을 찌른 것은 아니다. 강정인은 단순히 '자치'로 번역해 놓았다. 그는 부록에서 『군주론』에 나오는 libertà와 libero 모두 공동체의 자유를 지칭한다며 그 의미를 크게 2가지

보유하기 위해서는 그곳을 지배하던 군주의 혈통을 끊는 것만으로도 충분하다. 여타 사안과 관련해 그들의 전통 생활양식이 유지되고, 관습에서 차이가 없으면 해당 지역 백성은 계속 평온한 삶을 유지할 수 있기 때문이다. 대표적인 예로 오래 전 프랑스에 병탄된 부르고뉴Bor-gogna, 브레타뉴Brettagna, 가스코뉴Guascogna, 노르망디Normandia 등을 들 수 있다.[16]

이들 지역은 비록 약간의 언어 차이는 있었지만 관습은 매우 유사했다. 지금까지 서로 쉽게 용해될 수 있었던 이유다. 이런 영토를 병탄해 계속 다스리고자 하면 다음 2가지 사항을 유념해야 한다. 첫째, 예전 군주의 혈통을 끊는 일이다. 둘째, 기존의 법제法制를 유지시키면서 새로운 조세를 부과하지 않는 일이다.[17] 그러면 새 영토와 기존의 군주국은 짧은 시간 내에 통합돼 한 몸처럼 될 것이다.

로 나눴다. 첫째, 군주국에 대항하는 공화국의 의미이다. 둘째, 공화국이든 군주국이든 다른 나라에 종속되지 않은 독립국의 의미이다. 그러면서 마키아벨리의 생전은 물론 16세기 말까지 독립을 뜻하는 indipendenza 조어造語가 등장하지 않은 만큼 '자치'로 번역하는 게 옳다고 했다. 그러나 문맥상 '자치' 그 자체를 뜻하는 autonomia의 의미로 사용된 것은 아닌 만큼 김영국처럼 '자치의 경험'으로 번역하는 게 타당할 듯싶다.

16 노르망디는 1204년 프랑스 영토의 일부가 됐다. 다른 지역은 15세기 후반에 가서야 모두 프랑스에 병탄됐다. 1453년 가스코뉴, 1477년 부르고뉴, 1491년 브르타뉴가 병탄됐다. 브르타뉴의 병탄은 샤를 8세와 브르타뉴의 앤Anne의 정략결혼 덕분이다.

17 여기의 '법제法制legge'는 협의의 법률뿐만 아니라 관습과 각종 제도를 모두 포함한 개념이다.

언어와 관습이 다를 경우

언어, 관습, 법제가 다른 지역을 병탄할 때는 여러 문제가 발생한다. 이들 지역을 유지하기 위해서는 많은 노력과 운fortuna이 필요하다. 최선의 효율적인 방안은 정복자가 직접 그 지역으로 가 거주하며 다스리는 것이다. 그러면 1453년 그리스를 병탄한 투르크가 그랬듯이 더 확실하고 튼튼하게 통합할 수 있다.[18]

만일 투르크가 그리하지 않았다면 그리스를 확보하기 위해 그 어떤 계책을 취했을지라도 결코 충분치 못했을 것이다. 군주가 현지에 머물며 직접 다스려야만 어떤 혼란이 빚어져도 초기에 신속히 그 원인을 찾아내 대처할 수 있다. 그리하지 않으면 혼란이 크게 확산돼 더 이상 해결책이 없게 될 때가 되어서야 비로소 사태의 심각성을 알아차리게 된다. 군주가 현지에 머물며 직접 다스리면 관원이 함부로 약탈하지 못한다. 백성들 또한 군주에게 직접 호소할 수 있는 까닭에 흡족해한다. 선량한 백성이 군주에게 더욱 헌신하고, 다른 뜻을 품은 자일지라도 더욱 두려워하며 망동을 하지 못하는 이유다. 해당 지역에 대한 공격을 꾀하던 외국 세력 역시 크게 주저하며 조심하게 될 것이다. 이 모든 것을 감안할 때 군주가 새 영토에 머물며 직접 다스리면 그 영토를 빼앗기란 여간 어려운 일이 아니다.

---

18   여기의 그리스는 발칸반도 전체를 지칭한다. 원래 투르크는 정복왕 무하마드 2세 때인 1453년 콘스탄티노플을 함락시켰다. 이후 세력이 발칸 반도 전체로 급속히 확장됐다. 이들은 정복지에 정착하는 신중한 정책을 추진해 19세기 말까지 지배권을 유지했다.

식민지 개척

차선책으로 거점이 될 수 있는 한두 곳에 식민지를 건설하는 방안이 있다. 식민지를 건설하지 못할 경우 대규모 병력을 주둔시켜야만 한다. 식민지 건설비용은 그리 크지 않다. 전혀 비용이 들지 않거나 아주 적은 비용으로 식민지를 유지할 수 있다. 손해를 입는 자는 이주민에게 경작지와 집을 잃는 소수의 주민에 지나지 않는다. 더구나 이들은 궁핍에 빠져 사방으로 흩어지는 까닭에 군주에게 아무런 해도 끼칠 수 없다. 나머지 주민은 손해를 보지 않는 까닭에 안심한다. 내심 이미 약탈당한 자의 불행이 자신에게도 닥치지나 않을까 걱정하며 두려워하는 까닭에 말썽을 피울 엄두조차 내지 못한다. 결론적으로 말하면 이민을 통한 식민지 경영은 다른 어떤 방안보다 비용이 적게 들고, 더 믿을 만하고, 폐해도 훨씬 적다. 피해를 입은 자들은 앞서 말한 것처럼 빈곤에 빠져 사방으로 흩어지는 까닭에 어떠한 해도 끼칠 수 없다.

보복 가능성의 차단

이와 관련해 군주가 염두에 두어야 할 것은 무릇 백성이란 다정하게 다독이거나 아니면 철저히 제압해야 하는 대상이라는 점이다.[19] 사

---

19   『로마사 논고』 제2권 제23장에 유사한 내용이 나온다.

람은 작은 피해에 대해서는 보복을 꾀하지만, 엄청난 피해에 대해서는 감히 보복할 엄두를 내지 못하는 법이다. 부득불 백성에게 피해를 끼칠 경우 그들의 보복을 두려워할 필요가 없을 정도로 철저히 제압할 필요가 있다.[20]

군대 주둔 비용

이주민 정착을 통한 식민지 건설 대신 군대를 주둔하는 방안을 택할 경우 비용이 훨씬 많이 든다. 그 경우 해당 지역에서 거두는 모든 수입은 군대 유지비용으로 써야만 한다. 이내 적자가 나고 말 것이다. 영토 획득이 오히려 손해가 되는 셈이다. 더구나 자주 이동해야 하는 군대의 속성 상 점령지 전역에 걸쳐 커다란 피해를 끼치는 까닭에 주민의 비위를 크게 거스르게 된다. 민심이 흉흉해지고 마침내 군주에게 적대적으로 변하는 이유다. 주민은 비록 싸움에 지기는 했으나 고향에 거주하고 있는 까닭에 주둔군에게는 늘 위험한 적으로 돌변할 수 있는 자들이다. 어느 면으로 보나 이주민 정착을 통한 식민지 건설 방안이 유용하다. 군대 주둔 방안은 무익할 뿐이다.

---

20 마키아벨리는 『로마사 논고』 제3권 제6장에서 "죽은 자는 복수를 생각할 수 없다!"고 언명한 바 있다.

약소국 대책

    이미 말한 것처럼 언어와 관습이 다른 지역을 다스릴 때는 세심한 주의가 필요하다. 군주는 인접한 약소국의 맹주 겸 보호자 역할을 수행해야 한다. 점령지 주변의 강국을 약화시키기 위해 부단히 노력하면서, 돌발 사태를 구실로 강력한 외부 세력이 개입하는 것을 차단키 위해 만반의 준비를 갖추는 게 그것이다. 지나친 야심이나 지배자에 대한 두려움으로 인해 불만을 품은 자들은 통상 외부세력을 끌어들이려고 한다. 과거 아이톨리아Aetolia 동맹이 로마군을 최초로 그리스 땅에 끌어들인 경우가 그렇다.[21] 실제로 로마군은 늘 해당지역 주민의 요청을 받고 출병했다.

    통상 강력한 외부 세력이 침공할 경우 주변의 모든 약소 세력minori potenti이 그에게 모여든다.[22] 기존의 정복 군주에 대한 질투 섞인 불만으로 인해 새로운 외부 세력에 적극 성원을 보내는 것은 당연한 이치이다. 외부 세력은 별 어려움 없이 이들을 우군으로 끌어들일 수 있다. 이들 모두 기꺼이 해당 지역을 정복한 외부 세력과 곧바로 한 덩어리가 되고자 하기 때문이다. 외부 세력은 이들이 너무 많은 군사력이나 영향력을 지니지 않도록 조심만 하면 된다. 그러면 자신의 무력을 기반으로 이들의 지원 하에 그 지역을 장악했던 기존의 강국을 쉽게 무

---

21   기원전 211년에 그리스 중북부에 위치한 도시와 국가들의 비교적 약한 동맹이었던 아이톨리아Aetolia 동맹은 마케도니아에 대항키 위해 로마에 도움을 청했다. 로마는 이를 구실로 쉽게 그리스를 세력권에 포함시켰다.

22   '약소 세력'은 일반 백성이 아닌 약간의 권력이나 영향력이 있는 자들을 지칭한 말이다.

너뜨리고 새로운 패자覇者가 될 수 있다. 이런 식으로 점령지를 지배하지 못하는 자는 자신이 정복한 것을 쉽게 잃고 말 것이다. 설령 그럭저럭 유지할지라도 이내 숱한 환란과 분규를 겪게 될 것이다.

로마인의 지배방식

로마인들은 자신들이 점령한 지역에서 이런 정책을 잘 유지했다. 그들은 이주민을 보내 식민지를 세우고, 약소국에 대해서는 우호관계 체결을 통해 그들이 스스로 힘을 키우지 못하게 했다. 강국에 대해서는 힘으로 제압했다. 해당 지역에서 그 어떤 외세도 영향력을 행사치 못하도록 조치한 것이다. 나는 과거 로마인이 그리스 지역에서 취한 사례를 드는 것으로 충분하다고 본다. 당시 로마는 약소 세력인 아카이아Achaea 동맹과 아이톨리아 동맹에 대해서는 관대하게 대하는 한편 강대 세력인 마케도니아와 안티오키아Antiochia에 대해서는 그 위세를 꺾어 놓거나 축출시키는 등 강경하게 대처했다.[23] 또 로마인은 아카이아 동맹과 아이톨리아 동맹이 비록 큰 공헌을 했지만 이들 세력이 강화되는 것을 결코 허락지 않았다. 마케도니아의 필립포스 5세는 로마의 동맹국이 되길 간절히 바랐으나 무릎을 꿇기 전에는 허락받지 못했다. 막강한 세력으로 존재한 안티오키아가 로마의 정복지

▌필립포스 5세

인 그리스에 전혀 발을 들여놓지 못한 이유가 여기에 있다.

전쟁연기에 따른 해악

이를 통해 알 수 있듯이 당시 로마가 취한 조치는 현명한 군주라면 누구라도 응당 해야 할 일에 지나지 않는다. 이런 조치는 단순히 눈앞에 보이는 현재의 분규뿐만 아니라 앞으로 있을 미래의 분규까지 감안해야 한다. 특히 미래의 분규를 방지하기 위해 모든 노력을 기울여야 한다. 분규의 소지를 미리 파악하고 있으면 쉽게 대처할 수 있기 때문이다. 분규가 코앞에 닥쳐올 때까지 방치했다가 대처가 늦어지면 난국을 타개할 길이 없게 된다. 이는 의사들이 흔히 말하는 폐결핵etico 처방과 닮았다.[24] 그 병은 발견하기는 어렵지만 치료하기는 용이하다. 만일 초기에 발견해 적절히 치료하지 않으면 시간이 지날수록 증세가 악화돼 설령 나중에 쉽게 증상을 발견해도 이미 치료책은 사라진 뒤이다.

국가통치도 마찬가지다. 현명하고 긴 안목을 지녀야만 가능한 일

---

23 로마가 마케도니아를 패퇴시켜 그리스에 대한 통제권을 확보했던 결정적인 전투는 기원전 197년의 키노스케펠라이Cynoscephelae 전투였다. 7년 뒤 로마는 소아시아의 안티오키아까지 제압했다.

24 이탈리아어 에티코etico는 '윤리'와 '결핵'이라는 2가지 뜻이 있다. 일각에서는 마키아벨리가 동음이의同音異義의 이 단어를 의도적으로 사용한 것으로 보았으나 이는 지나치다. '결핵'의 뜻을 지닌 '에티코'는 원래 그리스어 hectikos에서 나왔다. 라틴어 hecticos로 변했다가 이탈리아어 etico로 남았다. '윤리'를 뜻하는 그리스어 etika에서 변한 etico와 우연히 같아진 것에 불과하다.

이기는 하나 사태를 조기에 파악하면 난세의 시기에도 문제를 신속히 해결할 수 있다.[25] 그러지 못하고 사태가 악화돼 모든 사람이 알아차릴 정도가 되면 그 어떤 해결책도 무용지물이 되고 만다. 로마인은 앞으로 있을 재난을 미리 대비한 덕분에 늘 적절한 대책을 강구할 수 있었다. 그들은 전쟁을 피하기 위해 화근이 자라는 것을 결코 방치하

▎안티오코스 3세

지 않았다. 전쟁은 피할 수 있는 것도 아니고, 단지 적에게 유리한 상황이 되도록 지연될 뿐이라는 사실을 잘 알고 있었기 때문이다. 로마가 필립포스 5세나 안티오코스Antiochos 3세를 이탈리아에서 맞아 싸우는 것을 피하고 선수를 쳐 그리스에서 싸움을 벌인 배경이다.[26] 당시 로마는 두 전쟁을 얼마든지 피할 수 있었지만 그 길을 택하지 않았다. 오늘날 현자를 자처하는 자들이 입버릇처럼 말하는 '시간의 이득을

25　마키아벨리는 『피렌체사』 7권 5장에서 '대 로렌초'의 조부인 코시모 데 메디치(Cosimo de' Medici, 1389-1464)를 구체적인 사례로 들고 있다. 코시모가 나라를 31년 동안 잘 다스렸다고 칭송하면서 그 배경을 두고, "그는 매우 신중한 사람으로 재난이 싹 트고 있을 때 이를 알아챘다. 그는 충분한 시간을 두고 재난이 더 이상 자라지 않도록 조치한 것은 물론, 설령 그 싹이 커졌을지라도 더 이상 자신에게 피해를 주지 않도록 미리 방어할 수 있는 충분한 시간을 확보할 수 있었다."고 분석했다.

26　안티오코스 3세(Antiochos Ⅲ, BC 242-187)는 시리아 셀레우코스 2세의 아들로 부왕 사후 형 셀레우코스 3세의 뒤를 이어 즉위했다. 지중해 방면으로 진출할 계획을 세웠으나 동진해 오는 로마와 충돌해 기원전 191년에 벌어진 소아시아 마그네시아 전투에서 대패했다. 그 결과 로마에 소아시아를 분할해 주고, 아들 안티오코스 4세를 볼모로 내줘야만 했다. 기원전 187년 수사에서 죽었다.

누려라!'는 격언을 받아들이지 않은 것이다.[27] 그들은 오히려 자신들의 자질virtù과 사려분별prudenzia에 따른 이익을 택했다. 시간은 이익과 해악을 가리지 않고 모든 것을 한꺼번에 몰고 온다는 사실을 알았기 때문이다.

루이 12세의 성공

┃샤를 8세

다시 화제를 프랑스로 돌려 프랑스 왕이 앞에서 얘기한 사항을 과연 어떻게 실천했는지를 살펴보기로 하자. 샤를 8세보다는 이탈리아를 더 오랫동안 지배해서 더 상세한 행적을 추적할 수 있는 루이 12세에 관해 언급할 생각이다.[28] 이를 통해 그가 언어와 관습이 다른 지역의 영토를 지배하면서 응당 해야 할 일과 정반대의 일을 했다는 사실을 쉽게 알 수 있을 것이다.

---

27 번역어 '시간의 이득을 누려라!'의 본문 구절은 'Godere el benefizio del tempo!'이다. 이 구절은 피렌체 공화국의 우두머리인 소데리니Soderini의 우유부단한 모습에 대한 비판으로 해석된다. 이에 대한 직접적인 언급은 『로마사 논고』 제3권 3장에 나온다.

28 루이 12세가 이탈리아에서 1499년-1512년까지 13년 동안 영향력을 행사한데 반해, 샤를 8세는 1494년 8월에서 이듬해 7월까지 겨우 1년 동안 유지한 점을 마키아벨리가 지적한 것이다.

루이 12세의 이탈리아 침공은 롬바르디아 영토의 절반을 손에 넣으려고 한 베네치아의 야심에서 비롯된 것이다.[29] 나는 루이 12세가 택한 결정을 비난할 의도가 전혀 없다. 당시 그는 이탈리아에 자신의 기반을 구축코자 했다. 그러나 전에 샤를 8세가 보여준 일련의 처사로 인해 성문이 모두 굳게 닫혀 있고, 우호관계amico의 나라가 하나도 없다는 것을 뒤늦게 깨달았다.[30] 그는 절박한 심경으로 상대를 가리지 않고 우호관계를 맺지 않을 수밖에 없었다.[31] 그가 다른 일에서 실패하지 않았다면 이 결정은 성공했을 것이다. 실제로 롬바르디아를 장악했을 때 그는 샤를 8세가 상실했던 명성을 되찾았다. 제노바는 항복했고, 피렌체 공화국도 우방이 됐다.[32] 또 만토바 후작Marchese di Mantova, 페라라 공작Duca di Ferrara, 벤티볼리오Bentivogli 가문, 포를리의 여주인 카테리나 스포르차Madonna di Furlì, 파엔차의 군주Signore di Faenza, 페사로 군주Signore di Pesaro, 리미노 군주Signore di Rimino, 카메리노 군주Signore di Camerino, 피옴비노 군주Signore di Piombino를 비롯해 루카Lucca와 피사Pisa 및 시에나Siena 백성들이 다퉈 접근하며 동맹국이 되고자 했다. 그때서

---

29 루이 12세는 1499년 4월 블루아Blois 조약을 통해 베네치아에게 그 약속을 했다.

30 우호관계amico를 박상섭은 '동맹국'으로 번역하면서 동맹국을 뜻하는 alleato와 동맹을 의미하는 alleanza가 18세기에 등장한 점을 들어 단순한 우호관계까지 포함하는 포괄적인 의미로 해석해야 한다고 했다. 문맥상 '우호관계'로 번역하는 게 단순명쾌하다. 1495년 7월 6일의 포르노보Fornovo 전투에서 베네치아와 밀라노, 피렌체, 나폴리, 만토바, 스페인, 신성로마제국 모두 샤를 8세에 대항하기 위해 동맹을 맺었다.

31 당초 샤를 8세는 투르크로부터 콘스탄티노플을 탈환하고, 알렉산드로스 대왕처럼 동방을 통해 전진코자 했다. 그러나 그가 이탈리아에 나타나자 이탈리아 도시국가들은 그를 축출하기 위해 신성로마제국 황제 막시밀리언 1세와 제휴했다.

32 제노바는 1499년 항복했다. 그러나 프랑스는 1507년 제노바에서 축출됐다.

야 비로소 베네치아 백성은 자신들이 취한 정책이 경솔했다는 사실을 깨닫기 시작했다. 베네치아는 롬바르디아의 몇 군데 영지를 탐내다가 결국 루이 12세에게 이탈리아의 3분의 2를 상납한 꼴이 되었다.[33]

루이 12세가 취한 조치

여기서 루이 12세가 앞서 언급한 규칙을 준수해 새 동맹국을 확실히 보호했으면 이탈리아 내에서의 명성을 비교적 수월하게 유지할 수 있었던 점에 대해 고찰해 보자. 당시 그에게는 많은 동맹국이 있었고, 그 동맹국들은 베네치아와 로마 교황을 두려워한 까닭에 루이 12세 쪽에 붙지 않을 수 없었다. 그가 이들의 지지를 잘 활용했다면 여타 강대국들로부터 쉽게 안전을 확보할 수 있었을 것이다.

그러나 그는 밀라노에 입성하자마자 교황 알렉산데르 6세의 로마냐 정복을 지원하는 등 앞서 언급한 규칙에 반하는 정책을 취했다. 그는 이런 결정이 동맹국과 자신의 품에 안긴 세력을 소외시켜 입지를 약화시키고, 막강한 권위를 지닌 로마교회에 속권俗權까지 더해줘 더욱 강성하게 만든다는 사실을 알아채지 못했다. 첫 번째 실수로 인해 그는 이를 만회하려다가 또 다른 실수를 거듭하게 됐다. 급기야 교황

---

33 번역 '몇 군데 영지領地'의 본문 구절은 dua terre이다. 직역하면 2개의 영지이나, 여기서 due는 '약간'의 의미로 사용된다. '3분의 2'의 본문은 dua terzi이다. 일부 판본에는 3분의 1로 되어 있다. 박상섭은 이게 더 현실적으로 보인다고 했다. 강정인은 초기 판본에서는 '3분의 1'로 번역했다가 2008년의 3차 개역 판본에서는 '3분의 2'로 바꿨다.

의 야심에 제동을 걸고 교황이 토스카나 지방의 지배자가 되는 것을 막기 위해 이탈리아까지 출정하게 된 이유다.

　루이 12세는 로마 교회의 세력을 강화시켜 주고 자신의 동맹국을 상실한 것도 부족해 다시 나폴리 왕국을 탐낸 나머지 이를 스페인 왕 페르난도 2세와 나눠가졌다.[34] 이탈리아에 대한 그의 독점적 지배에 불만을 품은 자나 이탈리아의 야심가에게 도움을 줄 수 있는 경쟁자를 자진해서 불러들인 꼴이다. 실제로 그는 자신에게 충성을 바칠 자를 나폴리 왕국의 보위에 그대로 앉혀 놓을 수 있는데도 굳이 몰아낸 뒤 오히려 자신을 쫓아내고도 남을 자를 앉히는 우를 범했다.[35]

분할점령의 후과

　영토에 대한 욕심은 매우 자연스럽고 정상적인 것이다. 유능한 자가 이를 실현코자 하면 늘 칭송을 받을 것이고, 최소한 비난을 받지는 않을 것이다. 그러나 무능한 자가 무턱대고 달려들 경우 이는 실책으로 이어질 수밖에 없고 비난을 받아 마땅하다. 만일 루이 12세가 독

34　나폴리 왕국은 이탈리아 국가들 중 가장 멀리 떨어져 있기에 프랑스가 병탄하거나 방어하는 데 어려움이 컸다. 스페인의 페르난도 2세는 1500년에 체결된 그라나다 조약에 따라 나폴리 왕국을 분할하기 위해 루이 12세와 협의했다.

35　쫓겨난 자는 기존 지배자인 아라곤의 페데리코Federico 1세를 지칭한다. 루이 12세는 1500년 아라곤의 페르난도 2세와 나폴리를 분할하는 그라나다 비밀협약을 맺었다. 1501년 나폴리 분할 문제를 놓고 아라곤과 전쟁을 벌였다. 하지만 1504년 전쟁에서 패해 나폴리를 모두 잃고 말았다.

자적인 무력으로 나폴리를 점령할 수 있었다면 당연히 그래야 했다. 설령 그럴 수 없었을지라도 스페인을 끌어들여 나폴리를 분할하는 일은 하지 말아야 했다. 물론 롬바르디아를 베네치아와 분할해 이탈리아에 교두보를 마련한 점을 감안할 때 이는 어느 정도 용서받을 수 있다. 그러나 나폴리 분할은 불가피한 상황에서 빚어진 일이 아닌 만큼 비난받을 만하다.

루이 12세의 6가지 실책

결국 루이 12세는 다음 5가지 실책을 범한 셈이다. 첫째, 자신에게 도움을 줄 수 있는 약소 세력을 없애버렸다.[36] 둘째, 막강한 권위를 지닌 알렉산데르 6세의 로마교회 세력을 강화시켰다. 셋째, 페르난도 2세와 같은 강력한 외세를 끌어들였다. 넷째, 정복지에 거주하며 다스리지 않았다. 다섯째, 이주민을 보내 식민지로 개척하지 않았다. 이런 실책에도 불구하고 그가 베네치아를 깨뜨리는 6번째 실책을 범하지 않았다면 앞의 5가지 실책으로 인해 그처럼 큰 피해를 입지 않았을 것이다.[37]

물론 그가 앞서 교회를 강력하게 만들지 않았거나 이탈리아에 스

---

36   여기서 '약소 세력'은 앞서 언급한 만토바 후작과 페라라 공작 등을 지칭한다.

37   프랑스는 베네치아와 싸우기 위해 1508년 12월 율리우스 2세가 주도하는 캉브래 Cambrai 동맹에 합류했다. 이 동맹은 투르크에 대항키 위한 것으로 교황국, 신성로마제국, 프랑스, 스페인, 사보이, 페라라, 만토바 등이 가담했다. 베네치아는 1509년 5월 14일에 벌어진 바일라Vailà(또는 아그나델로Agnadello) 싸움에서 대패했다.

페인을 개입시키지 않았다면 베네치아의 세력을 약화시키는 것은 아주 정당하고 필요한 일이다. 그러나 이미 이들 2가지 결과를 초래한 이상 결코 베네치아의 몰락을 허용해서는 안 되었다. 베네치아의 세력이 강력해 늘 외부 세력의 롬바르디아 침공을 저지할 수 있었기 때문이다. 베네치아는 자신들이 롬바르디아의 패권을 장악하는 게 아니면 결코 여타 세력의 롬바르디아 진입을 허용치 않았을 것이다. 여타 세력역시 롬바르디아를 프랑스로부터 빼앗아 베네치아에 넘겨줄 리도 없었고, 프랑스와 베네치아를 상대로 싸울 용기도 없었다.

만일 루이 12세가 전쟁을 피하기 위해 로마냐를 교황에게, 나폴리를 스페인에게 양보했다는 주장을 편다면 나는 앞서 언급한 이유를 배경으로 이같이 응수할 것이다. 즉 전쟁은 피할 수 있는 것도 아닌데다 뒤로 미루면 오히려 손해만 볼 뿐이고, 전쟁을 피하기 위해 화근이자라는 것을 허용해서는 안 된다고 말이다. 교황이 루이 12세의 이혼을 허락하고 루앙Rouen의 대주교 조르주 당부아즈George d'Amboise의 추기경 임명을 약속해 주는 대신 루이 12세는 교황의 로마냐 획득을 도왔다는 반론이 있을 수 있다.[38] 이에 관해서는 군주의 약속 이행을 논한 18장에서 답변토록 하겠다.

이상 검토한 것처럼 루이 12세의 롬바르디아 상실은 그간 점령지

---

38   샤를 8세가 후사 없이 죽자 뒤를 이은 루이 12세는 샤를 8세의 미망인인 브르타뉴의 안느Anne와 결혼해 브르타뉴를 보유코자 했다. 첫 번째 아내인 조안과 이혼해야만 했다. 교황 알렉산데르 6세의 허락이 필요했다. 게다가 그는 자신이 총애하는 루앙 대주교 조르주 당부아즈George d'Amboise의 추기경 승진을 원했다. 결국 그는 교황의 은혜에 보답하기 위해 교황이 로마냐를 손에 넣는데 도움을 주는 한편 나폴리에 대한 원정을 떠맡기로 합의했다. 교황과 루이 12세는 이 2가지 일을 '역사적 책무'라고 공언했다.

유지를 위해 노력한 역대 군주의 원칙을 하나도 준수하지 않은데 따른 것이다. 이 사태는 전혀 놀랄 만한 것도 아니고, 오히려 이미 예견된 일이기도 하다.

전쟁과 통치술

나는 교황 알렉산데르 6세의 아들로서 통상 체사레 보르자로 불린 발렌티노 공이 로마냐를 점령할 당시 낭트에서 루앙 추기경 조르주 당부아즈와 이에 관한 얘기를 나눈 적이 있다. 그가 나에게 이탈리아인은 전쟁la guerra을 이해하지 못한다고 말하기에 나는 프랑스인은 통치술lo stato을 전혀 모른다고 대꾸했다. 그들이 통치술을 제대로 알았다면 교회가 그토록 막강해지도록 방치하지는 않았을 것이기 때문이다. 경험에 비춰볼 때 이탈리아에서 교회와 스페인 세력이 강력해진 것은 루이 12세 때문이고, 그들 세력이 루이 12세를 몰락시킨 것 또한 분명한 사실이다.

여기서 우리는 결코 저버릴 수 없는 일반 원칙을 도출해 낼 수 있다. 그것은 바로 남을 강하게 만들어주는 자는 끝내 자멸을 초래한다는 사실이다. 강해지는 자는 도움을 주는 자의 술책industria이나 무력forza을 통해 힘을 키우게 마련이다. 막강해진 자가 늘 술책과 무력에 의심의 눈길을 보내는 이유다.

점령과 반란

다리우스 왕국은 왜 알렉산드로스
사후 반기를 들지 않았는가?

Cur Darii regnum quod Alexaner occupaverat
a successoribus suis post Alexandri mortem non defecit

2가지 유형의 국가

새로 얻은 국가stato를 유지하는 과정에서 맞닥뜨리는 어려움을 감
안할 때 다음과 같은 사실에 놀라지 않을 수 없다. 예컨대 알렉산드로
스 대왕은 불과 수년 만에 아시아의 패자가 되었고, 이내 세상을 떠났
다. 점령지의 백성 모두 반란을 일으킬 법했으나 알렉산드로스 후계자
들은 점령지를 확고히 장악했다. 각자의 야심으로 벌어진 내부 알력을
빼고는 별다른 어려움이 없었다.[39]

그 배경에 관해 나는 이같이 답변코자 한다. 역사상 모든 군주국
은 2가지 가운데 하나의 방식으로 나라를 다스렸다. 첫째, 은덕과 신
임에 힘입어 국정을 보좌케 된 신하의 도움을 받아 다스리는 경우다.
둘째, 군주의 은총이 아니라 혈통에 의해 자리를 유지하고 있는 영주
들과 더불어 다스리는 경우다. 이들 영주는 고유의 영지와 백성을 보
유하고 있다. 영지의 백성은 자연스럽게 영주를 주인으로 인정하며 충
성을 바친다. 이에 대해 신하의 보필을 받아 다스리는 나라에서는 군
주의 권위가 훨씬 크다. 나라 안에 군주를 빼고는 주인으로 인정되는
자가 없기 때문이다.[40] 백성이 어떤 자에게 복종하는 것은 그가 군주

---

39 기원전 323년 알렉산드로스 사후 그의 제국은 부관인 안티파테르Antipater와 안티
고노스Antigonos, 프톨레미Ptolemy, 페르디카스Perdiccas 등의 알력으로 인해 11개의 나라로
분열됐다. 식민지 총독인 이들에게는 이미 많은 권력이 위임돼 있었기에 더욱 쉽게 분열이
이뤄졌다. 마키아벨리는 이를 대수롭지 않은 듯이 언급했으나 결코 중요치 않은 게 아니다.
40 마키아벨리는 여기서 로마법에 근거한 군주의 권위에 관한 법언法諺을 인용하고 있
다는 평가를 받고 있다. '자신의 영역 안에서 상위 권력을 인정하지 않는 군주는 곧 황제이

의 대리인이거나 관원이기 때문에 그러는 것이다. 오직 군주에게만 특별한 충성을 바치는 이유가 여기에 있다.[41]

투르크와 프랑스

오늘날 이러한 2가지 통치 유형은 투르크와 프랑스에서 그 실례를 찾아볼 수 있다. 투르크는 현재 1인 통치자가 다스리고 있다. 나머지는 모두 그의 가신에 불과하다. 그는 왕국 전체를 산자크sanjak라는 행정구역으로 분할한 뒤 각기 다른 행정관을 파견해 다스리면서 자신이 원하는 바에 따라 그들을 교체하거나 이동시키고 있다.[42] 이에 반해 프랑스의 왕은 여러 세습 영주에게 둘러싸여 있다. 이들 영주는 자신의 영지 내에 오직 자신만을 주인으로 섬기면서 충성을 바치는 신민을 거느리고 있다. 이들은 각각 고유한 특권을 누리고 있는 까닭에 프랑스 왕도 위험을 각오하지 않고서는 그 특권에 간섭할 수 없다. 투르크와 프랑스의 통치 유형을 비교해 보면 투르크는 정복은 힘들지만 유지하

다.'라는 뜻의 법언인 Rex superiorem non recognoscens in regno suo est imperator가 그것이다.

41　옛 판본에는 '결코 그에 대해 어떤 특별한 충성심을 지닌 것은 아니다.'라는 뜻의 non li portano particulare amore로 되어 있었다. Giorgio Inglese의 새 번역은 '오직 군주에게만 특별한 충성을 바치는 이유이다.'라는 뜻의 a lui portano particulare amore로 되어 있다. 이를 좇았다.

42　마키아벨리가 활약하던 당시 투르크는 술탄sultan 무하마드 2세(1451-1481)와 바예지드 2세(1481-1512)가 다스리고 있었다. 전자는 고도의 중앙집권적 정부조직을 만들었고, 후자는 이를 확고히 다졌다. 나라 안팎의 적을 제압하기 위해 정예병으로 구성된 근위보병을 창설한 게 대표적이다. 마키아벨리는 이를 정복은 힘들지만 유지는 쉬운 이유로 들었다.

기가 매우 쉽고, 프랑스는 정복이 상대적으로 쉽지만 유지하기가 매우
어렵다는 사실을 알 수 있다.

정복과 유지의 차이

투르크를 정복하기 어려운 이유는 다음과 같다. 첫째, 술탄의 명
을 받아 각 지역을 다스리는 투르크 귀족들이 외세의 도움을 청할 가
능성이 희박하다. 둘째, 술탄 주변의 신하들이 반란을 획책함으로써
외세의 침공을 용이하게 만들 가능성도 거의 없다. 앞서 밝힌 바와 같
이 투르크의 귀족과 측근 신하 모두 술탄의 종복으로 존재한다. 술탄
의 은덕으로 그 자리에 오른 그들을 매수하는 것은 결코 쉬운 일이 아
니다. 설령 매수에 성공할지라도 위에서 지적한 것처럼 백성이 이들을
추종할 가능성이 희박한 까닭에 별다른 이득을 기대할 수 없다. 투르
크를 공격코자 하는 자는 응당 투르크인이 일치단결하여 대항할 것이
라는 점을 명심해야 한다. 투르크의 내분에 기대를 걸기보다는 자신
의 무력에 의지하는 게 더 나을 것이다.

그러나 전장에서 결정적 승리를 거둬 적에게 군사를 재편할 수 없
을 정도의 패배를 안겨주었다면 술탄 가문을 제외하고는 더 이상 두
려워할 대상이 없게 된다. 술탄의 혈통이 끊어지면 다른 그 누구도 백
성의 신망을 얻을 수 없기에 두려워할 그 어떤 것도 남지 않는다. 오히
려 정복 후에는 전쟁 전에 이미 귀족들로부터 어떤 도움도 기대하지
않은 덕분에 그들을 전혀 두려워할 필요조차 없다.

프랑스의 경우는 이와 정반대되는 현상이 빚어진다. 그곳에는 변

혁을 바라거나 불만을 품은 영주가 늘 존재하기 때문이다. 그들 가운데 일부를 자신의 편으로 끌어들이면 쉽게 침공할 수 있다.[43] 이들은 이미 앞서 언급한 것처럼 정복을 위한 길을 쉽게 열어주고, 승리를 얻도록 도와줄 것이다. 그러나 정복 후 유지 단계에 들어가면 이내 자신을 도와준 자를 비롯해 패전 후 고통을 받은 자들로 인해 숱한 시련을 겪게 될 것이다. 이때는 왕가의 혈통을 끊는 것만으로는 충분치 않다. 변란을 주도할 영주가 다수 살아남아 기회를 엿보고 있기 때문이다. 그렇다고 그들을 흡족하게 만들 수도 없고, 완전히 제거해 버릴 수도 없는 일이다. 상황이 불리해지면 이내 지배권을 상실케 되는 이유다.

로마사 속의 유사 사례

고대 페르시아 다리우스 왕국의 정부 형태를 살펴보면 이내 투르크와 유사한 점을 발견할 수 있다. 알렉산드로스가 페르시아의 다리우스 3세에게 전면적인 공격을 가해 격멸한 뒤 그 영토를 장악할 수밖에 없었던 이유다. 승리 후 다리우스 3세가 이내 죽은 까닭에 알렉산드로스는 앞서 언급한 이유로 자신의 권력을 확고히 다질 수 있었다. 그의 후계자들이 일치단결했으면 순조롭게 권력을 유지할 수 있었다. 그들 스스로 일으킨 것 외에는 아무런 분규도 없었기 때문이다. 프랑

---

43 예컨대 영국의 헨리 5세는 15세기 초에 프랑스에 발판을 구축하기 위해 버건디 공을 전문가로 이용했다. 바로 마키아벨리가 기술했던 대로 사보이공은 프랑스에 의한 병탄으로부터 보호할 목적으로 오스트리아와 계책을 꾸미고 있었다.

스 같은 나라에서는 이처럼 평온히 다스리는 게 불가능하다.

　이는 스페인과 프랑스 및 그리스 등지에서 로마에 대한 반란이 빈발한 배경을 설명해준다.[44] 이들 나라stati에 난립한 많은 군주국spessi principati의 존재가 근본이유다.[45] 이들에 대한 기억memoria이 지속되는 한 로마는 늘 이들 영토에 대한 확고한 유지를 자신할 수 없었다. 단지 로마의 지배가 오래 지속돼 그 기억이 퇴색됐을 때 비로소 확고한 지배자가 될 수 있었다. 이후 로마가 자중지란에 빠졌을 때 각 파벌의 지도자들이 자신이 다스리던 지역에서 얻은 권위에 기대 관할 지역을 지배할 수 있었던 것도 이 때문이다. 이들 지역에서는 옛 지배자의 혈통이 단절된 까닭에 로마인의 권위 외에는 그 무엇도 인정되지 않았다.

　이런 점들을 감안하면 알렉산드로스가 아시아 지역lo stato di Asia을 쉽게 지배하고, 반면에 피로스Pyrrhos나 기타 여러 군주가 정복지를 매우 어렵게 다스린 사실에 대해 의아하게 생각할 필요가 없다.[46] 이런

44　스페인은 오랫동안 로마화됐고 또 로마제국 치하에서 잘 저항했다. 골Gaul족은 카이사르에게 정복된 이후 대체로 순종하는 태도를 취했다. 즉 그 지역에서의 저항은 거의 없었고 있어도 오래가지 못했다. 한편 그리스는 기원전 88년-84년의 미트라Mithra 침입을 제외하고는 대체로 잘 처신해 나갔다. 역사기술상의 오류는 마키아벨리의 경우 이례적인 일이다. 여기 몇 군데에 나타난 그의 과장된 기술은 그가 다리우스와 술탄 등이 다스리는 동방의 왕조와 비교적 중앙집권화가 덜 된 유럽의 정부들 사이를 두 범주로 분류시키는데 관심이 있었음을 시사하고 있다.

45　마키아벨리는 스페인과 프랑스 등지를 다른 곳에서는 provincia로 표현했지만 여기서는 stato로 표현했다. 매우 드문 사례에 속한다.

46　피로스(Pyrrhos, BC 318?-272)는 그리스 북서쪽의 소국 에페이로스 군주이다. 로마세력의 침공에 대항하는 마그나 그라키아Magna Gracia의 방어를 지원하기 위해 타렌툼Tarentum 시를 경유해 281년 이탈리아로 출병했다. 이후 이탈리아에서는 로마, 시칠리아에

상반된 결과는 정복자의 자질이 아닌 정복지의 이질성에서 비롯된 것
이기 때문이다.

서는 카르타고에 대적해 싸웠다. 몇 차례 승리를 거두기는 했으나 손실이 너무 컸다. 첩보를
접한 뒤 "이런 승리 하나면 우리는 망하고 만다!"고 탄식한 게 그렇다. 상처뿐인 승리를 뜻
하는 '피로스의 승리Pyrrhic victory' 용어가 나온 이유다.

제
5
장

도시와 자치

도시나 군주국은 점령된 후
어떻게 다스려졌는가?

Quomodo administrandae sunt civitates vel principatus,
qui, antequam occuparentur, suis legibus vivebant?

도시국가의 자치

앞에서 이미 언급한 것처럼 주민이 자율적인 법제 하에서 자유롭게 생활해 온 도시국가를 병탄할 경우 3가지 통치방안이 있다. 첫째, 그 나라를 멸망시키는 방안이다. 둘째, 그곳에 군주 자신이 이주해 사는 방안이다. 셋째, 그곳 백성에게 종전처럼 이전의 법제 하에서 살도록 허용하되 조공을 바치고, 우호적인 사람들로 구성된 과두체제stato di pochi를 세우는 방안이다. 정복 군주에 의해 설립된 과두체제는 정복 군주의 동맹과 무력에 그 존속을 의존한다는 점을 누구보다 잘 아는 까닭에 현상유지를 위해 노력할 것이다. 만일 정복 군주가 자유롭게 생활해 온 도시국가를 파괴하지 않은 채 계속 다스리고자 한다면 그곳 백성을 이용해 다스리는 방안보다 더 쉽게 유지하는 방안은 찾을 수 없을 것이다.

이들 방안은 스파르타와 로마의 사례에서 찾아볼 수 있다. 스파르타인은 아테네와 테베를 지배할 때 과두체제를 창안했지만 이내 두 도시국가에 대한 지배를 잃고 말았다.[47] 이에 반해 로마는 카푸아Capua, 카르타고Carthago, 누만티아Numantia를 계속 지배하기 위해 이들 도시국가를 완전히 파괴시켜 버렸다. 해당 지역을 상실하지 않은 이유

47　스파르타는 펠로폰네소스 전쟁에서 승리하며 기원전 405년 아테네를 함락시킨 후 아테네에 이른바 '30인 참주' 정치를 실시했으나 이듬해에 트라시불루스Thrasybulus에 의해 다시 민주제가 복원됐다. 마키아벨리는 이를 과두체제stato di pochi로 표현했다. 기원전 382년 스파르타는 테베의 요새를 점령하고 과두체제로 지배했으나 3년 뒤 펠로피다스Pelopidas와 에파미논다스Epaminondas에 의해 전복됐다.

다.[48] 그러나 로마는 그리스에 대해서는 스파르타가 행한 방식을 좇아 자치를 허용하고 그들의 법제 하에서 자유롭게 살도록 허용했다. 그러나 이는 성공하지 못했다. 로마가 그리스를 확고히 장악하기 위해 부득불 많은 도시국가를 파괴하지 않을 수 없었던 이유다. 사실 도시국가를 확고히 지배하려면 파괴보다 더 나은 방안은 없다.

공화정과 자유정신

자유로운 생활에 익숙한 도시국가를 확고히 지배하려면 반드시 그 도시를 파괴해야 한다. 그러지 않으면 오히려 그것에 의해 파멸될 각오를 해야 한다. 반란이 일어날 때 늘 자유와 전래의 질서가 정당화의 명분으로 사용되기 때문이다. 이는 세월이 흐르고 여러 은혜를 베푼다고 해서 쉽게 잊히는 게 아니다. 군주가 그들에게 현재나 미래를 위해 어떤 조치를 취하든 그들을 추방 내지 분산시키지 않으면 그들은 결코 자유와 전래 질서를 잊지 않을 것이고, 기회만 닿으면 곧바로 이를 회복하기 위해 반란을 꾀할 것이다. 피렌체에 1백년 간 예속된 피사Pisa에서 그런 일이 빚어진 바 있다.[49]

---

48 이탈리아의 카푸아와 아프리카의 카르타고, 스페인의 누만티아는 각각 기원전 211년과 146년, 133년에 함락된 뒤 자치구로 분해됐다.

49 1405년 피렌체는 피사를 구입했다. 이듬해인 1406년 반란이 일어나자 무력으로 진압했다. 1494년 샤를 8세의 이탈리아 침공을 틈타 독립을 이뤘다. 이후 피렌체는 4차례의 출정과 포위 공격 후 1509년 다시 피사를 손에 넣었다. 이 과정에서 마키아벨리는 행정 및 군사 실무를 담당했다.

정반대로 1인 군주의 지배에 익숙한 도시città나 지역provincia 백성은 군주의 혈통이 끊기면 큰 혼란에 빠진다. 복종의 습성이 여전이 남아 있는 상황에서 자신들 가운데 누구를 새 군주로 옹립할 것인가 하는 문제에 쉽게 합의할 수 없고, 자유로운 생활을 영위하는 방법도 알지 못하기 때문이다.[50] 이들이 무기를 들기에는 시간이 너무 걸리는 까닭에 새 군주는 쉽게 이들의 지지를 확보할 수 있고, 자신의 안전을 도모할 수 있다.

공화국 체제 하에서는 군주국에 비해 더 큰 활력과 증오, 더 큰 복수심이 작동한다. 과거의 자유에 대한 기억으로 인해 결코 잠자코 지낼 수 없기 때문이다. 가장 확실한 방안은 그런 체제를 말살하는 것이고, 차선은 군주 자신이 직접 그곳에 거주하며 다스리는 것이다.

---

50   『로마사 논고』 제2권 제2장에 자세한 설명이 나온다.

제
6
장

강압과 설득

자신의 힘과 자질로 성립된
새 군주국에 관해

De principatisbus novis qui armis propriis
et virtute acquiruntur

위인과 모방

　아래에서 전적으로 새로운 군주국의 군주와 내부조직을 논의하면서 매우 위대한 사례를 들지라도 이는 결코 놀랄 만한 일은 아니다. 그이유는 이렇다. 사람은 길을 걸을 때 거의 늘 선인이 다닌 길을 따라 걸으면서, 모방을 통해 자신의 행동을 결정코자 한다. 그러나 선인이 걸은 길을 그대로 따라 걸을 수도 없을 뿐만 아니라, 모방코자 하는 선인의 뛰어난 자질에 이를 수도 없는 일이다. 그럼에도 현자는 늘 위인 eccellentissimi의 발자취를 좇고자 한다. 설령 자질이 그들에게 못 미칠지라도 적어도 어느 정도 냄새는 풍길 수 있기 때문이다. 멀리 날아가는

▍로물루스와 레무스, 사비니 여인들의 중재, 다비드 그림

활의 자질virtù을 잘 아는 노련한 궁사가 먼 곳의 과녁을 적중시키고자 할 때 예상보다 높은 곳을 겨냥하는 것과 같다. 이는 높은 곳을 맞히기 위한 게 아니라 그리 조준해야만 화살이 멀리 날아가 과녁에 적중할 수 있기 때문이다.

자질과 운

전적으로 새로운 군주국을 다스릴 때 맞닥뜨리는 고충의 정도는 통치를 담당한 새 군주의 자질에 달려 있다고 말할 수 있다. 한 개인이 권좌에 오르는 것은 자질 내지 운 덕분이다. 2가지 요소 가운데 하나는 많은 어려움의 일부를 덜어줄 수 있을 것이다. 운에 대한 의존이 적은 사람일수록 자리를 더욱 잘 유지할 수 있다. 만일 군주가 다른 영토를 소유하지 않은 까닭에 직접 그 나라에 거주하며 다스릴 수밖에 없다면 더욱 도움이 될 것이다.

운이 아닌 자질에 의해 보위에 오른 자를 살펴보면 가장 탁월한 인물로 모세Moisè와 페르시아의 키로스Kyros 대왕, 로물루스Romulus, 테세우스Theseus 등을 들 수 있다. 이들 가운데 모세는 단지 신의 명을 좇은 집행자에 불과하기에 고려 대상에서 제외해야 한다고 생각하는 사람이 있을 것이다. 그러나 신과 대화를 나눌 자로 선택되었다는 신의 은총만으로도 능히 칭송받을 만하다.

여기서는 왕국을 손에 넣었거나 건설한 키로스와 그 밖의 인물을 살펴보고자 한다. 이들 모두 칭송받을 만한 인물들이다. 그들의 독특한 행동과 조치를 살펴보면 위대한 신을 섬긴 모세와 별반 다를 게 없

는 듯하다. 그들의 행적azioni
과 생애vita를 자세히 보면
그들에게 좋은 기회occasione
가 있었다는 것 외에는 별
다른 운이 없었다는 사실을
알 수 있다. 기회는 그들에
게 단지 질료materia만을 제
공했을 뿐이고, 그들이 원하
는 형상forma을 빚어낸 것은

┃ 로물루스. 레무스 신화에서 유래한 늑대 젖을 먹는 두 아이 모습. 로마인은 물론이고 관광객의 사랑을 받는 로마의 상징물이다.

그들 자신의 능력이다.[51] 그들에게 그런 기회가 없었다면 그들의 위대한 정신적 자질virtù dello animo은 탕진되었을 것이고, 반대로 그런 자질이 없었더라면 기회는 무산되었을 것이다.

그런 의미에서 모세의 출현을 위해서는 이집트인에 의해 유대인이 노예상태로 억압받을 필요가 있었다. 실제로 유대인들은 예속을 벗어나기 위해 모세를 기꺼이 따를 준비가 되어 있었다. 로물루스가 로마의 건국자이자 왕이 되기 위해서는 출생지인 알바Alba에서 태어나자마자 받아들여지지 않고 내버려지는 일이 필요했다.[52] 키로스 왕도 메디아인의 지배에 불만을 품은 페르시아인과 오랜 평화로 인해 나약해진

51　여기의 마테리아materia와 포르마forma는 각각 창조의 기반이 되는 여성 및 창조를 주도하는 남성의 의미가 함축돼 있다.

52　마키아벨리는 로마 건국신화의 주인공인 로물루스에 관한 유사한 얘기를 『로마사 논고』 제1권에서도 하고 있다. 플루타르코스의 『영웅전』에 이에 관한 자세한 내용이 실려 있다.

메디아인이 필요했다.[53] 아테네인이 분열돼 있지 않았다면 테세우스도 자신의 뛰어난 자질을 발휘하지 못했을 것이다.[54]

기회가 이들에게 운 좋게 다가온 것이라면, 그들의 뛰어난 자질은 그런 기회를 정확히 포착해 적극 활용토록 만든 셈이다. 그들의 나라가 영광을 누리며 크게 번영한 이유다. 이들처럼 개인적인 자질 덕분에 보위에 오른 자들은 권력을 쥐는 과정에서 적잖은 어려움을 겪지만, 일단 권력을 쥐면 쉽게 유지한다.

새 제도의 도입

나라를 얻는 과정에서 겪는 시련은 부분적으로 국가를 세우고 권력을 다지기 위해 도입해야만 하는 새로운 질서와 법제ordini e modi에서 비롯된 것이다. 새 질서를 만드는 것보다 더 어렵고 위험하며 성공하기

53　키로스 2세 대왕(Kyros Ⅱ, BC 590?-529)는 캄비세스 1세의 아들로 흔히 키로스 대왕Cyrus the Great으로 불리고 있다. '키로스'는 태양을 뜻한다. 기원전 538년 나보니도스를 무찌르고 칼데아의 신바빌로니아를 멸했다. 이때 바빌로니아에 포로로 잡혀 있던 유대인을 석방했다. 그의 이름이 『구약성서』에 나오는 이유다.

54　테세우스Theseus는 아테네의 왕 아이게우스의 아들로, 청년이 되었을 때 어머니가 일러주는 대로 큰 바위를 들어 올려 생부가 숨겨 둔 왕가의 검劍과 샌들을 찾아낸 뒤 그것을 가지고 아테네로 향했다. 안전한 해로를 두고도 육로를 택해 온갖 위험을 무릅쓰고 마침내 생부 곁에 당도하여 왕자로서 인정을 받는다. 왕위를 계승한 뒤 각지를 정복해 아테네를 융성케 했다. 테세우스는 반은 신화, 반은 역사적인 실제 인물이다. 기록에 따르면 그는 여러 종족을 통합하고 아테네를 수도로 삼아 아티카 땅을 단일 국가로 만들었다. 이 대사업을 기념해 수호신인 아테나 여신을 위한 축제를 만들었다. 아테나의 성의聖衣가 파르테논 신전으로 운반돼 여신상 앞에 봉헌되는 게 특징이다.

힘든 일은 존재하지 않는다는 점을 깨달을 필요가 있다. 개혁자는 구질서 하에서 이익을 누리던 모든 사람을 적으로 만들고, 새 질서 하에서 이익을 누릴 자들은 단지 미온적인 지지만을 보내기 때문이다. 미온적인 지지는 기본적으로 기존 질서와 법제를 일방적으로 유리하게 적용했던 적들에 대한 두려움에서 비롯된다. 확실한 결과를 눈으로 확인하기 전에는 새로운 것을 신뢰하지 않으려는 사람의 회의적인 속성도 하나의 배경으로 작용한다. 새 질서에 적대적인 자들이 기회를 잡으면 늘 당파적 열성을 바탕으로 맹공을 퍼붓는 이유다. 이에 반해 새 질서의 추종자들은 오직 반신반의하며 방어에 급급할 뿐이다. 개혁 군주와 미온적인 지지자들이 통상 커다란 위험에 놓이는 근본배경이 여기에 있다.

회유와 믿음의 유지

이 문제를 보다 철저히 검토키 위해서는 개혁 군주가 과연 자력 혹은 남의 도움에 의존하는지 여부를 살펴볼 필요가 있다. 즉 과업을 수행하기 위해 남의 도움을 청해야 하는 상황에 처해 있는지, 아니면 자력으로 수행할 수 있는지 여부에 대한 검토이다. 전자의 경우라면 아무것도 성취하지 못한 채 이내 실패할 수밖에 없다. 그러나 자력으로 개혁을 추진할 만한 충분한 힘을 보유한 후자의 경우는 결코 실패하지 않는다. 무장한 예언자는 늘 승리하는데 반해 무장하지 않은 예언자는 늘 패망한 이유가 여기에 있다.

이런 결과는 이미 언급한 것 이외에도 백성의 변덕스런 속성에 기

지롤라모 사보나롤라

인한다. 백성에게 뭔가를 회유하기는 쉽지만 그 믿음을 유지시키는 것은 어렵다. 사람들이 더 이상 믿지 않을 경우 강압적인 방법을 동원해 믿지 않을 수 없도록 만들어야 하는 이유다.[55]

만일 모세, 키로스, 테세우스, 로물루스가 무력을 갖추고 있지 않았다면 그들이 고안한 새 질서를 그토록 오랫동안 유지할 수 없었을 것이다. 오늘날 수도사 지롤라모 사보나롤라에게서 반면교사의 사례를 찾아볼 수 있다. 대중moltitudine이 그를 믿지 않게 되자 그는 자신이 만든 새 질서와 더불어 일거에 몰락하고 말았다. 그는 자신을 믿는 자들을 굳건히 붙들 방안도, 그렇지 못한 자들을 믿게 만드는 수단도 지니지 못했다.

시라쿠사의 히에론

앞서 언급한 유능한 개혁자들 모두 숱한 시련을 겪었다. 모든 위

55　『구약성서』「출애굽기」32장 19-28절에 따르면 모세가 10계명이 새겨진 돌을 가지고 시나이 산에서 내려온 것은 대학살의 위기에 처한 레비Levi의 자손들을 구하기 위한 것이었다.

험은 자신의 계책을 실천에 옮기는 단계부터 다가온다. 뛰어난 자질로 이를 극복해 나가지 않으면 안 된다. 일단 위험을 극복하고 정상에 올라 시기하는 자들을 섬멸함으로써 존경을 받기 시작하면 이후 더욱 강력하고 안정된 기반 위에서 명성과 번영을 누릴 수 있다.

이미 논의한 유명한 사례보다 조금 덜 중요한 사례를 추가코자 한다. 이는 앞의 사례와 어느 정도 유사성을 갖고 있기에 언급할 가치가 있고, 나아가 다른 모든 사례의 전형에 해당한다. 시라쿠사의 히에론 Hieron 2세가 그렇다.[56] 그는 원래 일개 시민의 신분에서 보위에 오른 자이다. 당시 그에게는 통상적인 기회를 제외하고는 별다른 운이 없었다. 그 기회란 시라쿠사 백성이 절망적인 위기 상황에 몰려 있을 때 그를 장군으로 선출한 점이다. 그는 자신의 직무를 성공적으로 수행함으로써 마침내 보위에 오르게 됐다. 백성의 위치에 있을 때부터 뛰어난 자질을 보여준 덕분이다. 당시 어떤 자는 그에 관해 평하기를, "군주가 되기 위해 그가 갖지 못한 것은 단지 나라밖에 없다!"고 했다.[57] 그는 구식 군대를 해체하면서 신식 군대를 확립했다. 또 과거의 동맹관계를 파기하고 새로운 동맹관계를 구축했다. 그는 자신의 군대와 믿을 만한 동맹을 갖게 되자 이를 토대로 하여 자신이 평소 원하던 나라

---

56 히에론 2세(Hieron Ⅱ, BC 308?-216)는 기원전 270년부터 기원전 215년까지 재위한 시라쿠사의 왕이다. 피로스 휘하의 장군으로 있던 그는 피로스가 로마에 패해 철군하자 시라쿠사의 명망가 레프티네스의 딸과 결혼해 입지를 강화한 뒤 시라쿠사 북쪽에 있는 그리스 식민지였던 메시나를 제압했다. 덕분에 기원전 270년 시라쿠사의 왕이 될 수 있었다.

57 이 인용문의 라틴어 본문은 다음과 같다. "Quod nihi illi deerat ad regnandum praeter regnum!" 이 인용문의 원래 저자는 2-3세기 무렵의 인물로 추정되는 유스티누스Marcus Junius Justinus로 알려져 있다. 마키아벨리는 『피렌체사』에도 거의 같은 문구를 인용하고 있다. 양쪽 모두 유스티누스의 원문과는 약간의 차이가 있다.

를 만들어 나갔다. 그가 겪은 어려움은 나라를 얻는 과정에서 빚어졌
지 결코 유지하는 과정에서 나온 게 아니다.

제
7
장

신의와 배신

타인의 힘과 호의로 성립된
새 군주국에 관해

De principatibus novis qui alienis armis
et fortuna acquiruntur

자질과 운의 의미

　　오로지 운에 의해 일개 시민에서 군주가 된 자는 등극 과정에서 별다른 어려움을 겪지 않지만 보위를 유지하는 데는 상당한 어려움을 겪게 된다. 마치 날아오른 것처럼 쉽게 보위에 오른 까닭에 도중에 아무런 어려움이 없었지만 등극 이후 온갖 시련이 닥쳐온다. 금전 또는 타인의 운에 편승해 영토를 얻게 된 경우도 마찬가지이다. 이런 예는 그리스에서 많이 볼 수 있다.[58] 과거 페르시아의 다리우스 1세는 자신의 안전을 확고히 하고 영광을 드높이기 위해 이오니아와 헬레스폰토스 내 도시국가에 많은 제후를 임명했다. 유사한 사례로 군대의 부패로 인해 일반 백성으로 태어나 보위를 차지한 로마 황제를 들 수 있다.[59]

　　이런 군주의 지위는 전적으로 그를 등극시켜 준 자의 의지와 운에 의존한다. 그러나 이 2가지 요소 모두 극히 변덕스럽고 불안정한 것이다. 이런 인물은 자신의 자리를 유지하는 방법도 모를 뿐더러 안다 해도 유지할 능력도 없다. 이들의 무식은 대단한 재능과 자질을 지닌 자가 아닌 한 오랫동안 백성으로 살아온데 따른 것이다. 이들에게 명령과 통치술에 대한 지식을 기대할 수는 없는 일이다. 또한 이들은 권력

58　여기의 '그리스'는 그리스 본토를 지칭한 게 아니라 소아시아와 지금의 다다넬스 해협인 헬레스폰토스 해협 일대의 그리스 도시국가를 지칭한 것이다. 다리우스 대왕은 자신이 지배하던 이 일대에 많은 제후국과 총독관구를 건설했다.

59　마키아벨리는 제19장에서 대표적인 인물로 셉티미오스 세베루스Septimios Severus를 들고 있다.

을 유지할 능력도 없다. 헌신적이고 충성스런 자신의 군사를 보유하고 있지 않기 때문이다. 게다가 빠르게 성장한 나라는 탄생 즉시 급속히 성장한 모든 자연물처럼 튼튼한 뿌리와 가지를 가질 여유가 없다. 최초로 맞닥뜨린 악천후 같은 역경에 곧바로 쓰러지는 이유다.

갑자기 보위에 오른 자는 자신의 무릎 위에 안겨준 운을 보존하기 위해 신속히 임기응변할 줄 아는 자질을 지니고 있어야 한다. 그렇지 않으면 다른 사람이 군주가 되기 위해 쌓아올린 기반을 즉위 후 곧바로 구축할 수 있어야 한다.

이에 제대로 대처하지 못하면 첫 번째 역경을 만나 이내 쓰러지고 만다. 앞서 언급한 것처럼 자질 또는 운에 의해 군주가 되는 2가지 방법에 관해 최근의 2가지 사례를 들어 설명하고자 한다. 바로 프란체스코 스포르차와 체사레 보르자가 그들이다.

스포르차와 보르자

프란체스코 스포르차는 본래 일개 시민 출신으로 임기응변의 수완debiti mezzi과 탁월한 자질gran virtù을 발휘해 밀라노 공작의 자리에 오른 인물이다.[60] 보위에 오를 때까지는 숱한 시련을 겪었으나 이후 보위를 유지할 때는 별다른 어려움이 없었다. 이에 반해 흔히 발렌티노 공

---

60   '임기응변의 수완'의 본문 구절은 debiti mezzi이다. 직역하면 '필요로 하는 여러 방안' 이나 내용상 기만과 배신 등의 모략을 내포하고 있다. 『전술론』 제1권과 『피렌체사』 제4권 24장에도 유사한 내용이 나온다. 문맥에 비춰 '임기응변의 수완'으로 번역했다.

작으로 불리는 체사레 보르자는 부친의 운 덕분에 보위를 차지했으나 그 운이 다하자 이내 보위를 잃고 말았다. 당시 그는 비록 남의 힘과 운 덕분에 나라를 손에 넣었지만 나름 자신의 뿌리를 내리기 위해 분별력과 자질을 지닌 자라면 응당 취해야만 할 모든 수단을 동원했다. 그런데도 그리된 것이다.

앞서 지적했듯이 설령 당초에 기반을 닦지 못했을지라도 뛰어난 역량의 보유자라면 나중에라도 능히 기반을 닦을 수 있다. 그러나 이 작업은 당사자에게 많은 시련을 안겨줄 뿐만 아니라 구축된 구조물 역시 매우 불안하다. 그런 맥락에서 보면 발렌티노 공작은 미래의 권력을 위해 나름 강력한 기반을 구축하는데 성공했다고 평할 수 있다. 내가 볼 때 새 군주에게 들려줄 충고로 그의 행적만큼 나은 것도 없다. 여기서 그것을 논하는 게 결코 무의미하다고 보지 않는 이유다. 비록 그의 노력이 실패로 끝나고 말았지만 이는 그의 잘못이 아니다. 매우 이례적이고 극단적인 운명의 소산일 뿐이다. 그를 나무라서는 안 되는 이유다.

체사레 보르자의 결심

당초 교황 알렉산데르 6세는 자신의 아들인 발렌티노 공작을 위대한 인물로 키우고자 했다. 당시는 물론 그 이후에도 많은 어려움을 겪어야 했던 이유다. 첫째, 그는 아들을 교황령stato di Chiesia인 로마냐를 제외한 여타 도시의 군주 자리에 앉힐 방도가 없었다. 만일 그가 교황령의 일부를 취해 아들에게 주고자 할 경우 밀라노 공작인 루도비코 스포르차와 베네치아 모두 이를 용납하지 않으리라는 것을 알고 있었다. 당시 파엔차와 리미니는 이미 베네치아의 보호 아래 있었다. 나아가 교황 세력의 확대를 가장 두려워하는 오르시니Orsini와 콜론나Colonna 가문과 그 추종세력이 병력을 장악하고 있었다.[61] 이들 병력은 교황이 이탈리아에서 가장 용이하게 사용할 수 있는 것이었다.

　교황의 입장에서 이탈리아 내 일부 지역에서 지배권을 확보하기 위해서는 무엇보다 먼저 기존 질서를 뒤흔들어 국가 간의 혼란을 조장할 수밖에 없었다. 이는 그리 어려운 일이 아니었다. 마침 베네치아가 다른 이유로 프랑스군의 이탈리아 재침을 시도하고 있다는 사실을 알았기 때문이다. 교황이 베네치아의 이런 계책에 반대하기는커녕 오히려 루이 12세의 이혼을 승인함으로써 계책의 실행을 재촉한 이유가 여기에 있다. 결국 루이 12세는 베네치아의 도움과 교황의 동의 아래 이탈리아에 재차 침입한 셈이다. 루이 12세가 밀라노에 입성하자마자 교황은 로마냐를 정복하기 위해 프랑스군의 일부 병력을 인계받았다. 루이 12세는 자신의 명성을 위해 이를 즉각 허락했다. 교황이 신속히 로마냐를 항복시킨 배경이다.

　당시 발렌티노 공작인 체사레 보르자는 로마냐를 장악하고 콜론나 가문을 평정하자마자 곧바로 점령의 기반을 확고히 다지는 한편 영토를 더욱 확장코자 했다. 이는 2가지 이유로 방해를 받게 됐다. 첫째, 휘하 군사의 충성심을 믿을 수 없었다. 둘째, 루이 12세의 속셈을 알 수 없었다. 그가 사용한 오르시니 가문의 군사가 그의 휘하를 떠

61　'오르시니'는 로마의 귀족가문으로 교황파인 '겔프'를 이끌었고, '콜론나' 역시 로마의 귀족가문으로 황제파인 '기벨린'을 이끌었다.

체사레 보르자

나 정복사업을 방해할 뿐만 아니라 기왕의 점령지마저 빼앗을지도 모른다는 우려가 컸다. 나아가 루이 12세까지 유사한 행동을 보일까 두려웠다. 그의 이런 의구심은 나름 일리가 있었다. 파엔차를 점령한 뒤 볼로냐로 진격했을 때 오르시니 가문의 군사가 마지못해 공격하는 것을 보며 이런 의심을 품은 것이다.

루이 12세의 경우도 별반 다를 게 없었다. 우르비노Urbino 공국을 점령한 뒤 토스카나로 진격했을 때 루이 12세가 이를 저지하며 속셈을 드러낸 바 있다. 체사레 보르자가 타인의 힘이나 운에 더 이상 의존하지 않기로 결심한 배경이다.

불충한 장군의 제거

당시 체사레 보르자는 몇 가지 조치를 취했다. 첫째, 로마에 있는 콜론나와 오르시니 가문의 위세를 약화시켰다. 많은 금전을 제공하고 자질에 따른 군직 및 관직을 부여하는 것을 미끼로 두 가문과 혈연적으로 연결된 많은 귀족 신분의 추종자들을 자기편으로 만든 결과다. 불과 몇 달 내에 콜론나 가문의 추종자들이 이전의 파벌에 대한 충성심을 버리고 오로지 체사레 보르자에게 충성을 바치게 된 배경이다.

콜론나 가문을 분쇄한 뒤 그는 곧바로 오르시니 가문을 섬멸할 기회를 노렸다. 마침내 절호의 기회가 오자 이에 즉각 올라탔다. 당시 오르시니 가문 사람들은 더욱 막강해진 교황과 보르자의 세력이 조만간 자신들을 궤멸시킬 것이라는 사실을 뒤늦게 깨달았다. 페르시아 근방의 마조네 촌락에서 긴급 가문 회합을 소집한 이유다. 이후 우르비노와 로마냐 지역의 반란과 소요 등 숱한 위험이 닥쳤지만 체사레 보르자는 프랑스군의 도움을 받아 반란세력을 차례로 진압했다.

덕분에 자신의 명성을 되찾은 그는 더 이상 프랑스를 비롯한 그 어떤 외세도 신뢰하지 않게 됐다. 그들이 너무 위험한 존재라는 것을 알았기 때문이다. 속임수를 쓰기로 작심한 이유다. 그는 교묘히 속셈을 숨긴 채 오르시니 가문 측의 영주 파올로Signor Paolo의 중재를 통해 오르시니 가문의 지도자들과 화해했다.[62] 파올로를 안심시키기 위해 많은 돈과 값진 옷, 명마를 선물하는 등 무진 애를 썼다. 오르시니 가문 사람들이 순진하게도 시니갈리아Sinigaglia로 갔다가 이내 그의 수중에 떨어진 이유다. 그는 오르시니 가문의 지도자들을 모두 처단한 뒤 추종자들을 자기편으로 끌어들였다. 우르비노와 로마냐의 전 지역을 손에 넣고 세력기반을 확고히 다져나간 배경이다. 당시 로마냐 백성은 그의 통치 하에서 번영을 누리면서 점차 그에게 기울어졌다.

---

[62] 파올로 오르시니(Paolo Orsini, 1460-1503)는 추기경인 라티노 오르시니Latino Orsini 의 서자이다. 1483년 페라라 전쟁 때 교황군을 지휘해 명성을 떨쳤다. 1502년 체사레 보르 자에 대항하는 마조네Magione 음모를 주도했다가 이해 12월 체사레 보르자의 거짓 화해전 술에 넘어가 체포된 뒤 목숨을 잃었다.

속죄양이 된 레미로

　체사로 보르자가 로마냐 지역에서 시행한 정책은 다른 사람도 알고 있지만 나름 모범이 될 만하기에 나로서는 이에 관한 논의를 지나쳐 버리고 싶지 않다. 로마냐를 접수했을 당시 그는 무능한 자들이 그지역을 오랫동안 다스렸다는 사실을 알게 됐다. 그들은 백성을 바르게 다스리기는커녕 약탈의 대상으로 삼았고, 단결보다는 분열의 원인을 조성했다. 로마냐 전역에서 강도와 폭력, 온갖 종류의 불법이 난무한 이유다. 그들 스스로 무질서의 근원이었다.

　그는 이 지역을 평정하고 군주의 권위에 복종하도록 만들려면 먼저 선정善政을 베풀 필요가 있다고 판단했다. 가혹하기는 하나 매우 정력적인 인물인 레미로 데 오르코Remirro de Orco를 파견해 전권을 위임한 이유다. 레미로는 과연 단기간 내에 질서와 평화를 회복함으로써 체사레 보르자의 명성을 크게 드높였다. 당시 체사레 보르자는 지나친 권위가 오히려 반감을 살 수 있다고 우려한 나머지 그런 권위를 더 이상 유지할 필요가 없다고 판단했다. 로마냐 지역에 저명한 재판장이 지휘하는 시민재판소를 설치하고, 역내의 도시들로 하여금 각자 자신을 대변하는 법률가를 파견토록 조치한 이유다.

　당시 그는 그간의 혹정酷政으로 인해 로마냐 백성들로부터 적잖은 반감을 사고 있다고 판단했다. 반감을 무마하고 환심을 살 필요가 있었다. 이제껏 행해진 혹정은 모두 자신이 시킨 게 아니라 총독으로 파견된 레미로의 가혹한 성격에서 비롯됐다는 점을 각인시키고자 했다. 적절한 기회가 오자 그는 어느 날 아침 문득 토막 난 레미로의 시체를 피 묻은 칼, 십자가 토목과 함께 체제나의 광장에 전시했다.[63] 이 처참한 광경을 본 백성들은 일면 만족해하면서도 내심 경악을 금치 못했다.

체사레 보르자의 임기응변

다시 본론으로 돌아가자. 당시 체사로 보르자는 자신의 군대를 거느리고, 자신을 위협할 수 있는 세력을 대부분 제거한 까닭에 매우 강력했다. 기존의 위험으로부터 어느 정도 안전을 확보한 배경이다. 그는 이내 더 많은 영토를 손에 넣고자 했다. 먼저 프랑스의 루이 12세에 대해 매우 신중한 태도를 취할 필요가 있었다. 뒤늦게 자신의 실수를 깨달은 루이 12세가 더 이상 자신을 지지하지 않으리라는 사실을 통찰한 것이다. 새로운 동맹국을 적극 찾아 나선 이유다. 루이 12세가 나폴리 원정에 나섰을 때 가에타^{Gaeta}를 포위공격하고 있던 스페인을 상대로 한 프랑스의 작전에 소극적인 모습을 보인 게 그렇다.[64] 프랑스와 스페인으로부터 자신의 안전을 보장받고자 한 것이다. 교황 알렉산데르 6세가 살아 있었다면 그의 의도는 적중했을 것이다. 이런 것들이

63　레미로 데 오르코(Remirro de Orco, ?–1502)는 스페인 출신 용병대장으로 스페인 이름은 라미로 데 로르꾸아Ramiro de Lorqua이다. 1498년 프랑스 궁정으로 가 체사레 보르자를 수행했다. 1501년 보르자에 의해 체사레 보르자에 로마냐 총독에 임명됐다가, 이듬해인 1502년 12월 살해됐다.

64　'가에타'는 나폴리 북쪽으로 수마일 떨어진 곳에 위치해 있다. 그라나다 조약이 파기된 후 프랑스와 스페인 사이에 벌어진 최초의 전투 중심지이다. 교황 알렉산데르 6세가 1503년 8월 18일 갑자기 말라리아로 서거한 뒤 파우스Pius 3세는 9월 22일이 되어서야 교황으로 선출됐다.

바로 그가 임기응변을 행한 대표적인 조치에 해당한다.

4가지 임기응변 방안

그럼에도 그는 자신의 장래문제를 걱정하지 않을 수 없었다. 새 교황이 취임할 경우 부친인 알렉산데르 6세가 자신에게 내준 것을 도로 빼앗아가지 않을까 우려했다. 그는 자신을 보호하기 위해 4가지 방안을 강구했다. 첫째, 자신이 멸망시킨 영주들의 혈통을 끊는 방안이다. 새 교황이 그들에게 권력을 되돌려 줄 기회를 미연에 막고자 한 것이다. 둘째, 교황을 견제하는 방안이다. 앞서 언급한 것처럼 로마의 귀족을 모두 자기편으로 끌어들여 교황을 견제하고자 한 것이다. 셋째, 추기경회의를 손에 넣는 방안이다. 가능한 한 추기경회의에서 자신에게 호감을 갖도록 회유코자 한 것이다. 넷째, 독자세력을 구축하는 방안이다. 부친인 알렉산데르 6세가 살아 있는 동안 자신의 권력을 크게 확장해 적의 공격을 받을지라도 외부의 도움 없이 스스로 해결코자 한 것이다.

이들 4가지 방안 가운데 앞의 3가지 방안은 알렉산데르 6세가 죽을 무렵 완성됐고, 4번째 방안도 거의 완성 단계에 있었다. 당시 그는 영토를 빼앗긴 영주의 일족을 손이 미치는 한 모두 제거했다. 화를 면한 자는 소수에 지나지 않았다. 또 로마 귀족을 자기편으로 끌어들였고, 추기경의 다수파를 손에 넣었다. 영토의 확장 방안과 관련해 그는 토스카나 일대를 손에 넣을 계책을 세워 놓고 있었다. 이미 페루자 Perugia와 피옴비노는 점령이 끝난 상태였고, 피사는 그의 보호 아래 있었다. 게다가 프랑스군이 이미 스페인군에 의해 쫓겨난 까닭에 쌍방 모두 그와 우호관계를 맺고자 했다. 프랑스를 더 이상 염려할 필요가 없어진 상황에서 그는 언제라도 피사를 급습할 만반의 준비를 끝내 놓았다.

피사를 손에 넣으면 루카와 시에나는 피렌체에 대한 질투 섞인 증오와 그에 대한 두려움으로 인해 즉시 항복했을 것이다. 이 경우 피렌체는 속수무책일 수밖에 없었다. 그가 이를 제대로 추진하면 막강한 무력과 명성을 확보해 자립에 성공하는 것은 물론 더 이상 타인의 호의나 군대에 의존하지 않고 전적으로 자신의 힘과 자질에만 기댈 수 있었다. 이 모든 계책은 알렉산데르 6세가 죽은 해에 실현되었다.

부친인 교황 서거의 여파

그러나 그가 칼을 뽑아든 지 5년 만에 알렉산데르 6세가 죽고 말았다. 그는 로마냐의 영지만 확고히 장악하고 있었다. 나머지 영지는 적대관계의 두 강국인 프랑스와 스페인 사이에 끼어 허공에 뜨고 말았다. 설상가상으로 그 또한 중병에 걸려 자리에 누웠다.[65] 그럼에도 그는 불굴의 정신과 뛰어난 자질을 지닌 인물이었다. 사람들을 자기편으로 끌어들이거나 아니면 파멸시켜야 한다는 사실을 완벽할 정도로 통찰하고 있었다. 단기간 내에 견고한 토대를 구축한 배경이다. 만일

65　알렉산데르 6세와 체사레 보르자는 거의 동시에 말라리아 역병에 걸린 것으로 추정되고 있다. 시기가 겹친 까닭에 당시 독살설까지 나돌았다.

그가 배후에서 두 강국의 공격을 받지 않고, 자리에 눕지 않았으면 모든 역경을 능히 헤쳐 나갔을 것이다.

그의 세력기반이 얼마나 견고했는지는 다음 사실을 통해 명백히 알 수 있다. 당시 로마냐는 1달 이상 그의 조속한 회복과 복귀를 기다렸고, 그가 머물던 로마 또한 빈사상태에도 불구하고 신변 위협 없이 안전했다. 게다가 발리오니Baglioni, 비텔리Vitelli, 오르시니Orsini 가문 지도자들이 로마에 왔지만 이들의 사주를 좇아 그와 맞서려는 자는 아무도 없었다.

더구나 그는 자신이 원하는 자를 교황으로 만들 수는 없었으나, 적어도 자신이 반대하는 자가 선출되는 일만은 막을 수 있었다. 만일 교황 알렉산데르 6세가 죽었을 때 건강하기만 했으면 모든 일이 쉽게 풀렸을 것이다. 율리우스Julius 2세가 교황으로 선출되던 날 그는 나에게 이렇게 말한 바 있다.

"부친의 서거 때 일어날 법한 모든 일을 미리 생각해 두었고, 그에 대한 대책도 마련해 놓았다. 다만 부친이 서거하면 나 또한 생사의 기로에 서게 될 줄은 전혀 생각지 못했다."

신생 군주의 추종 모델

당시 그가 보인 일련의 행적을 개관할 때 나는 그를 비판하고 싶은 마음이 조금도 없다. 오히려 앞서 얘기한 것처럼 타인의 호의나 무력에 기대 보위에 오른 자들이 귀감으로 삼을 만하다. 비록 큰 뜻과 야망을 지니고 있었지만 그런 상황에서는 달리 어찌할 도리가 없었다.

그의 계책을 좌절시킨 원인은 단지 부친의 단명과 그 자신의 와병에 지나지 않았다.

신생 군주국의 군주는 그의 행적에서 다음과 같은 유형의 필요한 조치를 찾아낼 수 있다. 적에게 효과적으로 대처하며 동맹을 확보하는 일, 무력 또는 기만술로 승리를 거두는 일, 백성들로부터 사랑을 받으면서 두려움의 대상이 되는 일, 군대로부터 복종과 존경을 확보하는 일, 군주에게 해를 끼치거나 끼칠 수 있는 자들을 제거하는 일, 낡은 법제를 혁신하는 일, 엄격하면서도 친절하고 고결하면서도 관대하게 처세하는 일, 불충한 군대를 해체하고 새로운 군대를 조직하는 일, 여러 군주 및 영주와 동맹을 맺음으로써 기꺼이 돕게 만들고 최소한 해를 끼칠 때도 주저하게 만드는 일 등이 그렇다. 이런 조치를 배우고자 하는 자는 체사레 보르자보다 더 생생한 사례도 찾기 힘들 것이다.

체사레 보르자의 실착

다만 그가 율리우스 2세를 교황으로 선출한 것은 비난받을 만하다. 실로 그는 잘못된 선택을 했다. 앞서 언급한 것처럼 그는 비록 자신이 원하는 자를 교황으로 만들 수는 없었으나 자신이 반대하는 인물이 선출되는 일은 막을 수 있었다. 자신이 전에 해를 끼쳤거나 선출된 뒤 자신을 두려워할 만한 추기경이 교황의 자리에 오르는 것만은 결코 용납해서는 안 되었다. 사람이란 자신이 두려워하거나 증오하는 자에게는 해를 끼치기 때문이다. 추기경 가운데 그가 과거에 피해를 입힌 인물로는 빈콜라의 대주교 줄리아노 델라 로베레, 조반니 콜

▎바티칸을 떠나는 체사레 보르자, 주세페 로렌초 가테리 그림

론나, 산 조르조 주교인 라파엘로 리아리오, 아스카니오 스포르차 등
이 있었다. 그밖에도 교황의 자리에 오르면 그를 두려워할 만한 자들
이 매우 많았다. 단지 루앙의 추기경과 스페인 출신 추기경만이 예외
에 속했다. 스페인 출신 추기경은 원래 보르자 가문처럼 같은 스페인
출신으로서 우호적인 관계에 있는데다 전에 은혜를 입은 적이 있고,
정반대로 루앙의 추기경은 프랑스의 지지를 등에 업고 있었기에 그를
두려워하지 않았다.

　　따라서 그는 무엇보다 먼저 스페인 출신 추기경을 교황으로 만들

어야 했고, 여의치 않을 경우 루앙의 추기경을 추대해야만 했다. 율리우스 2세로 취임한 빈콜라의 대주교 줄리아노 델라 로베로를 승인해서는 안 되었다는 얘기다.[66] 군주 내지 교황 같은 위인은 한 번 원한관계를 맺으면 훗날 새로운 은혜를 베풀지라도 과거의 상처를 잊게 할 수 없다. 만일 그같이 생각한다면 이는 자기기만에 빠지는 짓이다. 실제로 그는 교황 선출과정에서 이런 중대한 실책을 범했다. 파멸을 자초한 셈이다.

---

66   율리우스 2세(Julius Ⅱ, 1443-1513)는 속명이 줄리아노 델라 로베레Giuliano della Rovere이다. 교황 식스투스 4세의 조카로 1503년 교황에 취임했다. 그는 교황 선출회의에서 로드리고 보르자의 선출을 반대한 까닭에 보르자가 알렉산데르 6세로 취임한 후 입지가 크게 좁아졌다. 그는 프랑스에서 1494년부터 10년 동안 이어진 쓰라린 망명생활을 체험하면서 보르자 가문에 대한 원한을 깊이 간직해 왔다. 마키아벨리는 스페인 출신 체사레가 능히 스페인 추기경을 조종하여 피우스 3세의 뒤를 잇는 율리우스 2세의 선출을 방해함으로써 루앙의 추기경에게 유리한 상황을 조성할 수 있다고 생각했다. 그러나 당시의 상황에 비춰 피우스 3세 사후 율리우스 2세가 선출된 것은 자연스런 일이었다.

제8장

가해와 시혜

사악한 방법으로 즉위한
군주에 관해

De his qui per scelera ad principatum pervenere

아가토클레스의 즉위

일개 시민이 보위에 오르는 방법으로 기왕에 언급한 운이나 자질 탓으로 돌릴 수 없는 2가지 방식이 있다. 그 가운데 하나는 공화국을 논할 때 좀 더 상세히 다루겠지만 이를 생략하는 것은 적절치 않다고 여겨진다. 2가지 방법은 이렇다. 첫째, 전적으로 사악한 방법via scellerata 을 동원해 보위에 오르는 방법이다. 둘째, 동료 시민의 지지를 받아 권좌에 오르는 방법이다. 전자의 경우를 검토할 때 옛날과 최근의 2가지 사례를 들 것이다. 그런 방법이 필요한 사람에게는 이들 2가지 사례로 충분하다고 여겨지는 까닭에 그 장점에 대해서는 깊이 다루지 않겠다.

시라쿠사의 왕이 된 시칠리아의 아가토클레스는 원래 일반 백성의 운privata fortuna을 타고난 사람으로, 그것도 극히 미천하고 영락한 도공陶工 출신이다.[67] 그는 늘 방탕한 삶을 살았으나 심신心身 모두 뛰어난 자질을 지닌 덕분에 입대 후 승진을 거듭해 마침내 군사령관 자리까지 올랐다. 이후 그는 보위를 겨냥하기 시작했다. 다른 사람에게 기대지 않고 자신이 보유한 무력을 동원해 권력을 장악하는 방안이었다. 이를 실현키 위해 그는 먼저 시칠리아에서 전쟁을 벌이고 있는 카르타고의 하밀카르Hamilcar에게 자신의 계책을 알리고 동의를 구했다. 어느

67　아가토클레스(Agathocles, BC 361-289) 시칠리아 출신으로 도공陶工의 아들로 태어났다. 군대에 들어가 군인이 되기 전까지 옹기를 굽기도 했다. 시라쿠사에서 민주파의 지도자로 과두체제 정권을 전복하려다가 실패해 2차례나 추방당했으나 기원전 317년 용병을 이끌고 다시 시라쿠사로 귀환해 보위에 올랐다. 기원전 316년-313년 사이에 전개한 일련의 전쟁으로 시칠리아의 대부분을 손에 넣었다.

아가토클레스

날 아침 그는 마치 국정에 관해 몇 가지 중대한 발표가 있는 것처럼 가장해 시라쿠사 백성과 함께 원로원 의원을 소집했다. 모두 모이자 곧 사전에 약속한 신호를 보내 자신의 병사들로 하여금 원로원 의원과 부호들을 학살케 했다. 백성의 저항을 거의 받지 않은 채 시라쿠사를 손에 넣고 보위에 오른 배경이다.

이후 그는 비록 카르타고와 벌인 싸움에서 2번이나 패해 포위공격까지 받았지만 자신의 도시를 능히 방어할 수 있었다. 심지어 일부 수비대만 남겨 놓은 채 나머지 군대를 모두 이끌고 카르타고의 본거지인 아프리카 본토를 공격키도 했다. 덕분에 시라쿠사 포위를 푼 것은 물론 카르타고를 오히려 곤경에 몰아넣을 수 있었다. 카르타고가 그와 화해하지 않을 수 없었던 이유다. 카르타고는 시칠리아를 그에게 넘겨주고 아프리카 점유로 만족해야 했다.

권력의 장악과 영예

아가토클레스의 행적과 생애azioni e vita를 살펴보면 운이 아무 도움을 주지 못했거나 아주 작은 역할에 그쳤음을 알 수 있다. 앞서 얘기한 것처럼 그는 보위에 오를 때 누구의 도움도 받지 않았다.[68] 천신

만고 끝에 자력으로 총사령관 자리에 올라 이를 배경으로 권좌에 올랐고, 용감하면서도 과감한 결단을 통해 그 자리를 유지했다. 그러나 ancora 자신의 백성을 죽이고, 동지를 배신하고, 신의 없이 처신하고, 무자비하고 반종교적인 모습을 보인 것을 두고 뛰어난 자질로 평할 수는 없다.[69] 이런 식으로 접근하면 권력자imperior는 될 수 있을지 몰라도 영예gloria를 차지할 수는 없기 때문이다.

그러나 위기상황에서 과감히 결단해 난관을 타개하는 자질을 비롯해 온갖 역경을 극복해내는 불굴의 정신을 감안하면 그는 어떤 장군과 비교해도 결코 손색이 없다. 다만 많은 비행과 무자비하면서도 비인간적인 가혹 행위를 감안할 때 그를 위인의 범주에 끼워 넣을 수는 없는 일이다. 우리는 그의 성공 배경을 두고 운 또는 자질 가운데 어느 하나에 의존했다고 평할 수는 없다.

올리베로토의 음모와 성패

유사한 사례로 교황 알렉산데르 6세의 재위 기간에 활약한 페르

---

68 '행적과 생애'의 본문 구절은 azioni e vita이다. 적잖은 판본이 vita를 virtù로 표기해 놓았으나 Inglese의 새로운 판본을 비롯해 Rinaldi 판본 등에는 vita로 나온다. 제6장과 제26장에도 azioni e vita로 나오고 있는 점에 비춰 '행적과 생애'로 번역하는 게 타당하다.

69 '그러나'의 본문 구절인 ancora를 두고 박상섭은 문장의 중간에 나오고 있는 점을 근거로 '아직'으로 풀이했다. 나름 일리 있는 지적이나 이 경우 문맥이 잘 통하지 않는다. 문맥상 ancora가 앞에 나올 때처럼 '그러나'로 풀이하는 게 간명하다.

모Fermo의 올리베로토 에우프레두치Oliverotto Euffreducci를 들 수 있다.[70] 그는 어려서 부친을 여의고 외숙인 조반니 폴리아니 밑에서 자랐다. 청년시절 입신을 위해 비텔리 가문의 파올로에게 보내져 군사훈련을 받았다. 이후 전술 전문가가 되어 높은 자리에 오르게 됐다. 파올로 사후 파올로의 동생인 비텔로초 휘하에서 복무했다. 영리한데다 심신이 강인한 덕분에 이내 비델로초 휘하 부대를 통솔하는 지휘관으로 승진했다.

원래 그는 남의 밑에 있는 것을 굴욕으로 여겼다.[71] 조국의 자유보다 예속상태를 더 선호한 페르모 내 일부 시민의 협조와 비텔로초의 지원을 배경으로 페르모를 손에 넣고자 한 이유다. 그는 곧 외숙인 조반니 폴리아니에게 서신을 보냈다. 서신에서 이같이 말했다.

"오랫동안 고향으로부터 멀리 떨어져 살다 보니 이제는 귀향해서 외숙과 고향을 보고 싶습니다. 겸해 고향의 유산도 둘러보고자 합니다. 지금까지 오직 명예만을 추구해 왔습니다. 전혀 뜻을 이루지 못한 게 아니라는 점을 고향 사람들에게 보여줄 생각입니다. 친구와 부하들 가운데 선발한 1백 명의 기병을 이끌고 금의환향코자 합니다."

이어 그는 조반니에게 페르모의 시민이 자신을 적절한 예우로 맞

70　올리베로토 에우프레두치(Oliverotto Euffreducci, 1475-1502)는 파올로 비텔리 밑에서 훈련을 받은 용병대장이다. 피렌체 시민이 피사와의 전쟁에서 피렌체를 배신했다는 이유로 비텔리를 처형했을 때 그는 체사르 보르자의 용병대장인 비텔로초 비텔리 휘하에 있었다. 1501년 간계를 구사해 페르모의 정권을 장악했다. 이듬해인 1502년 체사레 보자르의 함정에 빠져 체포된 뒤 이해 12월 31일 비텔로초 비텔리와 함께 처형됐다.

71　'남의 밑에 있다'의 본문 구절은 stare con altri이다. 직역하면 남과 함께 선다는 의미이다. 이는 남과 어깨를 나란히 하는 비견比肩을 뜻하는 것으로 남의 밑에서 일한다는 의미의 비유법比喩法에 해당한다.

이해 줄 것을 주선해 달라고 청했다. 이는 결국 올리베로토 자신뿐만 아니라 양부養父인 외숙에게도 명예로운 일이 될 것이라고 덧붙였다. 크게 기뻐한 조반니는 최대한의 예를 갖춰 조카를 맞이하기 위해 정성을 다했다. 그의 노력으로 페르모의 백성들 역시 올리베로토를 정중히 맞이했다. 이후 그는 조반니 저택에 머물렀다.

그는 그곳에 며칠 동안 머물면서 흉계에 필요한 만반의 준비를 은밀히 갖췄다. 이어 성대한 연회를 개최하면서 조반니를 비롯해 페르모의 명사를 모두 초대했다. 식사 후 여흥이 끝날 무렵, 올리베로토는 교황인 알렉산데르 6세와 그의 아들 체사레 보르자의 막강한 권력과 여러 업적을 언급하는 와중에 짐짓 심각한 문제를 화제로 삼았다. 이를 놓고 조반니와 여타 참석자들이 나름 논평을 시작하자 문득 자리에서 일어나 이같이 제안했다.

"이는 성격상 좀 더 은밀한 곳으로 옮겨 얘기를 나누는 게 좋을 듯합니다."

그가 별실로 안내하자 조반니와 명사들이 그의 뒤를 따랐다. 이들이 자리에 앉자마자 이내 숨어 있던 그의 부하들이 뛰쳐나와 모조리 살육했다. 살육 직후 올리베로토는 휘하 기병들과 함께 재빨리 말을 타고 시내를 행진하면서 주요 관청과 고위 관원의 관저를 포위했다. 관원들 모두 겁에 질린 나머지 그에게 복종할 수밖에 없었다. 그는 곧 새 정부를 구성한 뒤 스스로 보위에 올랐다. 이어 위해를 가할 소지가 있는 모든 저항세력을 제거한 뒤 새로운 법제와 군정軍政을 통해 권력기반을 확고히 다졌다. 1년 만에 페르모의 최고 권력자가 되어 인접국에 두려운 존재로 급부상한 배경이다.

앞서 언급한 것처럼 체사레 보르자가 시니갈리아에서 오르시니와 비텔리 가문의 사람들을 함정에 빠뜨렸을 때 올리베로토가 걸려들지 않았으면 그의 제거는 아가토클레스 제거만큼이나 어려웠을 것이다. 그는 외숙을 살해한 지 1년 만에 일당과 함께 체포된 뒤 악한 자질과 행동의 스승에 해당하는 비텔로초와 함께 교살 당했다.

가혹한 조치의 유형

혹자는 아가토클레스를 비롯해 유사한 자들이 숱한 배신과 가혹 행위에도 불구하고 어떻게 오랫동안 안전한 삶을 누렸는지 의구심을 품을 것이다. 실제로 그들은 자신의 나라를 안전하게 다스리면서 외적을 잘 방어했고, 반대하는 백성의 음모에도 걸려들지 않았다. 통상 대다수의 군주는 가혹한 조치를 취할 경우 전시戰時는 물론 평시平時에도 권력을 유지할 수 없었다.

나는 이런 차이가 가혹한 조치의 내용에서 비롯된 것으로 본다. 조치가 나쁘게male 사용됐는지, 아니면 잘bene 사용됐는지 여부에 달려 있다는 얘기다.[72] 가혹한 조치에 '잘'이라는 표현이 무방하다면 그것은 곧 자신의 안전을 위해 부득이 일거에 행해지는 것을 뜻한다. 시행 이후 되풀이되지 않고, 가능한 한 백성에게 이익이 되는 쪽으로 바뀌는 경우가 그렇다. 반면 '나쁘게' 사용됐다는 것은 처음에는 가끔 행해지던 것이 시간이 가면서 줄기는커녕 오히려 늘어나는 것을 뜻한

---

72   여기의 bene와 male는 도덕적인 선악善惡과 기술적인 우열優劣 의미를 동시에 지니고 있다. 여기서 마키아벨리는 수사학상의 중의법重義法을 구사하고 있다.

다. '잘' 사용될 경우 아가토클레스처럼 신과 인간 앞에서 국가 유지의 수단을 찾아낼 수 있으나, '나쁘게' 사용될 경우 그럴 가능성이 사라진다.

정복자는 국가권력을 탈취한 뒤 자신이 행하지 않을 수 없는 모든 가혹한 조치를 미리 계산에 넣어야만 한다. 그 경우 그런 일을 매일 반복하지 않도록 단 1번에 몰아서 해치워야 한다. 그러면 백성들을 안심시킬 수 있고, 이후 이익을 안겨주는 방법으로 백성을 자기편으로 끌어들일 수 있다. 소심함 내지 판단력 부족으로 인해 그리하지 않는 자는 늘 손에 칼을 쥐고 있어야 한다. 자신의 백성을 믿을 수 없기 때문이다. 백성들 역시 매번 새롭게 행해지는 잔학한 조치로 인해 크게 불안해한다.

요컨대 잔학한 조치는 반드시 일거에 시행돼야 한다. 그래야 피부로 느끼는 고통도 줄어들고, 반감과 분노도 덜해진다. 반대로 은혜는 조금씩 베풀어야 한다. 그래야 그 맛을 오래도록 음미할 수 있다. 그러나 군주에게 무엇보다 중요한 것은 늘 백성과 함께 사는 것이다. 그래야 좋은 일이든 나쁜 일이든 우발적인 사태로 인해 기존의 자세를 바꾸는 일이 없게 된다. 그리하지 않으면 비상시에 단호한 조치를 취할 시간적 여유가 없다. 그런 상황에서는 이전에 베푼 그 어떤 은혜도 도움이 되지 않는다. 마지못해 베푼 것처럼 받아들여지기 때문이다. 백성이 감사하게 생각할 리 없다.

제
9
장

시민과 귀족

시민 군주국에 관해

De principatu civili

시민 군주국 유형

이제 시민이 보위에 오르는 2번째 유형을 논의토록 하겠다. 이는 사악scelleratezza 내지 용납할 수 없는 폭력intollerabile violenzia을 통한 게 아니라 어디까지나 동료 시민의 호의favore에 의한 것을 말한다. 이런 유형은 시민 군주국principato civile이라고 부를 수 있다.[73]

이런 나라의 군주가 되기 위해서는 자질이나 운보다 운을 잘 활용하는 재치astuzia fortunata가 필요하다.[74] 크게 2가지 방안이 있다. 백성po-

---

73 　시민 군주국principato civile의 '시민'은 공화국의 시민과 다르다. '시민 군주국'의 군주는 세습 군주가 아니라 자신의 자질과 운에 의해 보위에 오른 자를 뜻한다. 최고통치권자를 추대에 의해 옹립하기는 하나 공화국이 아닌 경우가 바로 '시민 군주국'에 해당한다. 시민 군주국의 군주가 당초의 약속과 달리 자신의 이익을 위해 권력을 휘두를 때 이를 참주僭主tyrannos라고 한다. 참주가 백성의 지지를 필요치 않는 독재자dictator 내지 전제자despotes와 구분되는 가장 큰 특징이 여기에 있다. 독재자와 전제자는 무력을 토대로 권력을 잡거나 신민을 다스린다는 점에서는 같다. 그러나 독재자는 신민을 노예처럼 다루는 전제자와 달리 조력자로 간주하는 점에서 차이가 있다. 전제자 휘하의 신하는 장식물에 불과하나, 독재자 휘하의 신하는 간언과 조언의 기능을 수행한다. 양자 사이에는 커다란 차이가 있다. 『한비자』가 군주를 허수아비로 만든 뒤 전횡하는 권신權臣의 행보를 '전제', 신하들의 의견을 고루 들은 뒤 고독한 결단을 하는 군주의 행보를 독제獨制 내지 독단獨斷으로 표현한 게 그렇다. 『상군서』는 군단君斷으로 표현해 놓았다. 모두 '독재'와 같은 뜻이다. 주목할 것은 『군주론』이 이미 권좌에 앉은 군주에게 바칠 의도로 저술됐음에도 '잠재적 참주' 내지 '권력을 쥐려는 인물'을 설득의 대상으로 삼고 있는 점이다. 제22장에서 자신의 설명을 듣고도 이해하지 못하는 자를 '쓸모없는inutile 경우'로 분류한 게 그렇다. 여기에는 군주도 포함된다. 마키아벨리가 현실의 군주가 아닌 '잠재적 참주'를 겨냥해 『군주론』을 저술한 게 아니냐는 주장을 낳는 배경이다.

74 　'재치'의 본문 구절은 astuzia fortunata이다. 강정인은 '행운을 잘 이용하는 영리함', 박상섭은 '행운에 의해 뒷받침되는 재기才氣', 김영국은 '운수를 잘 이용하는 재주'로 풀이했다. 김영국의 번역이 가장 그럴듯하다. 다만 '재주'를 능란한 솜씨를 뜻하는 재치才致로 바꾸

pulo 또는 귀족grandi의 지지를 얻는 게 그것이다. 모든 도시에는 이처럼 2가지 기질umori이 병존한다. 백성은 귀족에게 예속 내지 억압당하는 것을 원치 않고, 귀족은 백성을 지배 내지 억압하고자 한다. 이런 서로 다른 2가지 성향으로 인해 통상 3가지 유형의 정체政體가 만들어진다. 군주정principato, 공화정libertà, 무정부licenza가 그것이다.

군주정은 백성과 귀족 가운데 어느 한쪽이 기회를 잡아 권력을 장악했을 때 나타난다. 귀족은 자신들이 백성의 압력을 감당할 수 없다는 사실을 깨달을 때 무리들 가운데 1인을 전면에 내세워 군주로 삼는다. 군주의 보호 하에 자신들의 욕망을 충족시키려는 속셈이다. 마찬가지로 백성들 역시 귀족에게 대항할 수 없다는 사실을 깨달을 때 무리들 가운데 1인을 전면에 내세워 군주로 삼는다. 그의 권위를 방패로 자신들의 이익을 지키고자 하는 것이다.

귀족의 도움으로 보위에 오른 군주는 백성의 도움으로 등극한 군주의 경우보다 권력 유지가 훨씬 어렵다. 스스로 군주와 대등하다고 여기는 자들이 주변에 포진해 있기 때문이다. 자신이 의도한 대로 명을 내리거나 다룰 수 없는 이유다. 백성의 지지로 보위에 오른 군주는 홀로 우뚝 설 수 있다. 주변에 복종할 마음이 없는 자가 거의 없거나 극히 소수에 지나지 않기 때문이다. 귀족은 다른 사람을 해치지 않는 정당한 방법으로 만족시켜 줄 수 없으나, 백성은 만족시켜 줄 수 있다.

귀족은 다른 사람을 억압하려는데 반해 백성은 단지 억압당하는 데서 벗어나려고 하기 때문이다. 게다가 군주는 적대적인 백성을 두면

는 게 문맥에 더 부합할 듯싶다.

결코 자신을 보호할 길이 없게 된다. 백성이 절대다수를 차지하고 있기 때문이다. 반면 적대적인 귀족들로부터 자신을 보호하는 일은 어렵지 않다. 그들은 소수에 지나지 않기 때문이다.

군주가 적대적인 백성들과 맞닥뜨렸을 때 생각할 수 있는 최악의 경우는 백성들로부터 버림받는 것이다. 적대적인 귀족은 군주를 버리고 때로는 직접적인 공격에 나선다. 그들은 선견지명이 있고 교활한 까닭에 자신들의 이익을 지키기 위해 늘 앞서 움직이며 이기기를 바라는 쪽에 줄을 선다. 군주는 늘 백성과 함께 있으면 귀족의 도움이 없을지라도 능히 살아갈 수 있다. 언제라도 원하는 바에 따라 작위와 관직을 주거나 빼앗을 수 있는 권력을 지니고 있기 때문이다.

군주의 용인술

이를 좀 더 분명히 하기 위해서는 귀족을 2가지 부류로 나눠 생각할 필요가 있다. 군주의 운에 전적으로 도움이 되도록 처신하는 자와 그렇지 않은 자가 그것이다. 탐욕이 없고 군주에게 헌신적인 자라면 응당 예우하고 소중히 여겨야 한다. 그렇지 않은 자는 2가지 경우로 나눠 취급하면 된다. 첫째, 소심하거나 기백이 없어 충성을 표하지 않는 경우다. 이들에 대해서는 탁월한 능력을 지녔을 경우 조언자로 적극 활용할 줄 알아야 한다. 번영할 때는 군주를 명예롭게 하고, 역경에 처할지라도 두려워할 필요가 없기 때문이다. 둘째, 야심을 품고 충성을 표하지 않는 경우다. 이는 군주의 이익보다 자신의 이익을 더 중시한다는 징표다. 이런 자들은 늘 경계해야 하는 것은 물론 마치 눈앞의 적군을 대하는 것처럼 두려워할 필요가 있다. 군주가 역경에 처하면 군주를 파멸시키기 위해 온갖 짓을 다할 것이기 때문이다.

백성의 지지

백성의 지지를 받아 보위에 오른 군주는 늘 백성을 자기편에 잡아두어야만 한다. 백성의 소망은 귀족들로부터 억압당하지 않는 것이 전부인 까닭에 그리 어려운 일도 아니다. 백성의 입장과 다른 귀족의 지지로 보위에 오른 군주일지라도 무엇보다 민심을 얻는데 진력해야 한다. 이 또한 백성의 보호자로 나서면 어려운 일이 아니다.

인간은 해롭게 생각된 사람으로부터 뜻밖의 은혜를 입으면 더욱 고마움을 느끼게 마련이다. 백성은 자신들의 지지로 보위에 오른 군주보다 이런 군주에게 더 우호적이다. 군주는 다양한 방법으로 백성의 지지를 얻을 수 있다. 그 방법은 상황에 따라 달라지는 까닭에 어떤 고정된 원칙을 제시할 수는 없다. 여기서는 생략하기로 하겠다. 다만 하나 분명히 말할 수 있는 원칙은 군주는 늘 백성을 자기편으로 잡아두어야만 한다는 점이다. 그렇지 않으면 역경에 처했을 때 속수무책의 처지에 놓일 수밖에 없다.

현군과 백성의 지지

스파르타의 군주 나비스Nabis는 그리스의 모든 세력과 승승장구

하는 로마군의 포위공격에
맞서 자신의 나라와 권력
을 지킨 인물이다. 위기에
처했을 때 그는 소수의 귀
족으로부터 자신을 지키는
것으로 충분했다.[75] 평소 백
성과 적대적이었다면 그것

▌그라쿠스 형제

만으로는 충분치 못했을 것이다.

이를 두고 "백성을 기초로 집을 짓는 것은 진흙으로 집을 짓는 것
과 같다!"는 낡은 격언을 들어 반박하지 않았으면 한다.[76] 이는 일개
시민이 보위에 오르지 않은 상태에서 적대세력nimici 또는 고관magistrati
에 의해 궁지에 몰렸을 경우 같은 백성들이 자신을 구원해 줄 것으로
믿었을 때나 맞는 말이다. 그 경우 당사자는 로마의 그라쿠스 형제나
피렌체의 조르조 스칼리Giorgio Scali처럼 결국 백성에게 속았다는 것을
쉽게 깨달을 것이다.[77]

75　나비스(Nabis, BC 240?-192)는 기원전 207년에 즉위한 스파르타의 지도자로 매우
과격한 인물이다. 팽창정책을 일관되게 추진했다. 기원전 205년 로마와 마케도니아가 포이니
케 평화협정을 맺자 아카이아 동맹을 주도한 필로포이메네스와 로마군에게 패했다. 이후 스
파르타에서 일어난 아이톨리아 반란 때 척살됐다.

76　이 격언의 본문 구절은 다음과 같다. "Chi fonda in sul populo, fonda in sul fango!"

77　그라쿠스 형제(Tiberius Gracchus, BC 163-133 ; Gaius Gracchus, BC 153-121)는 기
원전 2세기 농지개혁을 추진한 로마의 개혁가이다. 귀족들의 극심한 반발로 인해 결국 폭력
에 의한 종말을 맞았다. 조르조 스칼리(Giorgio Scali, 1350-1382)는 피렌체의 부상富商으로
1378년 치옴치Ciompi 반란 후 평민파의 지도자가 됐다. 이후 권력남용 혐의로 체포돼 처형
됐다.

그러나 백성의 지지를 토대로 권좌에 오르고, 백성을 지휘하는 방법을 알고, 어떤 역경에도 굴하지 않고, 자신의 기백과 정책을 통해 백성의 사기를 북돋울 줄 아는 군주는 이와 다르다. 결코 백성들로부터 배반당하는 일이 없다. 오히려 자신의 권력기반이 튼튼한 토대 위에 서 있음을 깨닫게 될 것이다.

현군의 충성 확보

통상 이런 군주국은 시민정부 체제에서 절대정부 체제로 바꾸고자 할 경우 곤경에 처하게 된다. 이 경우 군주는 직접 나서서 다스리거나 대리인인 관원을 통해 다스린다. 후자의 경우 군주의 지위는 훨씬 불안정하고 위험하다. 군주가 관원으로 임명된 백성에 전적으로 의존하고 있기 때문이다. 군주가 역경에 처하면 이들은 군주에게 등을 돌리거나 복종을 거부함으로써 쉽사리 군주를 폐위시킬 수 있다. 이런 때는 군주에게 절대적인 권위를 장악할 만한 시간적 여유도 없다. 시민cittadino이건 신민sudditio이건 평소 관원의 명을 좇는데 익숙해진 까닭에 설령 군주가 다른 명을 발할지라도 받아들여지지 않는다. 이처럼 불확실한 시기에는 군주가 믿고 의지할만한 자가 늘 부족하게 마련이다. 평시에 사람들이 그의 정부를 필요로 했을 때 보여준 모습을 기대할 수 없기 때문이다.

군주를 위해 죽는 순사殉死가 막연한 평시에는 사람들 모두 군주 주변으로 몰려들어 충성을 다짐하며, 군주를 위해 목숨을 바칠 것을 맹서한다. 그러나 막상 위기가 닥쳐 도움이 절실히 필요해질 때면 그런 자를 찾아보기 힘들게 된다. 이들의 충성을 시험하는 이런 경험은 거듭할 수 없는 것이기에 더욱 위험하다. 현명한 군주라면 어떤 상황이 닥치든 백성이 나라와 자신을 믿고 따르도록 만들어야 한다. 평소 충성을 다하도록 만드는 게 관건이다.

제
10
장

영토와 권력

군주국의 총력은
어떻게 측정하는가?

De principatu civili

수비와 민심

　시민 군주국과 관련해 또 하나 기억해야 할 게 있다. 군주가 필요할 경우 자력으로 버틸 만큼 강력한지, 아니면 늘 타국의 보호를 받아야 할 필요가 있는지 여부에 관한 문제이다. 이를 좀 더 구체적으로 설명하면 이렇다. 첫째, 그 어떤 침략세력도 능히 맞서 싸울 수 있는 군대를 보유한 군주는 충분한 병력 또는 용병을 고용할 자금이 충분한 까닭에 능히 나라를 지킬 수 있다. 둘째, 같은 맥락에서 적과 맞서 야전野戰을 수행할 수 없는 탓에 성벽 뒤에 숨어 방어에 급급해하는 군주는 늘 남의 도움을 필요로 하는 까닭에 위험하다. 첫 번째 유형은 앞서 논한 바 있으므로 나중에 필요할 때 좀 더 상세히 논하도록 하겠다. 두 번째 유형에 관해 논하면 내 생각은 이렇다.[78]

　방어에 급급할 수밖에 없는 군주는 성 밖의 영지에 대해서는 신경을 끊은 채 성의 방비를 튼튼히 하고, 필수품을 충분히 비축해 놓아야 한다는 것 이외에 달리 조언할 게 없다. 군주가 도시를 요새화gagliarda한 가운데 앞서 말한 바 있고 앞으로도 말하겠지만 자신의 백성을 잘 이끌어 나가면 외부세력은 매우 주저하게 된다. 인간은 힘들 것으로 예상되는 싸움의 개시를 늘 꺼리게 마련이다. 자신의 도시를 요새화하고, 백성의 증오odiato dal populo를 사지 않는 군주를 공격한다는

78　'첫 번째 유형'은 체사레 보르자처럼 자신의 군사를 갖고 있지 않지만 자신의 군사를 가지려고 노력한 자들을 지칭한다. '나중'은 제12장~제14장을 말한다. '두 번째 유형'은 자신의 군사를 갖고 있지도 않고 자신의 군사를 가지려고 노력도 하지 않는 자들을 지칭한다.

것은 결코 쉬운 일이 아니다.

독일의 도시Le città di Alamagna는 큰 자유를 누리고 있다. 주변에 농촌 지역이 거의 없다. 이들 도시는 마음이 내킬 때 신성로마제국의 황제에게 복종하고, 황제나 다른 인접 세력을 크게 두려워하지 않는다. 자신들의 도시가 견고하게 요새화되어 있어 이를 포위 공격하는 게 매우 더디고 어렵다는 사실을 잘 알고 있기 때문이다. 실제로 그 도시들은 모두 강고한 해자堀字나 성벽으로 둘러싸여 있고, 대포도 충분히 보유하고 있다. 또한 창고에는 1년분의 식량과 식수, 연료 등이 비축돼 있다. 게다가 평민들은 공공재정의 지출 없이 도시 유지에 반드시 필요한 업종에 종사하며 생계를 유지하고 있다. 도시 또한 이들이 밥벌이를 할 수 있을 만큼의 1년 치 일거리를 공적으로 확보해 놓고 있다. 이들 도시 모두 군사훈련을 중시하고 있고, 이를 유지하기 위한 많은 법령을 갖추고 있다.[79]

포위공격 방어술

군주가 이런 견고한 도시città forte를 보유하고 백성의 미움을 받지

79　1507년 피렌체 공화국은 마키아벨리를 신성로마제국 궁정에 사절단의 일원으로 파견했다. 마키아벨리는 인스부르크만큼이나 먼 오스트리아로 갔다. 방문 결과는 수년 뒤에 쓴 『독일사정에 관한 보고Rapporto delle cose della Magna』로 나타났다. 이 부근의 글은 이 보고서를 토대로 한 것이다. 여기의 '독일Alamagna'은 마키아벨리가 『군주론』에서 통상 provincia로 표현한 지리적 개념이다. 실제로 그가 본 도시는 지금의 스위스와 티롤 일대의 지방 도시였다. 마키아벨리는 이 보고서에서 각 도시의 자급자족 체제에 깊은 관심을 기울였다.

않으면 그 어떤 외부 침공assaltato에도 안전하다.[80] 설령 공격을 받을지라도 침략자는 수치스런 패퇴를 각오해야만 한다. 변화무쌍한 이 세상에서 군주가 1년 내내 대군을 이끌고 성을 포위 공격하는 것은 사실상 불가능한 일이다.

이를 두고 도시 밖에 재산을 보유한 자들은 자신의 재산이 불타는 것을 목도하면 참을성을 잃고, 기간이 길어지면 재산에 대한 애착으로 인해 이내 충성심도 약해질 것이라는 반론을 제기할 수 있을 것이다.[81] 이에 대한 나의 대답은 간단하다. 강단 있는 군주라면 백성에게 재난이 곧 끝날 것이라는 희망을 주거나, 적의 잔혹성에 대한 공포심을 자극하거나, 시끄럽게 떠들어대는 자의 입을 교묘히 막는 식으로 모든 어려움을 극복할 수 있다.

적은 통상 포위공격 직전 성의 외곽지역을 불태우며 약탈하겠지만 이때는 백성의 결사항전 의지가 뜨거울 때이다. 크게 두려워할 이유가 없는 것이다. 며칠 지나면 백성이 냉정을 되찾아, 이미 커다란 피해와 희생이 빚어졌음에도 마땅한 구제책이 없다는 사실을 인식하기 때문이다. 이때 백성들은 군주를 보호하기 위해 자신들의 집이 불타고 재산이 파괴됐다고 생각하는 까닭에 군주가 자신들에게 빚을 지고 있다고 여긴다. 이들이 더욱 뭉쳐 군주와 하나가 되는 이유다.

인간은 원래 자신이 받은 수혜受惠ricevano는 물론 자신이 베푼 시혜施惠benefizii를 통해서도 책임감을 느끼며 유대를 강화하는 존재이다. 이

---

80   일부 필사본에만 '견고한 도시città forte'의 forte가 표기돼 있다.

81   투키디데스는 『펠로폰네소스 전쟁사』에서 아테네인들이 무참히 유린되는 성 밖의 참상을 보고 크게 격분해하는 모습을 상세히 기술해 놓고 있다.

런 점을 감안할 때 필요한 식량과 무기를 보유하고 있는 한 군주가 적의 포위공격 전후를 막론하고 백성의 사기를 유지하는 것은 그리 어려운 일이 아니다.

제
11
장

교회와 세속

교회 군주국에 관해

De principatibus ecclesiasticis

교회와 세속

이제 교회 군주국principato ecclesiastico을 논하는 일만 남았다. 교회 군주국의 최대 시련은 나라를 얻기 이전에 나타난다. 교회 군주국은 얻을 때는 자질 또는 운이 필요하지만 유지할 때는 2가지 가운데 그 어느 것도 필요치 않기 때문이다. 이런 나라는 예전부터 내려온 종교 원리에 의해 유지된다. 이 원리는 군주가 어떻게 살고 처신하든 보위를 지켜줄 만큼 매우 강력하다. 군주는 나라를 보유하면서 방위할 필요가 없고, 백성을 다스리기 위해 애쓸 필요가 없다. 나라를 방어하지 않은 채 내버려둘지라도 나라를 빼앗길 일도 없고, 백성들 또한 제대로 다스려지지 않을지라도 이를 크게 신경 쓰지 않는다. 백성을 나라로부터 갈라놓은 게 가능하지도 않을 뿐더러 아무도 그런 생각을 하지 않는다. 이런 나라야말로 안전하고 행복한 나라에 해당한다. 교회 군주국은 이성을 초월한 하늘의 섭리에 의해 다스려지는 까닭에 더 이상의 논의를 삼가려 한다. 신에 의해 건립되고 유지되는 이런 나라를 계속 논하는 것은 오만하고 무분별한 자나 하는 일이다.[82]

혹자는 교회 군주국이 어떻게 해서 그토록 강력한 힘을 지니게 됐는지 의아해할 것이다. 교황 알렉산데르 6세 시대 이전까지만 해도 밀라노와 베네치아 등 이탈리아의 모든 정치세력은 교회의 세속권력을 대수롭지 않게 생각했다. 대국으로 불린 밀라노와 베네치아 등의

---

[82]　마키아벨리는 『로마사 논고』 제1권 제12장에서 교회의 정치개입을 신랄하게 비판했다.

도시국가뿐만 아니라 대단히 작은 영토의 영주에 이르기까지 그러했다. 그런데 지금 와서는 프랑스 왕마저 교황을 두려워하고 있다. 실제로 교회 군주국은 프랑스 왕을 이탈리아에서 축출했을 뿐만 아니라 베네치아마저 몰락시켰다.[83] 이 사건은 널리 알려진 것이기는 하나 몇 가지 얘기를 상기시키는 것이 결코 불필요하다고 생각지 않는다.

프랑스 왕 샤를 8세가 쳐들어오기 전까지만 해도 이탈리아는 교황, 베네치아 공화국, 나폴리 왕국, 밀라노 공국, 피렌체 공화국 등의 지배하에 있었다. 당시 이들은 2가지 관심사항에 몰두했다. 첫째, 그 어떤 외세도 이탈리아를 무력으로 침공해서는 안 된다는 점이다. 둘째, 이탈리아의 그 어떤 세력도 더 많은 영토와 무력을 보유해서는 안 된다는 점이다. 가장 큰 우려의 대상이 된 것은 교황과 베네치아였다. 당시 베네치아를 견제하기 위해 여타 국가는 페라라 방어 때처럼 동맹을 결성했다.[84] 또 교황을 견제하기 위해 로마의 귀족 가문을 활용했다. 당시 로마의 귀족 가문은 크게 오르시니와 콜론나 가문으로 나뉘어 서로 대립하고 있었다. 이들은 교황의 면전에서 무기를 들고 맞설 정도로 교황의 권위를 무기력하게 만들었다. 간혹 식스투스Sixtus 4세처럼 기백이 있는 교황이 나오기도 했으나 그의 운이나 지혜도 그를 이런 곤경에서 벗어나게 해주지는 못했다.[85]

---

83   율리우스 2세의 행보를 언급한 것이다.

84   1482년 베네치아와 페라라 사이에 전쟁이 빚어졌다. 밀라노와 피렌체는 페라라를 지원했다. 바뇰로Bagnolo 화약에서 폴로시네를 베네치아에 양보하기는 했으나 페라라의 자주성은 인정됐다.

85   1471년–1484년까지 재위한 교황 식스투스Sixtus 4세는 공격적인 델라 로베레della Rovere 가문의 일원이었다. 조카인 교황 율리우스 2세는 그의 공격적인 기질을 그대로 이어

식스투스 4세

여기에는 교황의 단명도 일조했다. 교황의 재위기간은 평균 10년 정도였다.[86] 이 기간 동안 어느 한 가문을 제압하기란 매우 어려운 일이었다. 예컨대 어떤 교황이 콜론나 가문을 거의 제거할 즈음이면 오르시니 가문에 적대적인 다른 교황이 나타나 콜론나 가문을 부활시키곤 하는 식이었다. 그렇다고 콜론나 가문을 부활시킨 교황이 오르시니 가문을 제거할 정도로 충분한 시간적 여유를 갖는 것도 아니었다. 교황의 세속 권력이 이탈리아 내에서 오랫동안 거의 무시된 배경이 여기에 있다.

알렉산데르 6세와 율리우스 2세

알렉산데르 6세는 이런 상황에서 취임했다. 그는 역대 교황 가운

받았다.

86   직전 교황들의 재위기간을 보면 식스투스 4세는 13년, 인노켄티우스Innocentius 8세는 8년, 알렉산데르 6세는 11년, 율리우스 2세는 10년이었다. 다만 피우스Pius 3세는 1503년 겨우 26일 동안 재위했다.

데 재력과 무력을 지닌 교황이 얼마나 많은 일을 행할 수 있는지를 가장 선명히 보여준 인물이다. 자식인 체사레 보르자를 정치 도구로 쓰고, 프랑스 침공이 제공한 기회를 적극 활용함으로써 체사레 보르자와 관련해 내가 앞서 언급한 모든 업적을 성취했다. 비록 그의 의도는 교회가 아닌 체사레 보르자 세력의 확장에 있었지만, 체사레 보르자가 행한 일련의 작업은 결과적으로 교회를 막강하게 만드는 근본배경이 되었다. 실제로 교황의 서거와 체사레 보르자의 몰락 후 그 과실을 손에 넣은 것은 교회였다.

알렉산데르 6세의 뒤를 이은 교황은 율리우스 2세였다. 그는 로마교회가 이미 강력한 힘을 보유한 사실을 잘 알고 있었다. 실제로 당시교회는 로마냐 전 지역을 점령했고, 로마 귀족은 무력화 되었고, 파벌들 역시 알렉산데르 6세의 지속적인 숙청작업으로 거의 제거된 상황이었다. 더구나 율리우스 2세는 알렉산데르 6세 이전에는 결코 사용된 적이 없었던 성직 매매 등의 간편한 축재 방식을 터득하고 있었다.[87] 그는 이를 지속했을 뿐만 아니라 더 확장시켰다.

이 와중에 그는 볼로냐를 자기편으로 끌어들이고, 베네치아 공화국을 공략하고, 프랑스를 이탈리아에서 몰아내고자 했다. 이 모든 것이 실현됐다. 그는 개인이 아닌 로마 교회의 이익을 위해 이 모든 일을 추진했다. 커다란 칭송을 얻은 이유다.

나아가 그는 오르시니와 콜론나 가문에 대해서는 세력이 약화된

87　알렉산데르 6세는 1500년에 이 해를 특별히 기념할 해로 선포하고 아들 체사레 보르자의 로마냐 야전을 지원하기 위해 추기경 자리를 대규모로 양산했다. 율리우스도 성직과 면죄부를 대규모로 팔았다.

당시 상태로 묶어 두었다. 비록 일부 지도자가 반란을 꾀했으나 다음 2가지 이유로 좌절됐다. 첫째, 로마 교회의 막강한 세력이 그들의 반란 의지를 압도했다. 둘째, 양측 모두 가문 출신 추기경을 보유하지 못했다. 추기경 자리는 양측 반목의 근본 배경이었다. 이들은 가문 출신 추기경을 지도자로 삼을 경우 늘 분쟁을 일으키곤 했다. 로마 안팎에서 파당을 형성한 것은 늘 추기경이었고, 귀족들은 자신이 속한 파벌을 지지했다. 고위 성직자들의 야심이 바로 귀족들 간 분쟁과 알력의 근원이었다.

레오 10세 성하聖下La Santità는 취임할 때부터 막강한 교황권pontificato을 보유했다.[88] 전임 교황이 무력을 배경으로 강력한 교황권을 구축했다면, 레오 19세 성하는 타고난 선함bontà과 여러 뛰어난 자질virtù을 배경으로 이를 더욱 빛나게 만들 것이다.

---

88   학자들은 '성하聖下La Santità' 표현을 메디치 가문 출신인 레오 10세가 『군주론』이 헌정된 로렌초 디 피에로 데 메디치의 숙부이자 대大 로렌초의 아들이라는 점을 감안한 결과로 분석하고 있다.

제
12
장

군대와 용병

군대조직과 용병대에 관해

Quot sint genera militiae et
de mercenariis militibus

법률과 용병

　지금까지 이 책 첫머리에 밝힌 여러 군주국의 특성에 관해 자세히 논했고, 그 흥망성쇠에 관해서도 상세히 고찰했다. 이어 많은 사람들이 그런 나라를 손에 넣거나 유지할 때 사용한 방법 등에 관해서도 세밀히 검토했다. 이제 남은 것은 앞서 언급한 모든 군주국이 채택할 수 있는 공격과 방어에 관한 일반적인 논의이다.

　앞서 나는 군주에게 확고한 권력기반을 갖추는 게 얼마나 중요한지 역설한 바 있다. 그리하지 않으면 실패할 수밖에 없기 때문이다. 그런 기반 가운데 신생 군주국 또는 세습 군주국이든 혹은 혼합 군주국이든 상관없이 가장 중요한 토대는 역시 좋은 법제legge와 군대arme이다.[89] 좋은 군대가 없으면 좋은 법제가 있을 수 없고, 좋은 군대가 있는 곳에 반드시 좋은 법제가 있다. 여기서는 일단 법제 문제는 제쳐두고 군대 문제에 관해 얘기코자 한다.

　무릇 군주가 나라를 지키기 위해 가질 수 있는 군대는 크게 4가지 부류가 있다. 국군proprie, 용병대mercenarie, 외국군ausiliarie, 이들 3가지를 섞은 혼성군miste이 그것이다. 이 가운데 용병대 및 외국군은 무익한데다 위험하기까지 하다. 용병대를 이용해 나라를 보전코자 하는

89　여기의 법제法制legge는 모든 유형의 법과 관행을 총칭하는 개념이다. '법제'와 '군대arme'는 마키아벨리 사상의 키워드에 해당한다.『로마사 논고』제1권 제4장에서 '법제'와 '군대'의 상호관계를 깊숙이 다루면서 "좋은 시민법이 있을 때 좋은 질서가 있게 마련이다!"라고 언명한 게 그렇다.『군주론』도 제8장~제9장을 비롯해 제24장에서 이 문제를 거듭 역설하고 있다.

자는 그 누구도 영토를 안정되고 안전하게 유지할 수 없다. 용병대는 원래 오합지졸이고, 야심적이고, 기강이 문란하고, 신의가 없기 때문이다. 동료들과 있을 때는 용감해 보이지만, 강한 적과 맞닥뜨리면 비겁하기 짝이 없다. 그들은 신을 두려워하지도 않고, 성실하지도 않다. 군주의 패망은 단지 적의 공격이 지연되고 있는 만큼만 늦춰질 뿐이다.

이는 군주의 운명이 평시에는 용병대의 처분에 따르고, 전시에는 적의 처분에 따르게 되는 것을 뜻한다. 용병은 군주에게 아무런 애착도 느끼지 않을 뿐만 아니라 하찮은 보수 외에는 전쟁터로 나가 목숨을 걸고 싸울 이유가 전혀 없기에 그런 것이다. 그들은 전쟁이 벌어지지 않는 한 기꺼이 군주의 병사가 되고자 하나, 일단 전쟁이 벌어지면 달아나거나 탈영하기 바쁘다.

이를 주장하기 위해 큰 수고를 들일 필요도 없다. 최근 이탈리아가 겪은 시련이 이를 뒷받침한다. 이는 무엇보다 오랫동안 용병대만 믿고 안주한데서 비롯된 것이다. 물론 일부 용병은 약간의 군사적 성공을 거두기도 했고, 다른 용병과 싸울 때 나름 용맹을 떨치기도 했다. 그러나 외국군이 쳐들어오자 일거에 마각을 드러내고야 말았다. 프랑스의 샤를 8세가 이탈리아를 겨우 백묵gesso 하나로 점령할 수 있었던 이유다.[90] 우리의 잘못으로 이런 사태가 빚어졌다고 말한 자는 진리를

---

90 '백묵' 운운은 샤를 8세가 이탈리아로 진공했을 때 아무런 저항이 없어 프랑스군이 한 일이라고는 부대막사로 징발된 가옥에 백묵으로 표시하고 다닌 게 전부라는 치욕적인 사실을 풍자적으로 언급한 것이다.

말한 것이다.[91] 핵심은 그가 생각한 잘못이 아니라 내가 적시한 군주의 잘못이다. 그 대가도 응당 군주가 받을 수밖에 없었다.[92]

군주의 군대지휘

이런 군대의 결함을 보다 명백히 논증해 보기로 하자. 용병대장은 대개 유능하지만 그렇지 않은 경우도 있다. 유능한 인물일 경우 그를 믿어서는 안 된다. 그들은 늘 고용주인 군주를 공격하거나, 군주의 뜻과 정반대로 다른 사람을 위협해 보위에 오르고자 하는 야심을 지니고 있기 때문이다. 신뢰할 수 없는 이유다. 반대로 무능한 인물일 경우 군주는 이내 몰락하고 만다.

이에 대해 무력을 임의로 행사할 수 있으면 용병이든 아니든 똑같은 짓을 할 것이라는 반론을 제기할 수 있을 것이다. 나는 이같이 답하고자 한다. 우선 군대는 군주국 또는 공화국에 의해 운용된다. 전자의 경우 군주는 최고 통수권자로서 직접 군대를 지휘해야 한다. 후자의 경우 시민 가운데 한 사람을 장군으로 삼아 전쟁터로 보내야 하고, 그가 무능하다고 판단될 때는 즉시 경질하고, 유능하다고 판단될 때는

---

91 이는 사보나롤라 수도사를 지칭한 것이다. 그는 이탈리아가 도덕적으로 타락한 까닭에 신이 벌을 내리기 위해 프랑스군이 침공할 것이라고 예언한 바 있다. 실제로 그는 1494년 11월 1일 샤를 8세 앞에서 행한 연설에서 간음과 고리대금업, 잔학행위 등으로 인해 '시련'이 초래됐다고 말했다.

92 용병에 의지했다가 몰락한 루도비코 스포르차, 피에로 데 메디치, 아라곤의 페데리코 1세를 지칭한 것이다.

노선을 이탈하지 않도록 법으로 묶어두어야 한다.

경험에 비춰 볼 때 자주적인 군주국과 군비를 잘 갖춘 공화국만이 위업을 이룰 수 있고, 용병은 아무 것도 이루지 못한 채 손해만 끼칠 뿐이라는 사실을 알 수 있다. 일개 시민이 권력을 틀어쥐는 것은 용병대에 의존하는 공화국보다 국군을 보유한 공화국에서 훨씬 어렵다.

용병의 배신

과거 로마와 스파르타는 수세기 동안 스스로 무장한 덕분에 독립을 유지했다. 오늘날 스위스 역시 스스로 중무장을 한 덕분에 완전한 독립을 유지하고 있다. 용병을 사용한 대표적인 고대국가로 카르타고를 들 수 있다. 카르타고는 자국민을 용병대장으로 활용했음에도 로마와 가진 제1차 포에니 전쟁 이후 이들 용병대로 인해 거의 정복될 뻔했다.[93] 비슷한 경우로 에파미논다스Epaminondas 사후의 테베를 들 수 있다. 당시 테베는 마케도니아의 필리포스 2세를 국군의 대장으로 삼았다. 필리포스 2세는 전쟁에서 승리를 거둔 후 이내 테베 백성의 자유를 빼앗아 버렸다.[94]

---

93 제1차 포에니 전쟁 직후인 기원전 241년에 발발한 이른바 '노예전쟁'에서 카르타고 용병들은 자신들의 고용주를 공격했다. 그 전말이 『로마사 논고』 제3권 제32장에 자세히 소개돼 있다.

94 테베는 기원전 338년에 벌어진 이로네이아 전투에서 필리포스 2세에게 패해 자유를 박탈당했다.

｜15세기말 피렌체

　최근 밀라노는 필리포 마리아 비스콘티Filippo Maria Visconti 공작이
죽은 뒤 베네치아와 다툴 때 프란체스코 스포르차를 고용한 바 있다.
스포르차는 카라바조Caravaggio에서 베네치아 군대를 격파한 뒤 베네치
아와 동맹을 맺고 오히려 고용주인 밀라노를 공격했다.[95] 나폴리의 여
왕 조반나Giovanna 2세에 의해 고용된 그의 부친 무치오 아텐돌로 스포
르차Muzio Attendolo Sforza도 용병대장으로 활약한 바 있다. 그 역시 문득
비무장 상태의 여왕 조반나를 버려둔 채 훌쩍 떠나고 말았다. 조반나

95　필리포 마리아 비스콘티(Filippo Maria Visconti, 1392-1447)는 비스콘티 가문의 최후
인물로 잔 갈레아초 비스콘티의 아들이다. 친형인 조반니 마리아 비스콘티의 사후 밀라노를
다스렸다. 그의 사후 후사가 없었던 까닭에 서녀庶女 비앙카 마리아 비스콘티와 결혼한 용
병대장 프란체스코 스포르차가 밀라노를 손에 넣었다.

2세가 자신의 왕국을 지키기 위해 황급히 아라곤 왕 알폰소Alfonso 5세에게 무릎을 꿇고 도움을 청한 이유다.[96]

물론 베네치아와 피렌체가 용병대를 이용해 영토를 확장한 것은 사실이다. 용병대장들 역시 권력을 탈취하지 않고 고용주인 군주를 위해 영토를 방어했다. 그러나 내가 보기에 피렌체는 단지 운이 좋았을 뿐이다. 피렌체가 두려워할만한 유능한 용병대장 가운데 일부는 승리를 거두지 못했고, 다른 일부는 반대에 부딪쳤고, 또 다른 일부는 다른 곳에서 야심을 채웠기 때문이다.

당시 승리를 거두지 못한 용병대장은 영국 출신 존 호크우드John Hawkwood였다. 그가 승리를 거두지 못한 탓에 그의 충성심이 어느 정도였는지는 알 수 없다. 그가 승리를 거두었다면 피렌체가 그의 처분에 맡겨졌을 것이라는 점은 누구나 인정하고 있다.[97] 스포르차 가문과 브라초Braccio da Montone 가문은 경쟁관계에 있었던 탓에 서로 경계하며 대립했다. 예컨대 프란체스코 스포르차의 야심은 롬바르디아 쪽을 향했고, 브라초 다 몬토네의 야심은 로마 교회와 나폴리 왕국을 겨냥

96　나폴리의 조반나 2세와 무치오 아텐돌로 스포르차 사이의 치정癡情 일화가 있다. 이에 따르면 무치오는 사랑싸움의 일환으로 짐짓 조반나 2세를 버려둔 채 훌쩍 떠났다고 한다. 아라곤 왕 알폰소 5세(Alfonso Ⅴ, 1395-1458)는 강력한 계몽군주로 '관후왕el Magnánimo'의 별칭을 갖고 있다. 1416년 아라곤의 왕이 된 후 사르데냐와 시칠리아, 나폴리를 손에 넣었다. 제노바를 공격하던 중 1458년 6월 갑자기 나폴리에서 죽었다.

97　존 호크우드(John Hawkwood, 1320-1394)는 원래 영국 출신 용병대장으로 이탈리아에서는 '조반니 아쿠토Giovanni Acuto'로 불렸다. 아쿠토Acuto를 아우쿠트Aucut로 표기키도 한다. 백년전쟁의 와중에 영국군으로서 프랑스에 복무하다가 이탈리아로 넘어와 용병대장으로 활약했다. 1380년부터 수년간 '백색단'을 이끌고 피렌체에서 복무하다가 숨을 거뒀다.

했다.

최근 피렌체에서 빚어진 사건으로 눈을 돌려보자. 1498년 6월 피렌체는 파올로 비텔리를 용병대장으로 고용했다.[98] 그는 매우 유능한 인물이었다. 일개 시민의 신분에서 출발해 높은 자리에 오른 게 그렇다. 그가 피사를 점령했으면 피렌체는 그의 지배하에 들어갈 수밖에 없었다. 그를 해고해 그가 적국의 용병대장이 됐으면 피렌체는 이내 궁지에 처하고, 계속 고용했으면 그에게 복종하지 않을 수 없었기 때문이다.

베네치아의 수난

베네치아 역사를 통해 알 수 있듯이 이탈리아 본토에서 전투를 개시하기 전까지만 해도 귀족과 무장한 백성이 용감하게 전쟁에 임했을 때 안전과 번영을 누렸다. 그러나 본토에서 전투를 벌이면서 이런 용맹한 자질을 포기한 채 본토의 전쟁 전통을 따르기 시작했다. 내륙으로 세력을 확장할 당시 베네치아는 병탄한 영토도 아직 크지 않았고, 명성을 크게 떨치고 있었던 까닭에 용병대장을 두려워할 이유가 없었다.

그러나 카르마뇰라Carmagnola 백작의 지휘 아래 영토를 확장하면서

---

98 파올로 비텔리(Paolo Vetelli, 1465-1499)는 피렌체의 용병대장으로 활약하며 명성을 떨친 인물이다. 니콜로 비텔리의 아들로 부친 사후 고향에서 추방됐다가 용병대장으로 입신했다. 1498년 피렌체의 피사 탈환 작전을 지휘했으나 피렌체인의 의심을 산 나머지 이내 체포돼 참수형에 처해졌다. 그의 동생 비텔로초는 3년 뒤 체사레 보르자에 의해 시니갈리아에서 교살 당했다.

자신들의 잘못을 깨닫기 시작했다.[99] 당초 그들은 그의 통솔 하에 밀라노 공작을 격파한 까닭에 그를 자질 있는 인물로 인정했다. 그러나 동시에 그가 마지못해 전쟁을 치르고 있다는 것도 알게 됐다. 카르마놀라 자신이 승리를 원치 않기에 그를 계속 고용했다가는 결코 승리할 수 없다고 판단한 배경이다. 그러나 동시에 이미 점령한 지역을 상실하는 것이 두려웠던 까닭에 그를 곧바로 해고할 수도 없는 노릇이었다. 이런 진퇴양난 속에서 베네치아는 결국 자신들을 보호하기 위해 그를 살해하는 길을 택했다.

이후 베네치아는 용병대장으로 바르톨로메오 콜레오니Bartolomeo Colleoni da Bergamo, 로베르토 다 산 세베리노Roberto da San Severino, 피틸리아노 백작Conte di Pitigliano 등을 임명했다.[100] 그러나 이들은 영토 획득은커녕 상실을 더 우려케 했다. 실제로 그런 일이 얼마 안 돼 바일라Vailà 전투에서 빚어졌다. 베네치아는 단 1번의 싸움에서 그들이 8백 년의 각고 끝에 얻은 모든 영토를 일거에 잃고 말았다. 요컨대 이런 식으로 용병을 사용하면 완만하고도 때늦으면서 보잘 것 없는 이익acquisti

---

99　프란체스코 붓소네 다 카르마뇰라(Francesco Bussone da Carmagnola, 1385?-1432)는 빈민출신 용병대장이다. 한때 밀라노에 복무하다가 베네치아로 옮겨 활동했다. 이때 밀라노에서 복무한 전력으로 인해 충성심을 의심받아 결국 베네치아 정부에 의해 체포돼 처형됐다.

100　바르톨로메오 콜레오니 다 베르가모(Bartolomeo Colleoni da Bergamo, 1400?-1475)는 나폴리, 피렌체, 밀라노, 베네치아 등지에서 복무한 용병대장이다. 당대의 용장으로 명성을 떨쳤다. 1454년부터 은퇴할 때까지 베네치아에서 일했다. 로베르토 다 산 세베리노Roberto da San Severino는 1482년-1484년에 벌어진 페라라에 대한 전쟁 당시 베네치아의 용병대장으로 활약했다. 피틸리아노 백작Conte di Pitigliano은 1509년 5월 14일에 벌어진 바일라Vailà 전투 당시 베네치아의 사령관으로 있던 니콜로 오르시니Nicolò Orsini(1442-1510)를 지칭한다.

만 챙길 뿐이고, 오히려 돌발적이고도 경악할 만한 손해perdite를 자초
케 된다.

이탈리아 용병 역사

이상 오랫동안 용병에 의해 좌지우지당한 이탈리아 역사를 개관
했다. 이제 용병의 기원 등에 관해 보다 심도 있게 검토해 보자. 용병
의 기원과 발전과정 등을 검토하면 그 해결책도 쉽게 알 수 있다.

그렇다면 과연 어째서 최근 신성로마제국 황제의 권력이 이탈리아
에서 소멸되고 대신 교황의 세속권력이 증대됐는지, 나아가 어떤 이유
로 이탈리아가 수많은 국가로 분열됐는지 분명히 할 필요가 있다. 최
근 많은 대도시가 황제의 지지를 등에 업고 전에 그 도시를 제압했던
귀족에 대항해 무기를 들었을 때 로마 교회는 교회의 세속권력을 확
대시키는 방법의 하나로 이들을 지지했다. 일개 시민이 많은 도시에서
보위에 오르게 된 배경이다. 이탈리아가 로마교회와 몇몇 공화국 수
중에 들어가면서 성직자와 군대경험이 없는 시민 출신 군주들은 용병
을 고용해 전투를 치르기 시작했다. 용병의 중요성을 최초로 널리 알
린 인물은 로마냐 출신 코니오Conio 백작인 알베리코 다 바르비아노
Alberico da Barbiano였다.[101] 이후 여러 명의 용병대장이 등장했다. 당대에

---

101   알베리코 다 바르디아노(Alberico da Barbiano, ?~1409)는 코니오의 백작으로 이탈리
아 최초로 용병대를 창설한 인물이다. 브라초 다 몬토네와 무치오 아텐돌로 스포르차 등에
게 용병 전투기술을 가르쳤다.

이탈리아의 각지를 지배한 브라초 다 몬토네와 무치오 아텐돌로 스포르차 등이 그들이다. 이후 오늘에 이르기까지 이들의 뒤를 잇는 많은 용병대장이 배출됐다. 그러나 이들의 일개 무부武夫에 지나지 않는 형편없는 자질 탓에 이탈리아는 프랑스의 샤를 8세에게 공략당하고, 루이 12세에게 약탈당하고, 아라곤의 페르난도 2세에게 유린당하고, 스위스 군대에 수모를 당했다.

이들 용병대장이 자신의 명성을 드높이기 위해 택한 방안은 우선 보병의 역할을 축소하는 것이었다.[102] 이들은 고국 개념도 없는데다 급료로 먹고살아야 했던 까닭에 소수의 보병으로는 명성을 떨칠 길이 없었다. 그렇다고 다수의 보병을 거느릴 수도 없는 일이었다. 일정한 수입을 유지하면서 명성을 떨치기 위한 방안으로 택한 것이 바로 적당한 규모의 기병으로 구성된 부대였다. 2만 명의 군대 내에 보병이 불과 2천명도 안 되는 일이 빚어진 이유다. 게다가 이들은 가능한 한 모든 수단을 동원해 자신과 용병의 노고와 위험을 덜고자 했다. 전투가 벌어져도 적을 살해하는 대신 포로로 잡고, 풀어줄 때도 몸값을 요구하지 않았다. 야간에는 도시를 상대로 공성전을 펴지 않고, 도시를 방어하는 용병들 또한 포위군에 대한 공격을 주저했다. 야영을 할 때도 방책과 참호를 설치하지 않고, 겨울에는 아예 전투를 벌이지 않았다. 이런 모든 관행은 앞서 언급한 것처럼 노고나 위험을 피하기 위해 신중히 고안된 것으로 이내 군대의 규율로 정착됐다. 용병이 이탈리아를

---

102 마키아벨리에게 보병은 용병술의 핵심을 이룬다. 『전술론』 제1권과 『로마사 논고』 제2권 제18장에 자세한 내용이 나온다.

노예stiva와 모멸vituperata의 땅으로 전락시킨 배경이다.[103]

---

103 '전락'의 본문 구절은 condotta로, 이끈다는 뜻의 condurre의 과거분사이다. condotta
는 용병계약서를 뜻하기도 한다. 마키아벨리가 의도적으로 이 단어를 택했는지는 알 수 없으
나 풍자의 의미를 담은 일종의 중의법重義法에 해당한다.

제
13
장

국가와 군대

원군, 혼성군, 국군에 관해

Quot sint genera militiae et de mercenariis militibus

원군의 위험

원군援軍은 군주가 방위를 위해 인접한 강국의 군주에게 지원을 요청해 파견돼 온 군대를 말한다. 이 또한 용병처럼 무익한 군대에 해당한다. 최근 교황 율리우스 2세가 자신의 용병대가 1510년의 페라라 전투에서 별 성과를 거두지 못하자 이 방법을 쓴 바 있다. 당시 그는 스페인 왕 페르난도 2세에게 자신을 도울 원군을 속히 파견해줄 것을 요청했다. 이런 원군은 그 자체만 볼 때는 나름 유용하고 효과적이다. 그러나 이는 거의 예외 없이 불러들인 자에게 유해한 결과를 안겨주었다. 원군이 패하면 이를 불러들인 군주가 몰락하고, 원군이 승리하면 결국 그들의 처분에 맡겨지기 때문이다.

고대사를 보면 이런 예를 대거 접할 수 있다. 나는 교황 율리우스 2세가 보여준 최근의 사례를 들고자 한다. 당시 그가 내린 결정은 경솔했다. 비록 요행히 잘못된 결정에 따른 후과를 면하기는 했으나 페라라를 손에 넣기 위해 외국 군주의 수중에 자신의 운명을 내맡긴 게 그렇다. 그의 원군이 1512년 4월 11일의 라벤나 전투에서 패했을 때 그와 다른 사람의 예상을 뒤엎고 문득 스위스 용병이 참전해 승리를 거둔 프랑스 군을 쫓아냈다. 덕분에 그는 달아나버린 적의 수중에 넘어가지도 않았고, 최후의 승리도 원군이 아닌 스위스 용병이 거둔 까닭에 원군의 포로가 되지도 않았다. 유사한 경우로 피렌체를 들 수 있다. 1500년 당시 피렌체는 자체의 무력을 갖추지 못한 까닭에 피사 공략 때 프랑스 원군 1만 명을 끌어들였다. 이로 인해 피렌체는 과거 그 어느 때보다 더 큰 위험에 처하게 됐다. 1341년 콘스탄티노플의 황제

인 요안네스^{Joannes} 6세도 인접국을 제압
키 위해 투르크 원군 1만 명을 그리스로
끌어들인 바 있다. 투르크 원군은 1347년
전쟁이 끝났는데도 돌아가기를 거부했다.
이후 1453년 콘스탄티노플이 함락되면서
그리스는 이교도인 투르크의 지배하에 들
어가게 됐다.

▌ 히에론 2세

국군의 필요성

앞서 살핀 것처럼 승리를 바라지 않는 군주라면 원군을 끌어들여
도 무방할 것이다. 원군은 용병보다 덜 위험하다. 그러나 원군을 이용
하면 파멸을 각오해야 한다. 원군은 일사불란한 모습을 보이며 자국
군주의 명을 충실히 좇는다. 이에 반해 용병은 한 덩어리도 아니고 더
구나 고용의 대가로 급료를 받는 자들의 집단이다. 전쟁에서 승리할지
라도 군주를 해치는 데는 적잖은 시간과 보다 좋은 기회가 필요하다.
군주가 지휘관으로 임명한 외부인이 단기간에 고용주인 군주에게 해
를 끼칠 정도의 권위를 지니기 어려운 이유다. 요컨대 용병은 전투를
꺼리는 비겁이 가장 위험하고, 원군은 용맹한 군사적 자질이 가장 위
험하다. 현명한 군주는 늘 용병과 원군의 활용을 피하고, 국군의 육성
에 주의를 기울인다. 외국 군대를 이용해 정복에 나서느니 차라리 국
군으로 싸우다가 패하는 쪽을 택하는 이유다.

여기서 나는 체사레 보르자와 그의 행적을 인용코자 한다. 그는

| 샤를 7세 | 루이 11세 |

프랑스 원군과 함께 로마냐를 침공한데 이어 이몰라Imola와 포를리Forli
까지 점령했다.[104] 그러나 곧 이들 원군을 믿을 수 없다고 깨닫고 그보
다 덜 위험한 방법을 택했다. 오르시니와 비텔리 가문의 용병에 의존
한 이유다. 그러나 이내 이들 용병 역시 행동이 의심스럽고 불충해 매
우 위험한 존재라는 것을 깨달았다. 용병을 즉각 해체한 뒤 국군의 육
성에 애쓴 이유다. 이들 3종 군대의 차이는 그가 프랑스 원군을 이용
했을 때, 오리시니 및 비텔리 가문의 용병을 고용했을 때, 국군을 육
성해 군사적으로 자립했을 때의 평판을 비교하면 쉽게 알 수 있다. 당
시 그의 평판은 꾸준히 상승 곡선을 그렸다. 사람들이 원군보다는 용
병, 용병보다는 국군을 손에 넣은 모습을 보았을 때 그에 대한 평판은
절정에 달했다.

---

104   1499년 11월과 1500년 1월 사이에 이몰라와 포를리가 함락됐다.

히에론과 다윗

이탈리아의 사례도 최근 사례도 아닌 까닭에 인용하는 게 주저되지만 앞서 시라쿠사의 히에론Hierone 2세를 언급한 만큼 논의 대상으로 삼고자 한다. 앞서 언급한 것처럼 당초 시라쿠사가 그를 지휘관으로 추대했을 때 그는 휘하의 용병이 쓸모없는 존재라는 사실을 단박에 알아차렸다. 용병대장 모두 이탈리아 용병대장과 같았기 때문이다. 그는 이들을 모두 참살했다.[105] 그들을 계속 이용할 수도 없고, 해산도 불가능했기 때문이다. 이후로는 외국 군대가 아닌 자신의 군대만으로 전쟁을 치렀다.

나는『구약성서』에 나오는 다윗을 적절한 사례로 들고자 한다. 다윗이 사울 왕을 찾아가 블레셋의 전사 골리앗과 싸우겠다고 자청했을 때 사울 왕은 그를 격려하기 위해 자신의 무기와 갑옷을 내주었다. 다윗은 이를 입어본 뒤 그리해서는 실력을 발휘할 수 없다며 사양했다. 자신의 투석기와 단검만 들고 골리앗과 싸우고자 한 이유다.[106] 요컨대 몸에 맞지 않아 부담만 되는 남의 무기와 갑옷은 몸을 압박하거나 움직임을 거북하게 만들 뿐이다.

---

105 일부 학자는 히에론 2세가 용병대장들만 살해한 것으로 보았으나 잉글레제Inglese 판본에서는 용병대 전체를 의미한다고 풀이했다.

106 『구약성서』「사무엘 상」 17장 38-40절에 자세한 내용이 나온다. 그러나 여기에는 돌을 던지기 위한 투석기 외에 단검에 대한 언급은 없다.

혼성군의 한계

프랑스 왕 샤를 7세는 1453년 자신의 운과 자질에 기대 백년전쟁을 끝내고 프랑스를 영국의 지배로부터 해방시킨 바 있다. 당시 그는 국군으로 방어할 필요성을 절감하고 기병과 보병으로 구성된 군사제도를 확립했다. 그럼에도 뒤를 이은 아들 루이 11세는 보병대를 폐지한 뒤 스위스 용병을 쓰기 시작했다.[107] 이런 실수를 후계자들이 이어받아 현재 우리가 보고 있듯이 프랑스를 커다란 위험에 처하게 만들었다.[108]

그 내용을 보면 첫째, 스위스 용병의 위신을 지나치게 높여줌으로써 프랑스 군대의 사기를 떨어뜨렸다. 둘째, 자신의 보병은 해체하고 기병은 외국 군대에 의존하도록 만들었다. 셋째, 스위스 용병과 함께 싸우는 관행을 정착시켜 마침내 스위스 용병 없이는 싸움에서 이길 수 없다는 생각을 품도록 만들었다. 실제로 이제 프랑스는 무력 면에서 스위스만 못하고, 스위스 용병이 빠진 프랑스 군대는 적에게 허약한 군대로 보이게 됐다.

현재 프랑스 군대는 이처럼 용병과 국군으로 꾸며진 혼성군의 성격을 띠고 있다. 이러한 혼성군은 순수한 원군이나 용병보다는 낫지만, 자국민으로 구성된 국군에 비할 바가 못 된다. 국군의 필요성은 이들 사례만으로 충분하다고 본다. 만일 샤를 7세가 만든 군제軍制를 계

---

107   사실 보병 폐지와 용병 도입은 부왕인 샤를 7세의 재위기간인 1445년–1448년 사이에 행해진 일이다.

108   마키아벨리는 프랑스가 1512년 이탈리아에서 축출된 사실을 지적한 것이다.

속 발전시켰거나 최소한 그대로 유지했다면 프랑스는 지금 천하무적의 강국이 되었을 것이다.

국군과 국방

근시안적인 사람은 앞서 소모성 열병에 관해 말한 것처럼 눈앞의 이익에 혹한 나머지 그 속의 독성을 주의하지 못한 채 일견 매력적인 정책을 덜컥 시행해 버린다. 초기 단계에 독성을 파악하지 못하는 군주는 결코 현명한 군주라고 할 수 없다. 그러나 이런 선견지명을 지닌 군주는 사실 극소수에 지나지 않는다. 로마제국 패망의 배경을 추적하면 고트족을 용병으로 쓴 게 근본 원인이라는 사실을 금방 알 수 있다.[109] 실제로 이를 계기로 로마제국의 위세는 날로 약화됐고, 힘의 원천이 고갈되었다. 로마제국의 모든 무력적 자질을 고트족이 흡수한 결과다.

요컨대 어떤 군주국이든 자체적으로 군대를 보유하지 못하면 결코 안전할 수 없다. 그런 군주국은 곤경에 처했을 때 방어능력이 없는 까닭에 전적으로 운에 의존할 수밖에 없다. 현자는 늘 "자신의 무력에 기초하지 않은 권력의 명성보다 더 취약하고 불안정한 것은 없다!"는 격언을 가슴 깊이 새긴다.[110]

---

109 376년 황제 플라비우스 발렌스(Flavius Valens, 364~378), 382년 플라비우스 테오도시우스(Flavius Theodosius, 347~395)에 의해 용병이 대거 채용됐다.

110 이 격언은 타키투스Tacitus의 『연대기Annals』 13권 19장에서 인용한 것이다. 본문에

국군은 자국의 백성이나 시민, 혹은 군주의 부하들로 구성된 군대를 말한다. 그 밖의 모든 군대는 용병 아니면 외국 원군이다. 국군의 편제 방안은 앞서 언급한 체사레 보르자와 히에론 2세 및 다윗과 샤를 7세 등 4인의 군사편제 방식을 검토하고, 알렉산드로스 대왕의 부친인 필립포스 2세와 많은 공화국 및 군주국의 사례를 보면 쉽게 알 수 있다. 나의 논의는 전적으로 이런 군제를 토대로 한 것이다.

인용된 라틴어 구절은 『연대기』 내용과 약간 다르다. "Quod nihil sit tam infirmum aut instabile, quam fama potentiae non sua vi nixa."

전쟁과 훈련

군주는 군사를
어떻게 조직해야 하는가?

Quod principem deceat circa militiam?

군주의 직업

군주는 의당 전쟁과 전술 및 훈련 등 군사문제를 제외한 그 밖의 목표와 관심 및 직업을 가져서는 안 된다. 전쟁은 통치자에게 요구되는 유일한 전문기예arte이다. 실제로 고도의 군사적 자질이 필요한 전쟁은 세습 군주가 자리를 지키고, 때론 일개 시민이 보위에 오르는 원동력이 된다. 군사문제를 팽개친 채 안락한 삶에 몰두한 군주가 나라를 잃은 이유다.

이처럼 군주가 나라를 잃는 주된 원인은 바로 군사문제를 소홀히 한데 있다. 군사문제에 심혈을 기울이는 게 나라를 얻는 첩경이다. 프란체스코 스포르차는 무력을 보유한 덕분에 일개 시민에서 밀라노 공국의 군주가 됐다. 그러나 그의 자손들figliuoli은 이를 소홀히 한 탓에 이내 쫓겨나 일개 시민이 되고 말았다.[111]

무력을 보유하지 않으면 다른 후과는 차치하고라도 무엇보다 먼저 백성의 경멸을 사게 된다. 이는 뒤에서도 언급하겠지만 현명한 군주가 경계해야 할 수치스런 일 가운데 하나이다. 무력을 지닌 자와 그렇지 못한 자 사이에는 커다란 차이가 있다. 무력을 지닌 자가 그렇지 못한 자에게 기꺼이 복종하기를 기대하거나, 무력을 지니지 못한 군주가

---

111 이 구절은 대략 1500년에 나라를 잃고 평민이 된 루도비코 스포르차와 그의 아들 마시밀리아노Massimiliano를 지칭한 듯하다. 마시밀리아노는 1512년 밀라노 공작이 됐으나 1515년 9월 보위에서 밀려났다. 일각에서는 '자손들figliuoli'이 복수형으로 표현된 것과 관련해 『군주론』이 늦어도 1514년 중반에 완성된 점을 근거로 마키아벨리가 나중에 삽입한 것으로 보고 있다.

무력을 보유한 부하 사이에서 안전을 기대하는 것은 사리에 맞지 않는
다. 부하의 경멸Sdegno과 군주의 불신Sospetto으로 인해 이들이 서로 협
력해 살아가는 것은 있을 수 없는 일이다. 앞서 제12장에서 언급한 여
러 결함 이외에도 군사에 밝지 못한 군주는 부하들로부터 존경을 받
을 수도 없고, 자신 또한 부하들을 신뢰할 수 없게 된다.

훈련과 지형의 활용

　군주는 전쟁 이외의 딴 생각을 해서는 안 된다. 평시에 오히려 전
시보다 군사훈련에 더 많은 관심을 기울여야 하는 이유다. 실천방안은
크게 2가지다. 신체le opere와 정신la mente의 단련이 그것이다.[112] 신체단
련은 군기軍紀를 바로잡고, 평소의 훈련으로 정예병을 만들려는 취지
이다. 군주는 사냥으로 몸을 단련시켜 고난에 익숙해지도록 만들어야
하고, 평소 군사 지형을 숙지하고 있어야 한다. 산세를 비롯해 하천과
늪지의 성격, 평야의 형세 등에 대한 지식이 그것이다. 군주는 이런 사
안에 많은 관심을 기울여야 한다.

　이런 지식은 2가지 점에서 유익하다. 첫째, 자국의 지형을 잘 알게
돼 국방에 도움이 된다. 둘째, 지리에 밝게 돼 처음 접하는 다른 지역
의 지리적 특징도 쉽게 파악할 수 있다. 예컨대 토스카나 지역의 구릉
과 계곡, 평원, 하천, 늪지 등은 여러 면에서 다른 곳에서 발견되는 것

112　'정신의 단련'은 곧 전사戰史의 탐독을 의미한다.

과 닮았다. 한 곳의 지형에 익숙해지면 다른 곳도 쉽게 알 수 있다. 이런 전문지식이 없는 군주는 총사령관에게 필요한 가장 중요한 자질을 결여한 셈이다. 군주는 이런 전문지식을 잘 활용하면 능히 적을 추격하고, 야영지를 잘 선정하고, 행군을 지휘해 전쟁에 임하고, 적국의 도시를 효과적으로 포위 공격할 수 있다.

많은 역사가들이 아카이아 동맹의 지도자인 필로포이메네스Philo-poemenes를 칭송했다. 찬사 가운데 눈에 띄는 것은 그가 평시에도 오직 군사문제에만 골몰했다는 내용이다.[113] 부하들과 야외에 나갔을 때조차 종종 발을 멈추고 이런 질문을 했다고 한다.

"적이 언덕 위에 있고 우리가 이곳에 있다면 과연 누가 유리한가? 우리의 진형을 무너뜨리지 않고 적을 공격할 수 있는 방안은 무엇인가? 후퇴할 경우 어찌하는 게 좋은가? 적이 퇴각할 경우 어떤 식으로

---

[113] '아카이아 동맹'은 펠로폰네소스 반도 북부의 아카이아 지역에 있는 12개 도시가 코린트만 건너편에서 쳐들어오는 해적의 공격을 막기 위해 기원전 4세기에 맺은 동맹을 말한다. 이 동맹은 알렉산드로스 대왕이 죽은 뒤 해체됐다. 남아 있던 10개 도시는 기원전 280년 시키온의 아라토스가 앞장서 동맹을 재건했다. 스파르타 왕인 클레오메네스 3세가 공격해 오자 아라토스는 마케도니아와 동맹을 맺었다. 마케도니아의 안티고노스 3세 도손은 스파르타를 정복해 마케도니아의 동맹국으로 만들었다. 마케도니아의 그리스 지배가 다시 시작된 이유다. 제2차 마케도니아 전쟁에서 아카이아는 기원전 198년 로마와 동맹을 맺고(BC 198) 마케도니아에 대항했다. 펠로폰네소스 반도의 거의 전역이 아카이아 동맹에 가입했다. 동맹의 정책은 성공했지만 아카이아는 결국 기원전 192년에 가입한 스파르타 및 팽창정책을 추진한 로마와 충돌하게 되었다. 기원전 146년 동맹과 로마 사이에 전쟁이 일어났다. 로마는 쉽게 승리를 거둔 뒤 곧바로 동맹을 해체했다. 그러나 이후에도 규모가 작은 동맹이 맺어져 로마제국 때까지 존속했다. 초기 '아카이아 동맹'의 지도자인 필로포이메네스는 아카데미학파의 철학자로 평시에도 오직 전략과 훈련에 전념했다. 플루타르코스의 『영웅전』과 리비우스의 『로마사』에 상세한 얘기가 실려 있다.

추격해야 하는가?"[114]

그는 부하들과 함께 다니면서 늘 군대가 처할 수 있는 모든 가능성을 따졌다. 이때 그는 부하들의 의견을 경청한 뒤 자신의 생각을 밝히면서 전략전술에 입각해 그 배경을 설명했다. 이런 지속적인 검토와 토론 덕분에 그가 군대를 지휘하는 동안 대책을 강구하지 못한 그 어떤 사태도 빚어지지 않았다.

▌크세노폰

위인의 모방

군주는 지적인 훈련과 관련해 사서를 숙독해야 한다. 위인의 사적을 살피기 위한 것이다. 위인들은 과연 전쟁을 치르면서 어떻게 지휘했고, 정복 과정에서 승패가 갈리게 된 배경이 무엇인지 등을 파악할 수 있기 때문이다. 이들이 이룬 승리를 귀감으로 삼고 패배의 전철을 피하기 위해서는 무엇보다 먼저 이들을 모방할 필요가 있다.

실제로 과거의 위인들 모두 찬양과 영광의 대상이 된 선인을 닮고

---

114   필로모이메네스가 부하들에게 질문한 내용은 다음과 같이 이탈리아어로 되어 있다. "Se li inimici fussino in su quel colle, e noi ci trovassimo qui col nostro esercito, chi di noi arebbe vantaggio? come si potrebbe ire, servando li ordini, a trovarli? se noi volessimo ritirarci, come aremmo a fare? se loro si ritirassino, come aremmo a seguirli?"

자 했다. 예컨대 알렉산드로스 대왕은 아킬레우스Achilleus를, 카이사르는 알렉산드로스를, 스키피오는 키로스를 본보기로 삼았다고 한다. 크세노폰Xenophon의 『키로스 교육Cyropaedia』를 읽은 사람은 스키피오가 평생 얼마나 키로스를 닮고자 노력했는지 쉽게 알 수 있다. 여색에 대한 절제, 친근성, 예절, 관용 등의 덕목에서 키로스를 철저히 흉내 낸 덕분에 그는 생전에 커다란 영광을 누릴 수 있었다.[115]

현명한 군주라면 늘 이같이 행동해야 한다. 평시에도 게으름을 피우지 않고, 부지런히 자신의 입지를 강화함으로써 불의의 역경에 대비해야 한다. 그러면 설령 운명의 여신la fortuna이 변심할지라도 능히 이에 맞설 수 있다.

---

115   아킬레우스를 모방한 알렉산드로스의 일화는 플루타르코스의 『영웅전』, 알렉산드로스를 모방한 카이사르의 일화는 로마 역사가 수에토니우스Suetonius의 『카이사르의 생애』에 나온다. 키로스를 모방한 대 스키피오의 일화는 플루타르코스의 『영웅전』을 비롯해 많은 고전에 기록돼 있다.

제
15
장

칭송과 비난

인간들, 특히 군주가 칭송과 비난을
받는 일에 관해

De his rebus quibus homines et praesertium
principes laudantur aut vituperantur

선행과 악행

이제 군주가 백성 및 동맹국을 상대로 어떻게 행동해야 옳은지 여부를 살펴보기로 하자. 이에 관해서는 이미 많은 사람이 자신들의 저서를 통해 다양하게 논의한 바 있다. 나의 논지는 기존 저자들과 사뭇 다르다. 나를 건방지다고 생각하지나 않을까 적잖이 두려운 이유다. 그러나 나는 어떤 이론이나 사변보다 사물의 구체적인 진실을 추구하는 게 더 낫다고 생각한다. 이 논제를 제대로 이해할 수 있는 사람에게 나름 도움을 주고 싶기 때문이다.

지금까지 많은 사람이 아무도 본 적이 없거나 실존한 것으로 알려진 바가 없는 여러 유형의 공화국republiche이나 군주국principati을 상상해왔다.[116] 그러나 '사람들이 어떻게 살고 있는가Come si vive' 하는 문제와 '사람들이 어떻게 살아야 하는가Come si doverrebbe vivere' 하는 문제는 너무 거리가 멀다. '사람들이 무엇을 해야 하는가Che si doverrebbe fare' 하는 문제에 매달려 '사람들이 무엇을 하고 있는가Che si fa' 하는 문제를 소홀히 하는 자는 자신의 보존preservazione보다 파멸ruina을 훨씬 빠르게 배우게 된다. 매사에 선을 내세우는 자는 그렇지 못한 자들 사이에서 몰락할 공산이 크다. 따라서 권력을 유지코자 하는 군주는 시의時宜에 따라secondo la necessità 때로는 악하게 굴거나essere non buono, 악행을 저지르거나usarelo e non usare 하는 법을 배워야 한다imparare a potere.

---

116   마키아벨리는 『국가론』을 쓴 플라톤을 비롯해 국가 및 군주에 관해 일련의 저술을 한 무수한 철학자들을 통칭한 것이다.

품성의 표리

따라서 여기서는 군주에 관한 환상적인 얘기는 뒤로 미루고 현실적인 얘기를 하도록 하겠다. 사람을 언급할 때, 특히 군주처럼 지존의 위치에 있는 경우 늘 다음과 같은 품성qualità을 지닐 경우 칭송 또는 비난의 대상이 될 수밖에 없다. 예컨대 어떤 자는 관대寬大하다는 칭송을 받고, 어떤 자는 인색吝嗇하다는 비난을 받는 경우가 그렇다. '인색'과 관련해 이탈리아어 아바로avaro는 약탈을 통해서라도 원하는 것을 손에 넣는 탐욕스런 자의 뜻도 있으나, 토스카나 방언의 미세로misero는 구두쇠의 뜻만 지니고 있다. 내가 말하고자 하는 '인색'은 토스카나 방언의 '미세로'에 가까운 까닭에 이런 의미로 사용코자 한다.

유사한 경우로 시혜donatore와 탐욕rapace, 잔학crudele과 자비pietoso, 불충fedifrago과 충실fedele, 비겁effeminto e pusillanime과 대담feroce e animoso, 인정umano과 교만superbo, 호색lascivo과 정숙casto, 정직intero과 교활astuto, 경직duro과 유연facile, 진중grave과 경박leggiero, 독실religioso과 세속incredulo 등의 대비를 들 수 있다.

열거한 품성 가운데 좋은 것을 구비하면 가장 뛰어난 인물이 돼 만인의 칭송을 받을 것으로 본다. 그러나 이런 품성을 구비하는 게 가능하지도 않고, 설령 그럴지라도 주어진 상황이 이런 품성을 발휘하도록 용납하지도 않는다. 신중한 군주라면 자신의 권력기반을 상실케 만들 악인의 오명을 피해야만 한다. 설령 그런 위험을 초래하지 않을 오명일지라도 가급적 피하는 게 낫다. 부득불 그리할 수 없다면 권력상실의 위험이 없는 경우는 그다지 크게 걱정하지 않아도 좋다.

주의할 점은 악행 없이 권력을 보존하기 어려운 경우에는 악행으로 인한 오명도 크게 개의치 말아야 한다는 점이다. 모든 사항을 잘 고려할 경우 뛰어난 자질virtù로 보이는 일을 행하는 게 오히려 파멸을 초래할 수 있고, 반대로 악한 성향vizio으로 보이는 일을 행하는 게 오히려 안전과 번영을 가져올 수 있기 때문이다.

제
16
장

품성과 처신

관대와 인색에 관해

De liberalitate et parsimonia

관대와 인색

앞서 언급한 품성 가운데 첫 번째 것부터 논의해 보자. 관대하다는 세평은 바람직하나 군주가 실제로 그런 행동을 하면 오히려 큰 해를 입을 수 있다. 관대하게virtuosamente 처신한다는 세평을 듣기 위해 그처럼 행동하면 아무도 그것을 알아주지 않거니와 오히려 반대로 비난에 직면할 것이다.[117] 군주가 백성들로부터 관대하다는 칭송을 듣고자 하면 사치스럽고 과시적인 혜택을 베풀어야만 한다. 이런 허세는 이내 군주의 모든 자산을 탕진케 만든다.

군주가 관대하다는 세평을 계속 듣고자 하면 탐욕스러워질 수밖에 없고, 결국 이는 백성에 대한 중세重稅로 나타난다. 관대하다는 세평을 듣는 군주가 모든 방법을 동원해 백성을 수탈하는 이유다. 이는 백성의 증오를 부추기고, 나아가 군주 자신 또한 가난해지는 결과를 낳는다. 군주는 결국 누구의 존경도 받지 못하는 상황이 빚어지고 만다. 군주의 관대한 품성은 극소수의 사람에게만 혜택을 줄 뿐 대다수 백성에게는 피해로 나타난다. 이런 상황에서는 사소한 불만에서 비롯된 소요가 이내 체제위기로 이어지고, 군주 또한 곤경에 처할 수밖에 없다. 군주가 뒤늦게 깨닫고 방침을 바꾸려 들면 즉각 인색하다는 악평이 나돌게 된다.

무릇 군주는 스스로 해를 초래하지 않는 한 관대한 자질virtù del

---

117 '관대하게'의 본문 구절인 virtuosamente는 단순히 관대한 일을 행한다는 뜻이 아니라 virtù에 기초해 관대한 일을 행하는 것을 말한다.

liberale을 발휘하면서 동시에 칭송을 받기가 매우 어렵다. 현명한 군주가 인색하다는 평판에 신경을 쓰지 않는 이유다. 군주는 검약을 통해 재정을 튼튼히 해야 한다. 그래야 적의 공격을 막거나 원정에 나설 때 백성에게 전비戰費 부담을 주지 않고도 전쟁을 치를 수 있다. 이런 사실을 알게 된 백성들은 군주의 검약을 오히려 매우 관대한 행보로 칭송할 것이다. 자신들의 재산을 전혀 건드리지 않았기 때문이다. 단지 뭔가를 기대한 소수의 사람들만 인색하다고 비난할 뿐이다.

실제로 우리 시대에 위업을 이룬 사람들 모두 인색하다는 비난을 들었다. 그렇지 못한 자들은 하나같이 실패했다. 예컨대 교황 율리우스 2세는 교황의 자리에 오를 때 관대하다는 세평을 적극 활용했다. 그러나 보위에 오른 뒤에는 전쟁을 치르기 위해 이런 평판의 유지에 연연해하지 않았다. 현재의 프랑스 왕 루이 12세 역시 백성에게 부담을 주지 않고도 여러 차례 전쟁을 치를 수 있었다. 장기간에 걸친 검약 행보로 추가적인 전비戰費 지출을 감당한 덕분이다.[118] 현재의 스페인 왕 페르난도 2세 또한 관대하다는 세평에 연연했다면 결코 그처럼 많은 전투를 성공적으로 수행할 수 없었을 것이다.

---

118 루이 12세는 전임자인 샤를 8세와 마찬가지로 검소한 생활을 영위했다. 게다가 그는 마키아벨리가 언급했듯이 새로운 세금도 부과하지 않았다. 스페인의 페르난도 2세 역시 재정 문제에 신중하게 접근했다.

전비조달과 명성

카이사르

군주는 인색하다는 세평에 연연해서는 안 된다. 모두 백성의 재산을 빼앗지 않고, 자신을 방어하고, 빈곤한 재정으로 인한 경멸을 피하고, 탐욕스런 모습을 보이지 않기 위해 그런 것이다. 인색은 군주의 통치를 가능케 하는 악덕 가운데 하나이다.

그럼에도 카이사르는 관대하다는 칭송 덕분에 권력을 장악했고, 그 밖의 사람들 역시 관대하다는 세평 덕분에 높은 자리에 올랐다는 반론을 제기할 수 있을 것이다. 이에 대해서는 이렇게 대답할 수 있다.

"그것은 당신이 이미 보위에 올랐는지, 아니면 그런 과정에 있는지 여부에 따라 달라진다. 전자의 경우는 관대하다는 칭송이 오히려 해가 되고, 후자의 경우는 커다란 도움이 된다."

카이사르는 로마의 최고 권력자가 되고자 한 자들 가운데 한 사람이었다. 그가 권력을 장악한 후 암살을 당하지 않았을지라도 씀씀이를 줄이지 않으면 이내 권력을 잃고 로마까지 파괴하고야 말았을 것이다. 이에 대해 관대하다는 칭송을 받은 많은 사람이 보위에 올랐고, 이후 군사적 위업을 이뤘지 않았느냐고 반박할 수 있을 것이다. 이에 대해서는 이렇게 대답할 수 있다.

"군주는 전비를 조달할 때 자신 내지 자국 백성의 자산을 활용하거나, 아니면 타국의 자산을 활용하거나 한다. 전자의 경우는 인색해야 하고, 후자의 경우는 가급적 관대해야 한다."

예컨대 군주가 자신의 군사를 이끌고 원정에 나섰을 때 전리품과 약탈품 및 배상금 등으로 군사를 유지해야 하는 경우가 있다. 이때는 관대해야만 한다. 그리하지 않으면 병사들이 따르지 않기 때문이다. 자신 또는 자국 백성의 자산이 아니라면 키로스나 카이사르나 알렉산드로스가 그랬던 것처럼 큰 선심을 써도 무방하다. 남의 것으로 후한 선심을 쓰는 것은 군주의 명성에 누가 되기는커녕 오히려 드높이는 결과를 가져온다. 군주에게 해가 되는 것은 오직 군주 자신의 자산을 함부로 사용하는 경우뿐이다.

경멸과 증오

관대만큼 스스로를 빨리 소진시키는 게 없다. 이를 고집스럽게 행하면 이내 더 이상 행할 수 없는 지경에 이르게 된다. 이 경우 크게 빈곤해져 경멸을 받든가, 빈곤의 탈출 과정에서 탐욕스런 모습을 보여 증오를 사게 된다. 무릇 군주는 남에게 경멸을 받거나 증오를 사는 일을 경계해야 한다. 경멸과 증오 모두 관대에서 비롯된다. 그러느니 차라리 인색하다는 악평을 견디는 게 더 낫다. 비난은 받되 증오는 사지 않기 때문이다. 관대하다는 호평은 끝내 빈곤에 따른 경멸과 증오의 배경인 탐욕을 낳는다.

제
17
장

폭정과 덕정

가혹과 인자, 친애와 공포 가운데
어느 쪽이 나은지에 관해

De crudelitate et pietate, et an sit melius
amari quam timeri, vel e contra

가혹과 인자

앞서 언급한 품성을 계속 얘기해 보자. 군주는 가혹하기보다는 인자하다는 세평을 듣는 게 바람직하다. 그러나 자신의 인자한 조치가 왜곡되는 일이 없도록 해야 한다. 체사레 보르자는 가혹한 인물로 생각되지만 덕분에 로마냐의 질서가 바로잡혀 통일되고, 평화롭고, 충성스런 상태로 회복된 것 또한 사실이다. 그의 행보를 잘 살펴보면 가혹하다는 악평을 피하기 위해 피스토이아Pistoia의 사분오열을 방치한 피렌체와 비교할 때 그가 훨씬 인자했다는 사실을 알 수 있다.[119]

무릇 군주는 백성의 결속과 충성을 유지하기 위해서라도 가혹하다는 악평에 초연할 필요가 있다. 지나치게 인자한 나머지 많은 사람이 죽거나 약탈당하게 만드는 군주보다 일벌백계로 기강을 바로잡는 군주가 훨씬 인자하기 때문이다. 전자는 공동체 전체가 화를 입지만, 후자는 일벌백계로 특정한 개인만 화를 입는다. 군주 가운데 특히 신생 군주국 군주는 가혹하다는 악평을 피해서는 안 된다. 신생 군주국은 늘 위험으로 가득 차 있기 때문이다. 일찍이 베르길리우스는 디도의 입을 빌려 이같이 말한 바 있다.[120]

---

119   1501~1502년 피스토이아는 커다란 내분에 휩싸여 있었다. 피스토이아를 관할하던 피렌체는 내심 개입을 꺼려하며 마지못해 마키아벨리를 보내 실상을 조사케 했다. 피스토이아가 이내 사분오열된 배경이다.

120   이 시는 로마 시인 베르길리우스Vergilius가 기원전 1세기 트로이의 영웅 아이네아스 Aeneas를 기리며 쓴 대서사시 『아이네이드Aeneid』 제1장 563~564절에 나온다.

가혹한 상황과 신생 왕국 통치가	Res dura, et regni novitas
나에게 부득불 그리 조치케 했고	me talia cognunt moliri
국경도 구석구석 방비케 했노라!	et late fines custode tueri!

그럼에도 군주는 풍문에 귀를 기울이거나 남에게 적대적인 자세를 취할 때는 늘 신중해야 한다. 그렇지 않으면 사람들이 공포를 느낀다. 그렇다고 우유부단해서도 안 된다. 적절히 신중하면서도 자애로운 모습을 보여야 한다. 지나친 자신감으로 인해 경솔히 처신하거나, 과도한 경계심으로 인해 주위 사람을 불안케 만들어서는 안 된다.

사랑과 두려움

여기서 이런 논란이 제기될 수 있을 것이다. 군주가 백성들로부터 사랑받는 대상amato이 되는 길과 두려운 대상temuto이 되는 길 가운데 어느 쪽을 택하는 게 더 나은가 하는 논란이 그것이다. 내가 볼 때 백성들로부터 사랑받고 두려운 대상이 되는 게 가장 바람직하다. 그러나 이는 지극히 어려운 일이다. 부득불 하나를 포기해야 한다면 사랑받는 대상보다 두려운 대상이 되는 게 훨씬 낫다. 은혜를 모르고, 변덕스럽고, 위선적이고, 위해危害를 멀리하며 이욕利慾을 향해 줄달음치는 사람의 품성 때문에 그렇다.

신민은 군주가 은혜를 베푸는 동안에는 군주를 위해 온갖 충성을 바칠 것처럼 행동한다. 앞서 언급한 것처럼 위험이 멀리 떨어져 있는 한 그들은 피와 재물은 물론 생명과 자식들까지 바칠 것처럼 행동한다. 그러나 절박한 위험이 닥쳐오면 이내 등을 돌리고 만다. 그들의 맹세만 믿고 달리 대책을 강구하지 않은 군주가 위기 때 패망하는 이유다. 위대하고 고상한 영혼 대신 어떤 물질적 대가를 통해 얻은 우호관계는 소유 대상이 될 수 없는 까닭에 때맞춰 쓸 수 없다.

사람은 두려움을 불러일으키는 자보다 사랑을 베푸는 자를 해칠 때 덜 주저하게 마련이다. 본래 사랑은 서로 신뢰하는 호의好意관계에서 비롯된다. 사람은 사악한 까닭에 자신에게 이익이 되는 기회를 만나면 가차 없이 이를 파기한다. 이에 반해 두려움은 늘 처벌에 대한 공포로 유지된다. 신민이 절박한 위험이 닥쳐도 군주를 감히 배반할 수 없는 이유다.

생명과 재산

군주는 자신을 두려움의 대상으로 만들되 사랑amore은 받지 못할지언정 증오odio를 사는 일만큼은 없어야 한다. 능히 두려움의 대상이 되면서 증오를 사지 않는 존재로 군림할 수 있기 때문이다. 이는 군주가 백성과 그들의 재산 및 부녀자에 손을 대지만 않으면 쉽게 성취할 수 있는 것이다.[121] 부득불 누군가를 처형할 경우는 반드시 그럴듯한 명분과 이유를 내세워야만 한다.

---

121   『로마사 논고』 제3권 제6장과 제26장에도 동일한 내용이 나온다. 이는 마키아벨리가 자신의 저서에서 거듭 역설하는 주제이기도 하다. 이 문제를 최초로 거론한 사람은 아리스토텔레스이다. 그의 저서 『정치학』 제5권에 "남의 여인은 손대지 마라!"는 표현이 나온다.

무엇보다 중요한 것은 남의 재산에 손을 대지 말아야 한다는 점이다. 사람은 유산遺産의 상실la perdita del patrimonio보다 부친의 죽음la morte del padre을 더 빨리 잊기 때문이다.[122] 재산을 빼앗을 명분은 늘 존재하는 까닭에 약탈을 꾀하는 군주는 매번 그럴듯한 구실을 쉽게 찾아내곤 한다. 이에 반해 누군가를 처형코자 할 경우 그 구실을 찾기가 쉽지 않고, 구실 또한 이내 바닥나고 만다.

한니발의 승리 요인

| 한니발

군주는 군사를 이끌고 출전해 많은 병력을 지휘할 때 가혹하다는 비난 따위는 신경 쓸 필요가 없다. 그리하지 않으면 군대의 결속과 전투태세의 확립을 제대로 할 수 없다. 한니발의 뛰어난 활약이 이를 뒷받침한다. 그는 여러 종족으로 구성된 대군을 이끌고 먼 타국에서 싸웠다. 전세가 유리하든 불리하든 군대 내에서 지휘관을 상대로 한 불화나 반목이 전혀 없었다. 병사들을 비인간적으로 가혹하게

---

122 강정인과 박상섭은 '유산의 상실la perdita del patrimonio'을 각각 '재산의 상실' 내지 '자산의 상실'로 번역해 놓았다. 이는 부친의 죽음과 부친의 남긴 유산을 대비시켜 놓은 마키아벨리의 기본취지에 어긋난다. 김영국은 '유산의 상실'로 번역해 놓았다.

대한 덕분이다. 다른 많은 자질과 더불어 휘하 병사들로 하여금 그를 늘 존경하고 두려워하도록 만든 배경이다. 그렇지 않았다면 여타 자질이 아무리 뛰어날지라도 결코 그런 성과를 거두지는 못했을 것이다. 그럼에도 분별없는 사가들은 일면 그의 위업을 찬양하면서 일면 성공의 핵심요인을 비난하는 어리석음을 범하고 있다.[123]

스키피오의 실패 요인

한니발의 여타 자질에 대한 나의 지적은 스키피오의 반면反面 사례를 통해 쉽게 입증할 수 있다. 스키피오는 당대는 물론 고금을 통해 매우 뛰어난 인물이다. 그럼에도 그의 군대는 스페인에서 반란을 일으켰다. 유일한 이유는 그가 너무 인자한 나머지 군대유지에 꼭 필요한 수준의 기율을 뛰어넘는 자유를 병사들에게 허용한데 있다. 당

| 스키피오

시 원로원에서 파비우스 막시무스Fabius Maximus가 그를 탄핵하면서 로마군 타락의 장본인으로 지목한 사실이 이를 뒷받침한다.[124]

---

123   마키아벨리는 『로마사 논고』 제3권 제21장에서 한니발과 스키피오를 공평하게 논하고 있다.

124   파비우스 막시무스(Quintus Fabius Maximus, BC 280?~203)는 제2차 포에니 전쟁 당

파비우스 막시무스

한번은 대大 스키피오의 부관인 티투스 퀸티우스 플라미니누스Titus Quinctius Flamininus가 남부 이탈리아에 있는 그리스 소도시 로크리스Locris를 약탈한 적이 있었다. 스키피오는 주민을 위해 어떤 보상도 하지 않았고, 방자한 부관을 징계하지도 않았다. 모두 지나치게 인자한 탓이었다.[125] 당시 일부 원로원 의원은 그를 위해 변호키를, "남의 비행을 교정하는 것보다 스스로 비행을 저지르지 않는데 능한 인물이 많다."고 했다.[126] 만일 스키피오가 지휘하는 동안 이런 성격을 계속 유지했으면 그의 명성은 이내 빛이 바랬을 것이다. 원로원의 통제 덕분에 이런 해로운 품성이 적절히 억제되었고, 나아가 그의 명성에

시 로마의 독재관과 집정관으로 있으면서 한니발의 군대와 정면대결을 피한 채 지구전을 구사해 명성을 떨친 인물이다. 그가 병사한 이듬해인 기원전 202년 로마군이 아프리카의 자마 전투에서 승리한 여세를 몰아 카르타고 함락 직전까지 몰아붙인 뒤 휴전협정을 맺자 비난을 퍼부었던 로마인들이 그의 지구전 전략을 크게 칭송했다. 20세기 영국의 사회주의 운동을 뜻하는 파비안Fabian 용어가 나온 배경이다.

125 기원전 205년 남부 이탈리아에 소재한 그리스 소도시 로크리스Locris는 대 스키피오에게 정복된 뒤 그의 부하 퀸티우스 플라미니누스의 지배하에 들어갔다. 리비우스의 『로마사』 제29권에 상세한 내용이 실려 있다.

126 인용 구절이 본문에는 간접화법으로 표현돼 있다. "Alcuno in Senato escusare, disse come elli errano di molti uomini che sapevano meglio non errare, che correggere li errori."

보탬이 됐다.

성공의 비결

이제 군주가 백성들로부터 사랑과 두려움의 대상이 되는 길 가운데 어느 쪽을 택하는 게 더 나은가 하는 문제로 돌아가 결론을 내리고자 한다. 무릇 백성이 군주를 사랑하는 것은 자신의 선택에 따르게 마련이나, 두려움을 느끼는 것은 군주의 선택 여하에 달려 있다. 현명한 군주라면 백성의 선택이 아닌 자신의 선택을 기반으로 권력의 기반을 구축할 것이다. 다만 한 가지 유의할 점은 앞서 말한 것처럼 두려운 존재로 군림하되 증오를 사는 일만큼은 피해야 한다는 점이다.

윤리와 정치

군주는 어떻게
약속을 지켜야 하는가?

Quomodo fides a principibus sit servanda?

술책과 진실

군주가 신의를 지키며 간교한 기만책을 쓰지 않고 성실히 사는 것은 매우 칭송받을 만한 일로, 이는 모든 사람이 다 아는 일이다. 그럼에도 오늘날 위업을 이룬 군주들은 신의를 지키지도 않으면서 간교한 기만책으로 사람들을 헷갈리게 만드는데 뛰어난 자들이다. 게다가 그들은 신의를 지키려고 노력한 군주들에 맞서 승리를 거뒀다.

싸움에는 2가지 방법이 있다는 사실을 유념할 필요가 있다. 첫째는 법으로 하는 것이고, 둘째는 힘으로 하는 것이다. 전자는 사람에게 합당하고, 후자는 짐승에게 부합한다. 전자만으로는 많은 경우에 불충분한 까닭에 후자를 끌어들여야 한다. 군주는 모름지기 상황에 따라 양자를 혼용할 줄 알아야 한다. 고대의 저술가들은 군주에게 이런 사실을 은유적으로 가르쳤다. 아킬레우스를 위시한 많은 군주가 어렸을 때 반인반수半人半獸인 케이론Cheiron에게 맡겨졌고, 그의 훈도 아래 양육됐다고 기록한 게 그렇다.[127] 반인반수를 스승으로 삼았다는 것은

---

[127]　케이론Cheiron은 그리스 신화에 나오는 반인반마半人半馬의 신으로, 수많은 영웅과 현자들을 길러낸 스승이다. 의신醫神 아스클레피오스, 로마의 건국자 아이네이아스, 그리스 최고의 전사 아킬레우스와 영웅 헤라클레스 등이 모두 그의 제자이다. 크레타 왕 미노스의 부인과 수소 사이에서 태어난 반인반우半人半牛의 미노타우로스가 괴수의 상징이 된 것과 대비된다. 미노타우로스는 머리 부분이 소이고, 허리 아래가 사람이다. 머리는 본능대로 하고 싶은데, 몸이 따라주지 않는 부조화의 극치다. 이에 반해 케이론은 허리 아래가 튼튼한 말이니 쏜살같이 산을 달릴 수도 있고, 머리 쪽은 사람이니 이성적이다. 이성의 힘으로 본능적인 하체를 잘 조절하고 활용할 수 있는 최상의 조건인 것이다. 이성적 지혜와 사자의 힘을 갖춘 반인반사半人半獅로 왕의 상징이 된 이집트의 스핑크스와 닮았다.

곧 군주란 양자를 혼용할 줄 알아야 하고, 어느 한 쪽을 결여하면 보위를 오래 유지할 수 없다는 사실을 암시한다.

여우와 사자

군주는 이처럼 짐승의 방법을 활용할 줄 알아야 한다. 특히 여우golpe와 사자lione를 모방해야 한다.[128] 사자는 함정lacci에 빠지기 쉽고, 여우는 늑대lupi를 물리칠 수 없다. 함정에 빠지지 않으려면 여우가 되어야 하고, 늑대를 물리치려면 사자가 돼야 한다. 사자처럼 행동하는 것만으로도 능히 보위를 지킬 수 있다고 생각하는 것은 어리석은 짓이다. 현명한 군주는 신의를 지키는 게 자신에게 불리하거나 약속한 이유가 소멸됐을 때 약속을 지킬 수도 없거니와 지켜서도 안 된다.[129]

물론 모든 사람이 선하다면 이런 충고는 온당치 못할 것이다. 그러나 대다수 사람은 사악한 까닭에 군주와 맺은 약속을 지키지 않는다. 군주가 백성과 맺은 약속에 구속돼서는 안 되는 이유다. 게다가 군주는 약속 불이행의 이유를 늘 둘러댈 수 있다. 이와 관한 근래의 사례는 매우 많다. 이들 사례는 얼마나 많은 평화조약과 약속이 신의 없는 군주에 의해 일방적으로 파기되고 무효화됐는지 잘 보여준다. 이 경우

128　여우를 뜻하는 la golpe와 사자를 뜻하는 il lione가 제19장에서는 각각 la volpe와 il leone로 나온다. golpe는 악센트의 위치에 따라 volpe와 같은 뜻인 gólpe와 쿠데타를 뜻하는 불어 coup와 같은 의미인 golpe가 있다. lione는 불어 lion에서 온 방언으로 보인다.

129　마키아벨리는 대략 과거의 교황과 약조한 맹서를 현재의 교황에게 명예를 걸고 그대로 지키려 했던 루이 12세를 염두에 두고 이같이 언급한 듯하다.

늘 여우의 간계를 모방한 군주가 가장 큰 성공을 거뒀다.

　주의할 것은 이런 간계를 잘 윤색해 감춰야 하고, 능숙한 기만자이자 위선자가 돼야 한다는 점이다. 사람은 단순한 까닭에 눈앞의 이익에 따라 쉽게 동요한다. 남을 속이고자 작심하면 허황된 기만에도 쉽게 넘어가는 사람을 도처에서 발견할 수 있다.

　최근의 많은 사례 가운데 꼭 언급하고픈 게 있다. 바로 교황 알렉산데르 6세에 관한 일이다. 그는 사람을 기만하는 것 외에 다른 일을 행한 적도 없고 생각해 본 적도 없다. 늘 새로운 기만 대상을 찾아낸 이유다. 무슨 일을 주장하거나 약속할 때 그처럼 단호하게 언급한 자도 없고, 그처럼 쉽게 약속을 내팽개친 자도 없을 것이다. 그럼에도 그의 기만은 늘 성공적으로 그의 욕심을 채워주었다. 눈앞의 이익에 따라 쉽게 동요하는 세상사의 이치를 정확히 꿴 덕분이다.

필요에 따른 악행

　군주는 앞서 언급한 선한 품성을 구비하지 못할지라도 마치 이를 구비한 것처럼 가장할 필요가 있다. 장담컨대 실제로 그런 뛰어난 품성을 구비해 행동으로 옮기면 늘 군주에게 해롭지만, 구비한 것처럼 가장하면 오히려 이롭다. 자비롭고, 신의 있고, 정직하고, 인정 많고, 신앙심이 깊은 것처럼 보일 필요가 있다. 실제로 그리하는 게 좋다.

　그러나 상황에 따라서는 달리 행동할 자세를 갖춰야 하고, 나아가 그리 행동할 수 있어야 한다. 군주 특히 신생 군주는 사람이 선하다고 평하는 덕목을 모두 따를 수 없다는 사실을 명심해야 한다. 국가를 보전하기 위해서는 종종 자비와 신의, 정직, 신앙심과 반대되는 행동을 취해야 하는 경우가 있다. 군주는 운명의 풍향과 세상사의 격변이 명하는 바에 따라 모든 상황에 적극 대처할 수 있는 자세를 지녀야만 한다. 앞서 언급한 것처럼 군주는 가급적 선행에서 벗어나지 않도록 주의해야 하나, 필요에 따라서는 능히 악행도 저지를 수 있어야 한다.

전승戰勝과 보국保國

군주는 자신의 입에서 나오는 모든 말이 앞서 언급한 자비와 신의, 정직, 인정, 신앙심 등 5가지 선한 품성에서 절대로 벗어나지 않도록 각별히 주의해야 한다. 자신을 배견拜見하고 명을 듣는 자에게 군주는 자비와 신의, 정직, 인정, 신앙심의 화신처럼 보여야 한다. 특히 신앙심이 두터운 것처럼 보이는 게 중요하다.

사람은 통상 손으로 만져보고 판단하기보다는 눈으로 보고 판단하기 마련이다. 사람들 모두 군주를 볼 수는 있지만 직접 접촉할 수 있는 자는 매우 드물기 때문이다. 대다수 사람들이 군주의 외양만 보고 판단하는 이유다. 경험을 통해 군주의 참모습을 파악할 수 있는 자는 극소수에 지나지 않는다. 게다가 이들 극소수의 사람은 군주의 위엄을 지탱하는 대다수의 여론에 감히 반론을 제기할 수조차 없다. 불만을 받아주는 상급 심판자가 없는 일반 백성의 경우는 특히 군주의 행동에 대해 늘 결과만 갖고 판단하기 마련이다.

군주가 전승戰勝vincere과 보국保國mantenere lo stato을 최우선 과제로 삼아야 하는 이유가 여기에 있다. 이 경우 그 수단은 늘 명예롭고 칭송받을 만한 것으로 평가된다. 백성은 늘 사안의 겉모습과 결과를 보고 감명 받기 때문이다. 세상은 이런 백성들로 가득 차 있다. 백성이 군주에게 의지해 하나가 되면 소수는 아무리 현명할지라도 고립되게 마련이다. 굳이 이름을 밝히지는 않겠지만 오늘날 어떤 군주는 실상 평화와 신의에 적대적이면서도 이를 입에 달고 산다.[130] 그가 이 2가지 가운데 하나만이라도 실천에 옮겼다면 자신의 명성과 권력 가운데 하나를 잃고 말았을 것이다. 그것도 여러 번에 걸쳐 그랬을 것이다.

---

130   스페인 왕 페르난도 2세를 가리킨다. 그는 목표를 이루기 위해 경쟁자인 루이 12세를 무려 12번이나 속였다고 자랑스럽게 말했다.

제
19
장

경멸과 증오

경멸과 증오를
피하는 방법에 관해

De contemptu et odio fugiendo

신민 지지의 유지 방법

앞서 언급한 여러 품성 가운데 가장 중요한 부분은 이미 상세히 얘기한 까닭에 나머지 부분은 다음과 같은 일반적인 주제로 간략히 논할 생각이다. 군주는 이미 설명했듯이 백성의 증오를 사거나 경멸을 받는 일을 삼가야 한다. 군주가 이를 삼가면 최선을 다한 게 된다. 다른 비행이 있을지라도 그로 인해 위험에 처하는 일은 없을 것이다.

군주가 증오의 대상이 되는 가장 큰 이유는 이미 언급한 것처럼 탐욕스럽게도 백성의 재산과 부녀자를 빼앗는데 있다. 대다수 백성은 군주가 그들의 재산과 명예를 훼손하지 않는 한 대략 자족하며 살아간다. 군주의 경계 대상은 소수의 야심 많은 귀족들이다. 그러나 이들은 다양한 방식으로 쉽게 제압할 수 있다.

군주가 경멸 대상이 되는 이유는 변덕이 심해 경박하며, 유약하고 소심해 우유부단한 모습을 보이는데 있다. 군주는 항해자가 암초를 피하듯 이를 피해야만 한다. 나아가 자신의 행동에서 위엄과 용기 및 성실과 강인을 드러내야 하고, 주요 현안과 관련해 한번 내린 결정은 번복될 수 없다는 사실을 각인시켜야 한다. 이런 평판이 유지돼야 그 누구도 감히 군주를 기만하거나 농락할 엄두를 내지 못한다. 이런 인물 형상을 만드는데 성공한 군주는 그 누구일지라도 커다란 명성을 누리게 된다. 군사 면에서 매우 유능하고 백성의 존경대상이라는 사실이 알려지면 이런 군주를 상대로 음모를 꾸미거나 정면 공격을 가하기란 극히 어려운 일이다.

군주에게는 늘 2가지 큰 우려가 있게 마련이다. 첫째, 백성과 관련한 대내적 우려이다. 둘째, 외세와 관련한 대외적 우려이다. 대외적 우려는 정예군과 믿음직한 동맹을 통해 효과적으로 막아낼 수 있다. 정예군의 확보는 늘 믿음직한 동맹을 불러온다. 대외관계만 원만하면 모반에 의해 어지러워지지 않는 한 국내정세는 이내 안정된다. 설령 대외정세가 불안정해도 내가 앞서 언급했듯이 일상적으로 정무를 처리하며 용기를 잃지 않으면 스파르타의 군주 나비스처럼 능히 외침을 막아낼 수 있다. 다만 신민의 움직임만큼은 예의 주시해야 한다. 대외정세가 소란스럽지 않을 때조차도 그들은 은밀히 모반을 꾀하기 때문이다. 이를 방비하기 위한 최상의 계책은 신민의 증오와 경멸 대상이 되는 것을 극도로 피해 지지를 유지하는데 있다. 앞서 장황하게 얘기했듯이 군주는 이 점을 명심해야 한다.

모반의 위험성

모반에 대한 최선의 대책 가운데 하나는 군주가 백성들로부터 증오를 사지 않는 일이다. 모반을 꾀하는 자들은 하나같이 군주의 시해가 민심에 부응할 수 있다고 생각한다. 만일 시해가 백성의 분노를 사리라는 것을 알면 이내 주저하며 단념할 것이다. 모반은 커다란 어려움과 위험이 뒤따르기 때문이다.

우리는 수많은 모반이 시도됐지만 성공한 경우가 매우 드물다는 것을 역사적 경험을 통해 알고 있다. 모반은 단독으로 거행할 수 없는 까닭에 늘 불평분자 가운데 공모자를 끌어들이게 마련이다. 모반자가 불평분자에게 자신의 구상을 설명하는 순간 오히려 이들에게 절호의 기회를 제공하는 셈이 된다. 고변告變을 통해 군주로부터 커다란 보상을 기대할 수 있기 때문이다. 고변에 따른 커다란 보상이 확실한 상황에서 모반가담에 따른 많은 위험과 불확실한 이득만이 예상되는데도 갈등하는 경우가 있다. 이때 비밀을 지키며 배신하지 않는 자가 있다면 그는 틀림없이 모반자의 둘도 없는 친구이거나 군주와 불구대천의 원한을 맺은 자일 것이다.

요컨대 모반자는 평생 발각 내지 배신에 관한 공포와 질투, 끔직한 처벌에 대한 불안 속에서 보내게 된다. 반면 군주는 보위에 수반하는 위엄과 법률, 동맹국의 든든한 지원 등이 있다. 게다가 백성의 두터운 신망마저 얻고 있다면 그 누구도 감히 모반을 꾀할 수 없다.

모반자는 늘 모반의 실행에 앞서 커다란 공포 속에서 살게 마련이다. 백성의 지지를 받는 군주에 대해 모반을 꾀할 경우 모반을 실행한 이후에도 커다란 공포에 휩싸이게 된다. 백성을 적으로 만들면 그 어떤 도피처도 찾을 수 없기 때문이다.[131]

이에 관한 사례는 매우 많지만 선대tempi de' padri에 일어난 사례 하나를 드는 것으로 충분할 듯싶다.[132] 지금 볼로냐Bologna의 군주인 안니발레Annibale 2세의 조부 안니발레 벤티볼리오Annibale Bentivogli가 칸네스키Canneschi 가문의 모반으로 시해됐을 때 그의 유족으로는 강보에 싸

---

131 마키아벨리는 『로마사 논고』 가운데 가장 긴 제3권 제6장에서 '음모'라는 주제를 놓고 역사상에 나타난 갖가지 유형의 반란과 그 반란에 포함된 요소에 대해 세밀히 분석하고 있다.

132 '선대'의 본문 구절이 tempi de' padri 대신 memoria de' padri로 되어 있는 판본이 많다. 강정인은 '조상대', 박상섭은 '선조 시대', 김영국은 '선대'로 번역했다. '선대'가 간명하다.

▌안티발레 벤티볼리오

여 있던 조반니 2세가 유일했다.[133] 당시 백성들은 격분한 나머지 들고 일어나 칸네스키 일당을 몰살했다. 벤티볼리오 가문이 백성에게 두터운 신망을 얻고 있었기 때문이다. 안니발레 벤티볼리오가 시해될 당시 볼로냐에는 국정을 담당할 만한 벤티볼리오 가문 출신 성인 남자가 없었다. 얼마 후 볼로냐 백성은 대장장이 아들로만 알려진 벤티볼리오 가문 출신 성인이 피렌체에 살고 있다는 소식을 듣고는 곧바로 그를 데려다가 도시를 맡겼다. 조반니 2세가 성년이 될 때까지 한시적으로 다스린다는 조건이었다.[134] 군주는 백성의 두터운 지지를 받는 한 모반을 두려워할 이유가 없고, 정반대로 적대감을 유발해 증오 대상이 되는 한 매사에 모든 사람을 두려워할 수밖에 없게 된다.

---

133   안니발레 벤티볼리오(Annibale Ⅰ Bentivoglio, 1413-1445)는 볼로냐 출신의 용병대장이다. 1441년 플리포 공작의 딸 도나 비스콘티와 결혼해 아들 조반니 2세를 낳았다. 이후 수년 동안 용병대장으로 활약하다가 1443년 볼로냐의 통치자가 되었다. 그러나 칸네스키 Canneschi 가문의 원성을 산 나머지 1445년 암살되고 말았다. 아들 조반니 2세는 17년이 지난 1462년에 비로소 성년이 됐다.

134   '대장장이 아들' 운운은 암살당한 안니발레 벤티볼리오의 삼촌인 에르콜레 벤티볼리오의 서자인 산테 벤티볼리오(Sante Bentivoglio, 1426-1463)를 말한다. 그는 조반니 2세가 성년이 될 때까지 섭정을 했다.

귀족과 서민

예로부터 기강이 확립된 국가와 현명한 군주는 귀족이 분노하지 않고 백성이 만족해하는 상황을 만들기 위해 늘 세심한 주의를 기울였다. 사실 이는 군주가 해야 할 가장 중요한 임무 가운데 하나이다. 근래 기강이 확립돼 원만한 통치가 이뤄지는 대표적인 나라로 프랑스를 들 수 있다.

프랑스에는 군주의 자유와 안전을 보장하기 위한 뛰어난 제도가 많다. 그 가운데 으뜸이 바로 커다란 권위를 누리고 있는 파리 고등법원il parlamento이다.[135] 1254년 경 파리 고등법원을 창시한 루이 9세는 귀족의 야심과 오만을 익히 알고 있었던 까닭에 통제 수단으로 파리 고등법원을 통해 이들의 입에 재갈을 물리고자 한 것이다. 동시에 그는 서민universale이 귀족grandi을 두려워하는 동시에 증오하고 있다는 사실을 익히 알고 있었던 까닭에 백성을 보호코자 했다.

그러나 그는 이런 역할이 자신에게 특별한 업무로 다가오는 것을 원치 않았다. 서민을 우호적으로 대할 때 떠안게 되는 귀족의 비난과 귀족을 가까이할 때 떠안게 되는 서민의 비난을 떨쳐내려는 속셈이었다. 비난을 직접 떠안지 않으면서 귀족을 견제하고, 서민의 지지를 얻을 수 있는 방안을 강구한 끝에 제3의 심판기관인 고등법원을 설립한

---

[135] 불어로는 'Parlement de Paris'이다. 카페 왕조(987-1328) 초기에는 궁정회의를 의미했다. 이후 신하들 앞에서 판결을 내리는 법정으로 출발했다. 훗날 계층 간의 균형을 와해시키기 위해 그 제도를 활용하려는 생각이 비로소 구체화됐다. 18세기에도 의회議會가 부재한 상황에서 나름 민권을 옹호했으나, 프랑스대혁명 발발과 더불어 폐정됐다. 프랑스 고등법원의 형태와 기능에 대한 마키아벨리의 해석은 그리 정확한 게 아니다.

이유다. 이보다 더 뛰어나고 현명한 제도도 거의 없을 것이다. 군주와 왕국의 안전에 이보다 더 큰 효과를 가져다준 제도도 거의 존재하지 않았다.

이를 통해 우리는 또 다른 교훈을 찾아낼 수 있다. 군주는 증오를 촉발할 일은 남에게 맡기고, 칭송을 받을 일은 자신이 도맡아야 한다는 게 그것이다.[136] 요컨대 군주는 귀족을 존중해야 하지만 결코 백성의 증오를 사서는 안 된다는 점을 거듭 강조코자 한다.

군인과 백성

로마 황제의 생애를 검토한 자들은 내 주장과 상반되는 몇 가지 예를 들 수 있다고 생각할지 모르겠다. 몇몇 로마 황제는 평생 칭송받을 만한 삶을 살며 위대한 정신적 자질을 보여주었음에도 신하의 모반

---

136 아리스토텔레스의 『정치학』 제5권 11장에 유사한 구절이 나온다. "군주는 명예를 하사할 때는 손수 하되, 형벌을 내릴 때는 다른 공직자나 법정이 대신하도록 해야 한다."는 구절이 그것이다. 사실 마키아벨리가 『군주론』에서 역설한 군주리더십의 상당 부분은 『정치학』 제5권 11장의 '참주정의 보존방법'에서 힌트를 얻은 게 매우 많다. 필자가 마키아벨리를 아리스토텔레스의 사상적 후계자로 보는 이유다. 원래 아리스토텔레스는 현실을 중시하는 입장에서 '철학적 삶'과 '정치적 삶'을 조화시키고자 노력했지만 마키아벨리는 '철학적 삶'을 내던지고 '정치적 삶'에 방점을 찍었다. 크게 보면 아리스토텔레스의 행보는 순자가 '철학적 삶'인 왕도王道을 앞세우면서도 '정치적 삶'인 패도覇道를 적극 수용하는 선왕후패先王後覇의 입장을 보이며 예치禮治를 역설한 것과 닮았다. 마키아벨리의 주장 역시 스승 순자의 '선왕후패' 주장에서 왕도를 배제한 가운데 패도에 초점을 맞춘 한비자의 법치法治 사상과 닮았다. 필자가 동서의 정치사상을 비교한 일련의 논문과 저서에서 시종 소크라테스를 공자, 플라톤을 맹자, 아리스토텔레스를 순자, 마키아벨리를 한비자와 비교하며 그 이동異同을 분석한 이유다.

으로 권력을 잃거나 시해된 게 사실이다. 이에 대해 나는 이들 황제의 품성을 분석하는 방식으로 이들의 몰락 원인이 내 주장과 다르지 않다는 점을 밝히고자 한다. 이 과정에서 로마 역사를 연구하는 자라면 누구나 주목할 만한 사건을 예로 들 생각이다.

나는 철학자이기도 한 마르쿠스 아우렐리우스Marcus Aurelius에서 막시미누스Maximinus에 이르는 모든 황제를 검토코자 한다.[137] 마르쿠스 아우렐리우스 자신과 그의 아들 콤모두스Commodus, 페르티낙스Pertinax, 디디우스 율리아누스Didius Julianus, 셉티미우스 세베루스Septimius Severus, 그의 아들 안토니누스 카라칼라Antoninus Caracalla, 마크리누스Macrinus, 헬리오가발루스Heliogabalus, 알렉산데르 세베루스, 막시미누스 등이 그들이다.

가장 먼저 지적할 것은 다른 나라 군주는 귀족의 야심과 백성의 무례를 대비하는 것으로 족했지만 로마 황제는 잔인하고 탐욕스런 군인을 대비해야 하는 또 다른 어려움을 안고 있었다는 점이다. 군인과 백성을 동시에 만족시키기란 매우 어려운 일이다. 많은 황제가 제대로 대처하지 못해 보위를 잃은 사실이 이를 뒷받침한다.

통상 백성은 평화로운 삶을 바라기에 온건한 군주를 원하고, 군인은 잔혹하고 오만하며 탐욕스런 호전적 군주를 좋아한다. 게다가 군인은 군주의 학정虐政 덕분에 급료가 올라가고 자신들의 탐욕과 잔학성이 자연스럽게 배출되기를 바란다. 천부적인 자질과 경륜이 부족해 군인과 백성을 동시에 제어할 만큼 위신을 확보하지 못한 황제는 늘

---

137 마키아벨리의 고대사에 대한 지식은 헤로도토스의 『역사』와 리비우스의 『로마사』에 크게 의존하고 있다. 『역사』는 1493년 폴리치아노Poliziano에 의해 라틴어로 번역됐다.

몰락의 길을 걸었다. 대다수 황제 특히 자수성가한 신임 황제의 경우 이를 깨닫고는 백성을 희생시키는 대신 군인의 마음을 얻는 쪽을 택했다. 이는 불가피한 측면이 있었다. 어느 한쪽의 증오를 피할 수 없을 경우 다수 집단의 증오를 피하고자 하는 것은 당연한 일이다. 이것도 불가능하면 모든 방법을 동원해 가장 강력한 집단의 증오 대상이 되는 것부터 피해야 한다. 새로 즉위해 특별한 지지를 필요로 한 황제가 백성보다 군인의 편에 선 이유가 여기에 있다. 이런 선택이 옳았는지는 이후 군통수권을 제대로 유지했는지 여부에 달렸다.

지지집단의 증오

마르쿠스 아우렐리우스와 페르티낙스 및 알렉산데르 세베루스는 늘 절제된 삶을 살면서 정의를 사랑하고, 잔혹함을 적대시하고, 인간적이면서도 자비로웠다. 그럼에도 마르쿠스 아우렐리우스만 빼고 모두 비참한 최후를 맞았다. 마르쿠스 아우렐리우스만 영예롭게 살다가 일생을 마친 것은 세습에 의해 보위에 오른 덕분이다. 즉위 과정에서 군인이나 백성에게 신세를 질 일이 없었던 것이다. 더구나 그는 뛰어난 품성 덕분에 사람들의 존경심을 자아냈다. 재위기간 내내 군인과 백성을 적절히 통제하며 이들의 증오와 경멸을 피할 수 있었던 이유다.

이에 반해 페르티낙스는 군인들의 뜻을 거스르며 보위에 올랐다. 콤모두스 치하에서 방종한 생활에 익숙해진 군인들은 그가 요구하는 절제된 삶을 견딜 수 없었다. 그가 군인의 증오 대상이 된 이유다. 게

다가 그는 연로한 탓에 경멸까지 받았다. 보위에 오른 지 얼마 안 돼 곧바로 몰락한 배경이다.

여기서 주목할 것은 악행은 물론 선행도 지지집단의 증오를 살 수 있다는 점이다. 앞서 언급한 것처럼 군주는 나라를 유지하기 위해 종종 선하지 않은 일을 해야 할 때가 있다. 백성이든 군인이든 귀족이든 군주가 도움을 필요로

| 마르쿠스 아우렐리우스

하는 집단이 부패하면 군주는 이들의 비위를 적당히 맞추지 않을 수 없다. 바로 이런 경우에 선행은 해로운 게 된다.

경멸과 암살

이제 화제를 바꿔 알렉산데르 세베루스에 관해 살펴보기로 하자. 그는 매우 뛰어난 황제로 그가 행한 일련의 사업 모두 커다란 칭송을 받았다. 14년의 재위 기간 중 재판 없이 사형에 처해진 자가 전무한 게 대표적이다. 그러나 그는 모후에게 휘둘리는 나약한 군주라는 평판을 받았다. 급기야 경멸의 대상으로 몰락한 뒤 군인의 모반으로 시해되고 말았다.

그와 대비되는 인물로 콤모두스와 셉티미우스 세베루스, 안토니누스 카라칼라, 막시미누스 등을 들 수 있다. 이들 모두 잔인하고 탐욕스러웠다. 군인들의 마음을 사기 위해 백성의 이익을 해치는 온갖 불

법행위를 자행한 게 그렇다. 이들 모두 비참한 최후를 맞았으나 셉티미우스 세베루스 만큼은 예외였다. 비록 백성을 탄압키는 했으나 여러 뛰어난 자질을 발휘해 군대와 우호관계를 유지하며 나라를 다스린 덕분이다. 그의 여러 자질은 군인과 백성의 시각에서 볼 때 매우 경탄할 만한 것이었다. 여하튼 당시 백성들은 어리둥절해하며 경외하는 모습으로 그를 바라보았고, 군인들 또한 존경의 눈빛으로 우러르며 만족해했다.

여우와 사자의 결합

| 셉티미우스 세베루스

셉티미우스 세베루스의 행적은 신생 군주로서 너무 뛰어나 연구해 볼 만한 가치가 충분히 있다. 여기서는 그가 군주라면 반드시 터득해야 한다고 역설한 여우와 사자의 기질을 얼마나 잘 발휘했는지 간략히 검토해 보기로 하자.

당시 그는 디디우스 율리아누스 황제의 우유부단한 성격을 잘 알고 있었다. 슬라보니아Slavonia에 주둔하고 있는 휘하 군사에게 로마로 진군해 친위대에게 피살당한 페르티낙스의 죽음을 복수하자고 호소한 이유다. 당시 그 누구도 그가 이런 구실을 내세워 보위에 오르고자 하는 것을 눈치 채지 못했다. 그는 매우 빠른 속도로 진격했다. 덕

분에 그가 슬라보니아를 떠났다는 소
문이 나기도 전에 이미 이탈리아에 도
착해 있었다. 로마에 입성하자마자 공
포에 질린 원로원은 그를 황제로 선
출하며 디디우스 율리아누스를 처형
했다.

▎디디우스 율리아누스

　　그러나 로마제국을 완전 장악하기
위해서는 2가지 난관을 극복해야 했다. 첫째, 아시아 주둔군 사령관
페스케니우스 니그리우스가 스스로 황제를 선언하고 있었다. 둘째, 서
부 갈리아 주둔군 사령관 알비누스 역시 호시탐탐 보위를 넘보고 있
었다. 두 적대세력과 동시에 교전하는 것은 무모한 일이었다. 그는 페
스케니우스 니그리우스를 먼저 제거키 위해서 알비누스를 속여 중
립에 묶어둘 필요가 있었다. 곧 이런 내용의 서신을 알비누스에게 보
냈다.

　　"비록 원로원이 나를 황제로 선출키는 했으나 나는 황제의 지위를
그대와 함께 나누고자 한다. 그대에게 부황제副皇帝인 카이사르의 칭호
를 보내는 이유다. 이미 원로원으로 하여금 그대와 나를 공동 통치자
로 선언토록 조치했다."

　　알비누스는 이를 액면 그대로 받아들였다. 그러자 셉티미우스 세
베루스는 페스케니우스 니그리우스를 격살하고 동방 아시아를 평정
한 뒤 로마로 돌아와 원로원에 이같이 호소했다.

　　"알비누스는 내가 베푼 모든 은혜를 저버리고 오히려 나를 살해코
자 했다. 즉각 출병해 그의 배신행위를 응징하지 않을 수 없다!"

　　그러고는 곧바로 프랑스로 진격해 알비누스의 목을 치고 지위를

박탈했다. 그가 보인 일련의 행적을 살펴보면 그가 극히 사나운 사자 uno ferocissimo leone인 동시에 극히 교활한 여우una astutissima volpe였음을 쉽게 알 수 있다. 모든 사람들로부터 두려움과 존경의 대상이 되고, 휘하 군대의 경멸을 조금도 사지 않은 이유다. 그가 지닌 엄청난 위세는 늘 그의 약탈행위가 불러일으킬 수 있는 증오를 미연에 차단했다. 신생 군주인데도 거대한 제국을 성공적으로 다스린 것을 두고 그리 이상하게 생각할 것도 없다.

잔학행위와 암살

┃안토니누스 카라칼라

셉티미우스 세베루스의 아들 안토니누스 카라칼라 역시 뛰어난 자질을 지닌 자였다. 즉위 초기 백성의 경탄과 군인의 호감을 자아낸 이유다. 어떤 역경이든 능히 타개해 나갈 수 있는 강인한 전사로서 모든 종류의 미식美食과 사치를 경멸하며 멀리한 덕분이다. 전군의 전폭적인 지지를 받은 근본배경이다. 그러나 그는 유례가 없을 정도로 잔학했다. 수많은 사람을 사적으로 살해하고, 로마와 알렉산드리아의 전 주민을 몰살한 게 그렇다. 모든 사람의 증오 대상이 되고, 심지어 측근조차 공포를 느낀 이유다. 결국 그는 휘하의 백인대장百人隊長에 의해 살해되고 말았다.

여기서 주목할 것은 마음속 깊이 맺힌 원한에서 비롯된 이런 유형의 암살은 아무리 군주일지라도 결코 피할 수 없다는 점이다. 죽음을 두려워하지 않는 자는 능히 군주를 암살할 수 있다. 그러나 이는 매우 드물게 일어나는 일이기에 크게 괘념할 필요는 없다. 다만 안토니누스 카라칼라의 사례를 통해 알 수 있듯이 자신을 섬기는 측근이나 궁정 신하를 심하게 해치거나 모욕하지 않도록 조심해야 한다. 안토니누스 카라칼라는 백인대장의 동생을 치욕적인 죽음으로 몰아넣은 뒤 백인 대장을 자신의 경호 대장으로 삼고 매일 위협했다. 이는 너무 무분별한 처사로, 결국 죽음을 자초한 셈이 됐다.[138]

경멸 대상의 위험

이제 화제를 바꿔 콤모두스에 관해 살펴보기로 하자. 그는 부황인 마르쿠스 아우렐리우스로부터 보위를 물려받은 까닭에 아주 쉽게 권력을 유지할 수 있었다. 단지 부황의 선례를 따르는 것만으로도 백성

---

138 유사한 구절이 아리스토텔레스의 『정치학』 제5권 11장에 나온다. "군주의 목숨을 노리는 자들 가운데 가장 위험한 인물은 군주의 목숨을 빼앗기만 하면 자신의 목숨은 아무래도 좋다고 생각하는 자들이다. 군주는 주변의 인물 가운데 자기 자신을 비롯해 자신과 가까운 사람이 모욕을 당했다고 느끼는 자들을 특히 조심해야 한다. 분노하여 행동하는 자는 자신도 아끼지 않기 때문이다. 헤라클레이토스가 '분노야말로 맞서 싸우기에 가장 까다로운 적수이다. 분노는 목숨을 주고라도 원하는 것을 사기 때문이다.'라고 말한 이유다."라고 한 게 그렇다.

| 콤모두스

과 군인을 공히 만족시킬 수 있었다. 그러나 그는 천성적으로 잔혹했다. 백성을 탐욕스런 약탈행각의 제물로 삼아 군대의 비위를 맞추면서 제멋대로 행동토록 방치한 게 그렇다. 더구나 그는 황제의 위엄을 유지하기 위해 필요한 몸가짐을 전혀 삼가지 않았다. 종종 투기장으로 내려가 검투사와 싸운 게 그렇다. 이외에도 황제의 품위를 해치는 천박한 행동을 스스럼없이 자행했다. 휘하 병사들로부터 경멸의 눈총을 받은 이유다. 한편으로 백성의 증오, 다른 한편으로 군인의 경멸을 받게 되자 이내 모반이 일어나 목숨을 잃고 말았다.

이제 마지막으로 막시미누스를 살펴보기로 하자. 그는 매우 호전적인 인물이었으나 우유부단했다. 앞서 언급한 것처럼 군인들은 알렉산데르 세베루스의 이런 행보를 극히 싫어했다. 그를 시해한 뒤 막시미누스를 옹립한 이유다.

그러나 막시미누스 역시 오랫동안 보위에 머물지 못했다. 2가지 일이 그를 증오와 경멸의 대상으로 만든 결과다. 첫째, 그는 미천한 출신이었다. 이전에 트라키아Thracia에서 목동으로 있었다는 사실이 알려지면서 이내 경멸의 대상이 되었다. 둘째, 그는 취임 초기 추대에도 불구하고 로마 입성을 지체했다. 그 사이 로마와 다른 지역에 지방관으로 파견된 그의 부하들이 잔혹행위를 무수히 저질렀다. 이로 인해 그는 출신이 몹시 미천한데다 잔혹한 인물이라는 인상을 깊이 심어주고 말았다. 경멸과 증오의 대상이 된 이유다.

결국 먼저 아프리카에서 반란이 일어났고, 뒤이어 로마의 원로원과 주민이 반기를 들었고, 마침내 이탈리아 전역이 반란 대열에 가담했다. 심지어 그의 군사마저 가담하는 지경에 이르게 됐다. 당시 그의 휘하 군사는 아퀼레이아Aquileia를 포위 공격하고 있었다. 매우 어려운 작전이라 이들 모두 크게 지쳐 있었다. 이들은 막시미누스의 잔혹한 처사에 화가 나 있던 차에 수많은 사람이 반기를 들었다는 소식을 접하고는 별 두려움 없이 그를 살해했다. 헬리오가발루스와 마크리누스, 율리아누스는 즉위 전부터 경멸의 대상이 되었고, 즉위 직후 제거된 까닭에 특별히 논의할 게 없다. 증오와 경멸에 관한 얘기는 이만 그치도록 하겠다.

술탄과 교황

내가 보기에 오늘날의 군주는 불법적인 수단을 통해서라도 휘하 군사를 만족시켜야 하는 고충에서 적잖이 벗어나 있다. 군대에 얼마간의 관심을 기울여야 하나 오늘날의 군주에게는 고대 로마 군단처럼 속령의 정치와 행정에 깊이 관여하는 군대가 없다. 나름 고충을 쉽게 해결할 수 있는 이유다. 로마 시대는 군인이 막강한 권력을 보유한 까닭에 백성보다 이들을 만족시키는 게 시급했다. 그러나 오늘날은 투르크와 이집트의 술탄이 다스리는 영역을 빼고는 상황이 바뀌었다. 백성이 군인보다 더 많은 권력을 보유한 까닭에 군주는 군인보다 오히려 백성을 만족시켜야 한다.

여기서 투르크의 술탄을 예외로 삼은 것은 늘 1만2천의 보병과 1만5천의 기병이 술탄의 궁정을 보호하고, 제국의 안전과 권력이 이들 군사에 의존하기 때문이다. 술탄의 영역에서는 군대를 우호세력으로 유지하는 것은 물론 그들에게 상대적으로 더 많은 관심을 기울여야만 한다. 이집트의 술탄 역시 권력이 군대의 수중에 있는 까닭에 크게 다르지 않다. 백성에 대한 고려에 앞서 군대를 계속 우호세력으로 유지하기 위해 이들에게 더 많은 관심을 기울이는 이유다. 게다가 이들 술탄의 나라는 많은 점에서 여타 군주국과 다르다. 그 나라는 교황 제도와 닮았고, 세습 군주국 또는 신생 군주국이라고 할 수도 없다. 후사後嗣는 이전 군주의 자식이 아니라 선거권을 지닌 자들에 의해 선출된다. 이런 나라는 전래의 세습 전통 덕분에 신생 군주국이 당면하는 문제를 맞닥뜨릴 일이 없다. 후사는 새 인물이지만 나라의 제도만큼은 오래된 까닭에 보위가 교체될 때마다 사람들은 마치 세습 군주를 맞아들이듯 한다.

신생 군주의 선택

원래 화제로 돌아가 보자. 지금까지 내가 언급한 내용을 일별한 사람이라면 누구든지 앞서 거론한 로마 황제들의 몰락 배경이 증오와 경멸에 있다는 사실을 알 수 있을 것이다. 나아가 그 황제들 가운데 일부는 이렇게 처신하고 일부는 저렇게 처신했는데 그 결과가 엇갈리게 나온 배경을 대략 짐작할 수 있을 것이다.

신생 군주 페르티낙스와 알렉산데르 세베루스가 세습 군주 마르쿠스 아우렐리우스를 모방하는 것은 백해무익하고, 카라쿨라와 콤모두스 및 막시미누스가 셉티미우스 세베루스를 흉내 내는 것 또한 치명적이다. 상호 비슷한 자질을 구비하지 못했기 때문이다.

　　신생 군주는 마르쿠스 아우렐리우스의 행적을 모방할 수도 없지만, 굳이 셉티미우스 세레루스의 행적을 따를 필요도 없다. 오직 국가 건설에 필요한 조치는 셉티미우스 세베루스, 견고히 수립된 국가의 유지를 위해 필요한 영광스런 조치는 마르쿠스 아우렐리우스로부터 끄집어내면 된다.

제
20
장

강압과 회유

요새의 구축 등은
유용한가, 무용한가?

An arces et multa alia quae cotidie
a principibus fiunt utilia an inutilia sint?

백성의 무장

　어떤 군주는 나라를 보다 효과적으로 장악키 위해 백성의 무장을 해제시켰고, 어떤 군주는 점령 도시를 효과적으로 다스리기 위해 분열을 부추겼다. 또 다른 군주는 고의로 자신의 적대자를 해당 지역에 심어 놓거나, 집권 초기에 의심스런 자를 회유해 자기 쪽으로 끌어들이기도 했다. 다른 한편 새로운 요새fortezze를 세우는 군주가 있는가 하면, 이를 헐어버리는 군주도 있었다. 이런 결정을 내린 해당 국가의 구체적인 사정을 제대로 알지 못하면 단정적인 평가를 내리기가 쉽지 않다. 그럼에도 나는 가급적 통상적인 관점에서 이 문제를 종합적으로 검토코자 한다.

　우선 신생 군주는 자신의 백성을 무장해제 시킨 적이 없다. 오히려 정반대로 백성이 무장을 갖추지 않았으면 늘 무기를 제공했다. 백성을 무장시킬 때 그 군사력이 바로 군주 자신의 것이 되기 때문이다. 사실 그래야만 군주를 의심하던 자들은 충성스럽게 변하고, 원래 충성스러운 자는 그 상태를 유지하고, 일반 백성 모두 열성적인 지지자로 변모한다. 물론 군주가 백성 전체를 무장시킬 수는 없다. 그러나 무장시킨 자들을 우대하면 나머지 사람들도 확고히 잡아둘 수 있다. 무장한 자들은 차별적인 우대에 우쭐해하면서 더욱 충성할 것이고, 나머지 사람들도 커다란 위험과 엄격한 임무를 수행하는 자들을 우대하는 게 당연하다고 여겨 이를 양해할 것이다.

　군주가 어떤 이유로 백성의 무장을 해제시키면 곧바로 그들의 감정을 상하게 만든다. 비겁과 반역을 의심하며 그들을 불신하고 있음을 통보한 셈이 되기 때문이다. 어느 경우이든 군주에 대한 증오심만 키울 뿐이다. 무력의 뒷받침 없이는 권력유지가 불가능한 까닭에 백성의 무장을 해제시킨 군주는 결국 용병에 기댈 수밖에 없다. 용병의 특성에 관해서는 앞서 논한 바 있다. 용병은 일정한 한계가 있어 아무리 뛰어날지라도 막강한 적군 내지 충성이 의심되는 백성들로부터 군주를 지켜줄 수 없다. 내가 앞서 말했듯이 신생 군주는 늘 자신의 백성을 무장시켰다. 역사는 이런 사례로 가득 차 있다.

분열책의 한계

군주가 자신의 국가에 타국을 수족처럼 병탄했을 때는 병탄에 적극 협조한 자들을 제외하고는 타국 백성을 모두 무장해제 시켜야 한다. 기회가 허용되면 협조한 자들도 힘을 약화시켜야 한다. 앞서 언급한 것처럼 이런 유형의 혼합 군주국에서는 모든 무력을 오랫동안 군주 가까이서 충성을 바친 자국 출신 군대에 집중시켜야 한다.

현자로 알려진 우리 선조들은 늘 말하기를, "피스토이아는 당파 parte, 피사는 요새fortezze로 다스리는 게 필요하다."고 했다.[139] 피스토이아를 정복한 자들이 도시의 내분을 조장해 다스린 이유다. 이탈리아가 상당 수준의 균형 상태에 처해 있을 때는 나름 일리 있는 계책이

---

139   인용된 속담의 본문은 간접화법으로 기술돼 있다. "Solevano li antiqui nostri, e quelli che erano stimati savi, dire come era necessario tenere Pistoia con le parte e Pisa con le fortezze."

다.[140] 그러나 오늘날에는 더 이상 통용되지 않을 듯싶다. 내분 조장은 어느 누구에게도 별다른 도움이 되지 않는다는 생각이다. 오히려 정반대로 적이 공격해 왔을 때 분열된 도시는 즉시 붕괴되고 말 것이다. 상대적으로 세력이 약한 파벌은 늘 침략자와 제휴하려 들 것이고, 다른 파벌도 이를 저지할 만큼 강력하지 못하기 때문이다.

내가 보건대 전에 베네치아가 자신이 지배하는 여러 도시에 의도적으로 교황을 지지하는 겔프파와 신성로마제국 황제를 지지하는 기벨린파를 육성한 것도 바로 이런 논리에 입각한 것이다. 비록 유혈참극을 용납하지는 않았으나 기본취지만큼은 분명 파벌조장을 통해 다스리는데 있었다. 교묘하게 불화를 조장해 서로 파벌 싸움에 몰두해서 베네치아에 일치단결해 저항하는 일이 없도록 한 것이다.

뒤에서 보겠지만 이 계책은 결과적으로 베네치아에 아무런 도움이 되지 못했다. 베네치아가 바일라에서 패하자마자 브레샤Brescia와 베로나Verona, 비첸차Vicenza, 파도바Padova 등의 일부 도시가 대담하게 반기를 든 후 여세를 몰아 베네치아로부터 독립을 쟁취한 게 그렇다. 분열책은 군주의 약점만 보여줄 뿐이다. 강력한 군주국은 그런 분열을 결코 용납하지 않는다. 분열책은 점령 도시 백성을 쉽게 통제할 수 있는 평시에만 유용할 뿐이다. 전쟁이 터지면 약점을 여지없이 드러내고 만다.

---

140 '상당 수준의 균형상태uno certo modo bilanciata'는 대大 로렌초가 주도해 성사시킨 1454년의 로디Lodi 화약에서 샤를 8세의 이탈리아 침공이 이뤄지기 직전인 1494년까지의 시기를 지칭한 것이다.

새로운 충성

　의문의 여지없이 군주는 자신을 향해 밀려드는 온갖 시련과 저항을 극복할 때 위대해진다. 운명의 여신은 세습 군주보다 더 큰 명성을 얻어야 하는 신생 군주의 편을 들고자 할 경우 먼저 적의 홍성을 부추긴 뒤 신생 군주와 싸우게 만든다. 덕분에 신생 군주는 강적을 격파할 기회를 잡게 되고, 이를 발판으로 삼아 높은 위치로 도약한다. 실제로 적잖은 사람들은 일부 총명한 군주가 기회만 닿으면 적대세력을 부추겨 도전케 만든 뒤 이를 극복하는 식으로 명성을 떨친다고 생각한다.

　군주 특히 신생 군주는 건국 초기에 자신이 의심스럽게 생각한 자 가운데 오히려 원래 신임하던 자보다 더 충성스럽고 뛰어난 자를 종종 발견하곤 한다. 대표적인 예로 시에나의 군주 판돌포 페트루치Pandolfo Petrucci를 들 수 있다. 그는 자신이 신뢰하던 자보다 오히려 불신하던 자들과 더 잘 협력해 나라를 다스렸다.

　그러나 이는 인물 개개인에 따라 사정이 다른 까닭에 일반화할 수는 없다. 다만 이것 하나만은 말할 수 있다. 건국 초기 적대적인 자들이 자력으로 자리를 보존키 어려워 어딘가에 기대야 할 경우 군주는 힘들이지 않고 이들을 자기편으로 끌어들일 수 있다는 점이다. 이들은 충성스런 행보만이 과거의 나쁜 인상을 지울 수 있다는 점을 잘 알고 있기에 누구보다 충성스럽게 군주를 섬긴다. 군주는 논공행상에 따른 지위만 믿고 군주의 이익을 등한시하는 자들보다 이런 자들이 오히려 훨씬 유용할 수 있다는 사실을 알아야 한다.

　여기서 모든 신생 군주에게 반드시 상기시켜 주고픈 현안을 언급코자 한다. 내부의 도움으로 권력을 잡은 신생 군주는 협력자가 어떤 동기에서 그런 행동을 했는지 주의 깊게 살펴봐야 한다는 점이다. 만일 신생 군주에 대한 가식 없는 호의에서 비롯된 것이라면 아무 문제가 없다. 그러나 이전 국가에 대한 불만에서 비롯된 것이라면 이들과 우호관계를 계속 유지하기가 쉽지 않다. 신생 군주도 이들을 만족시켜 줄 수 없기 때문이다. 고금의 사례를 살펴보면 그 이유를 쉽게 알 수 있다. 이전 국가에 만족했기에 신생 군주에게 적대적이었던 자들을 끌어들이는 게 이전 국가에 불만을 품고 신생 군주에게 호의를 보이며 협조한 자들보다 훨씬 쉽다.[141]

요새와 백성의 증오

통상 군주는 나라를 안전하게 다스리기 위해 요새를 구축해 왔다. 요새는 반란을 꾀하는 자들에게 일종의 재갈과 굴레로 작용하고, 갑작스런 공격을 받았을 때는 안전한 피신처로 기능한다. 이는 고대로부터 줄곧 사용돼온 방비책으로 나 또한 이 방식에 동의한다.

그럼에도 오늘날 니콜로 비텔리는 자신의 국가를 지키기 위해 치타 디 카스텔로Città di Castello에 있는 2개의 요새를 허물었다. 우르비노 공작 귀도 우발도Guido Ubaldo는 체사레 보르자에 의해 쫓겨났다가 복귀한 뒤 왕국에 있는 모든 요새를 파괴했다. 요새만 없으면 두 번 다시 나라를 빼앗기지 않으리라는 판단에 따른 것이다. 벤티볼리오 가

---

141 성공한 혁명은 존속을 위해 혁명가 대신 관료에 의존한다는 사실은 영국, 프랑스, 러시아혁명 등이 거듭 입증했다.

문도 볼로냐로 복귀했을 때 유사한 조치를 취했다. 요새는 정치군사적 상황에 따라 때론 이롭기도, 때론 해롭기도 하다. 군주에게 도움이 되기도 하지만 해가 되는 때도 있다는 얘기다.

이는 다음과 같이 요약할 수 있다. 군주가 외세보다 자국 백성을 더 두려워하면 요새를 구축하는 게 옳다. 그러나 자국 백성보다 외세를 더 두려워하면 요새를 구축해서는 안 된다. 예컨대 프란체스코 스포르차가 세운 밀라노 요새는 그 어떤 요인보다 더 큰 불안요인으로 작용해 왔고, 앞으로도 그럴 것이다.

모든 요새 가운데 최고의 요새는 백성의 증오를 사지 않는데 있다. 군주가 아무리 많은 요새를 갖고 있어도 백성의 증오를 사면 그 어떤 요새도 군주를 구하지 못한다. 일단 백성이 반기를 들면 반드시 외세가 개입한다. 최근의 역사를 보면 요새는 그 어떤 군주에게도 도움이 되지 않았다.

예외가 있다면 남편인 지롤라모Girolamo 백작이 암살될 당시 포를리 백작부인La Contessa di Forli으로 있던 카테리나 스포르차Caterina Sforza 정도밖에 없다. 그녀는 백성이 봉기했을 때 황급히 요새로 피신했고, 밀라노 원병이 올 때까지 버틸 수 있었다. 가까스로 나라를 되찾기는 했으나 적잖은 우여곡절을 겪어야만 했다. 당시만 하더라도 외세가 봉기에 편승할 형편이 아니었다. 나중에 체사레 보르자가 개입하자 적대적인 그녀의 백성이 이에 합세했다. 그녀가 머물던 요새가 거의 무용지물이 된 이유다. 카테리나 스포르차는 요새 안에서 버티기 전에 백성의 증오를 사지 않는 게 상책이었다.[142] 이 모든 점을 고려할 때 요새를 구축하는 군주와 그리하지 않는 군주의 처사 모두 상황에 따라 나름 일리가 있다. 그러나 요새만 믿고 백성의 증오에 주의하지 않는 군주라면 비난받아 마땅하다.

---

142   포를리 백작 부인La Contessa di Forli은 1488년 남편이 살해된 후 원군이 올 때까지
요새 안에서 용케 버텼지만 1500년 첫 원정에 나선 체사레 보르자에게 굴복했다. 마키아벨
리는 그녀의 용기에 찬사를 보내면서도 그녀가 백성의 지지를 얻지 못한 점에 대해서는 크
게 애석해했다.

제
21
장

친선과 중립

군주가 어찌해야 명성을
얻을 수 있는가?

Quod principem deceat ut egregius habeatur?

사업의 성공과 모반

군주의 입장에서 볼 때 커다란 군공軍功을 세우는 식의 뛰어난 행보를 보여주는 것보다 더 큰 명성을 가져다주는 것은 없다. 오늘날 스페인 왕인 아라곤Argon 가문의 페르난도 2세가 대표적인 경우다. 그는 신생 군주로 불러도 무방하다. 즉위 당시 그는 약소국 군주에 지나지 않았으나 이후 명성과 영예 면에서 기독교권 제1의 군주로 우뚝 섰기 때문이다.

그의 행보를 살펴보면 모든 게 뛰어났고, 어떤 것은 타의 추종을 불허한다. 그는 재임 초기 그라나다를 공격했다. 이는 권력을 탄탄히 하는 기초가 되었다. 그는 이 전쟁을 아무런 외부 방해도 받지 않는 평온한 상태에서 시작했다. 아라곤과 연합한 카스티야Castilla의 모든 영주를 전쟁에 전념토록 만든 게 그렇다. 영주들 모두 전쟁에 골몰한 탓에 반란을 도모할 겨를이 없었다. 그 사이 그는 국내에서 명성을 축적하며 영주들에 대한 지배권을 다져나갔다. 교회와 백성들로부터 거둔 자금으로 군대를 유지하면서, 장기간에 걸친 전쟁을 통해 훗날 자신에게 커다란 명성을 안겨준 정예군을 육성해 나갔다.

당시 그는 이와 별도로 더욱 거창한 사업을 추진했다. 종교를 핑계로 경건을 가장한 잔혹성pietosa crudeltà을 발휘해 기독교화한 유대인과 무어인을 뜻하는 마라노marano를 색출해 죽이거나 이베리아 반도에서 완전히 몰아낸 게 그것이다.[143] 그 참혹상은 유례가 없을 정도였다. 똑같은 명분을 내걸고 아프리카를 공략한데 이어 이탈리아를 침공하고, 마침내 프랑스까지 진출했다. 이런 방식으로 그는 늘 민심을 사로잡았다. 원대한 사업을 계획하고 성취함으로써 백성으로 하여금 사태의 귀추를 주목하게 했고, 그 결과에 열광토록 만든 덕분이다. 그는 이런 사업을 쉴 새 없이 전개함으로써 그를 반대하는 자들이 모반을 꾀할 틈조차 주지 않았다.

상벌과 홍보

군주가 자신의 나라 안에서 밀라노의 베르나보 비스콘티Bernabò Visconti 공작처럼 비범한 능력을 내보이는 것은 매우 유익하다.[144] 페르난도는 누군가가 정치 또는 사회적으로 특별한 일을 이루면 반드시 세간의 화젯거리가 될 수 있도록 신상필벌信賞必罰 원칙을 관철했다. 군주는 매사에 자신이 비범한 능력을 지닌 위대한 인물이라는 인상을 심는데 소홀해서는 안 된다.

---

143 '경건을 가장한 잔혹성pietosa crudeltà'의 pietosa를 직역하면 '경건한'의 뜻이 된다. 그러나 마키아벨리는 페르난도 2세의 이 조치를 부정적으로 보고 있다. '경건을 가장한'으로 번역한 이유다.

144 베르나보 비스콘티(Bernabò Visconti, 1323-1385)는 1355년부터 사망 시까지 밀라노를 지배한 인물이다. 자신이 평소 경멸했던 조카 잔 갈레아초 비스콘티Gia Galeazzo Visconti 에게 체포돼 감옥에서 살해됐다. 비스콘티 가문은 모두 무자비한 형벌로 악명이 높았다. 특히 베르나보 비스콘티가 심했다. 객관적으로 볼 때 마키아벨리가 페르난도 2세를 경쟁자인 조카를 얕보다가 비명횡사한 베르나보에 비유한 것은 앞뒤가 잘 맞지 않는다. 아직 이를 지적한 사람이 없으나 대략 마키아벨리가 숙부인 베르나보와 조카인 잔 갈레초아를 혼동한 결과로 보는 게 옳을 듯하다.

중립과 개입

　군주는 전쟁 등이 빚어졌을 때 스스로 우적友敵 여부를 분명히 밝혀야 한다. 한쪽을 지지하며 다른 한쪽을 반대하는 입장을 명확히 밝힐 때 커다란 존경을 받을 수 있다. 이는 중립을 취하는 것보다 늘 유리하다. 만일 인접한 두 강국이 충돌할 경우 최후의 승자는 위협적인 존재가 될 수도 있고, 그렇지 않을 수도 있다. 어차피 개입해야 할 전쟁이라면 군주는 어느 경우든 자신의 입장을 분명히 밝히고 참전하는 게 더 낫다.

　싸우는 두 강국이 위협적인 존재일 경우 명확한 입장을 밝히지 않으면 최후의 승자에 의해 궤멸될 소지가 크다. 이는 패자를 즐겁고 만족스럽게 만드는 일이다. 우방이 없는 무방비상태로 궤멸을 맞이하는 것은 자업자득에 해당한다. 승자의 관점에서 보면 자신이 곤경에 처해 있을 때 수수방관한 자를 동맹으로 삼고 싶지는 않을 것이다. 패자 역시 군사지원을 통한 공동운명체의 위험을 마다한 자에게 어떤 호의도 베풀지 않을 것이다.

　옛날 안티오코스 3세가 아이톨리아 동맹의 요청을 받고 로마를 몰아내기 위해 그리스로 진격한 적이 있었다. 이때 그는 로마의 동맹국인 아카이아 동맹의 중립을 이끌어내기 위해 사자를 파견했다. 당시 로마는 아카이아 동맹의 참전을 설득 중이었다. 결국 이 문제가 아카이아 동맹의 평의회 의제로 상정됐다. 안티오코스 3세의 사자가 요구한 중립 문제를 논의하는 자리에서 로마의 사자는 이같이 경고했다.

　"귀국이 전쟁에 개입하지 않는 게 좋을 것이라는 저들의 주장에 대해 한마디 하면 실로 이보다 더 귀국의 이익과 동떨어진 것은 없을 것이오. 누구의 도움도 없고, 아무런 위엄도 갖추지 못한 귀국은 승자의 제물이 되고 말 것이오."[145]

통상 우방이 아닌 쪽은 중립을 요구하고, 우방은 과감히 무기를 들고 참전하길 바란다. 결단력이 형편없는male-resoluti 군주는 현재의 위험을 피하기 위해 중립을 택하기 쉽다.[146] 이 경우 대부분 파멸을 면치 못했다. 이와 반대로 중립을 버리고 어느 한 쪽을 지원하는 경우를 살펴보자.

첫째, 최후의 승자가 위협적인 존재가 되는 경우이다. 먼저 지원을 받은 해당국이 승리를 거두면 이후 막강해져 나라의 운명이 그의 재량에 달릴지라도 해당국은 그간 신세진 점을 감안해 우방으로 남게된다. 그런 상황에서 배은망덕하게도 도움을 준 나라를 공격하는 파렴치한 모습을 보인 경우는 없다. 더구나 어떤 싸움이든 승자가 의롭지 못한 태도로 멋대로 행동해도 좋을 정도의 결정적인 승리는 존재하지 않는다. 설령 지원한 나라가 패할지라도 중립을 지킨 경우보다는 상황이 낫다. 해당국은 심심한 사의謝意를 표하며 나름 도움을 주고자 애쓸 것이다. 재기할 수 있는 운의 동반자를 얻는 셈이다.

145　이 이야기는 리비우스의 『로마사』 제35권 제48장에도 나온다. 인용된 본문은 첫 구절이 『로마사』와 약간 다르나 다음과 같이 라틴어로 되어 있다. "Quod autem isti dicunt non interponendi vos bello, nihil magis alienum rebus vestris est. sine gratia, sine dignitate, praemium victoris eritis."

146　박상섭의 번역은 113쪽에서 마키아벨리가 '결단력이 없는'의 뜻인 irresotute 대신 '결단력이 형편없는male-resoluti'의 표현을 사용한 것을 두고 우유부단優柔不斷의 부정적 의미를 극대화하기 위한 것으로 분석했다. 따를 만한 부분이다.

둘째, 최후의 승자가 위협적인 존재가 되지 못하는 경우이다. 교전 당사국 가운데 누가 승리를 거두든 크게 두려워할 바가 없는 경우를 말한다. 이때는 참전하는 게 더욱 현명한 처사가 된다. 한쪽을 지원해 다른 한쪽을 궤멸시키는 셈이 되기 때문이다. 만일 교전 당사국의 군주가 현명한 자라면 결코 상대 군주를 몰락시키는 우를 범하지 않을 것이다. 이때는 어느 쪽이 승리를 거두든 사실상 최종 승자는 저울의 균형추 역할을 한 제3국 군주이다. 형세 상 그가 손을 들어준 쪽이 승리를 거둘 수밖에 없는 까닭에 전쟁이 끝난 후 모든 처분은 그의 뜻을 따르게 되어 있다.

선택과 사려분별

여기서 유념해야 할 사항이 하나 있다. 방금 언급했듯이 궁박한 상황에 몰려 강요를 당하지 않는 한 다른 나라를 치기 위해 자신보다 더 강한 나라와 동맹을 맺어서는 안 된다는 점이다. 승리를 거둘지라도 자국의 앞날이 막강한 동맹국에 의해 좌우되기 때문이다. 군주 자신과 나라의 운명이 남의 수중에 들어가는 상황만큼은 피해야 한다.

전에 베네치아가 밀라노 공작 루도비코 스포르차Ludovico Sforza를 치기 위해 프랑스와 동맹을 맺은 적이 있다. 당시 베네치아는 자신들을 파멸로 이끈 이 동맹을 능히 피할 수 있었는데도 그리하지 못했다. 물론 동맹이 불가피한 경우도 있다. 교황 율리우스 2세와 스페인의 페르난도 2세가 1512년 롬바르디아를 공격했을 때 피렌체가 처한 상황이 그러했다. 강국과의 동맹이 불가피한 경우 군주는 앞서 언급한 것처럼 반드시 동맹에 참여해야 한다.

군주는 나라를 다스리면서 늘 안전한 노선을 따르는 게 가능하다고 믿어서는 안 된다. 모든 선택은 위험부담이 따르게 마련이다. 하나의 위험을 피하고자 하면 으레 또 다른 위험을 마주해야 하는 게 세상사의 이치이다. 군주의 사려분별prudenzia은 여러 위험의 본질을 파악해 가장 해가 적은 것을 선택하는 안목을 말한다.

민생과 포상

군주는 학문과 예술의 거장virtuosi을 환대하고 각종 기예의 달인 eccellenti에게 명예를 수여함으로써 자신이 탁월한 자질의 애호가amatore delle virtù라는 사실을 널리 보여주어야 한다.[147] 또 농상 및 기타 부문에 종사하는 모든 사람이 안심하고 생업에 전념할 수 있도록 고취해야 한다.[148]

나아가 백성이 착취를 당할까 두려워 재산증식을 주저하거나, 중세重稅를 맞을까 우려해 개업을 망설이게 만들어서는 안 된다. 오히려 군주는 이런 일을 하려는 자들을 포함해 도시나 국가를 풍족하게 만

---

147 아리스토텔레스의 『정치학』 제5권 11장에 유사한 구절이 나온다. "군주는 백성들 가운데 누군가 어떤 일에 남다른 탁월함을 보이면 여타 백성도 그 이상으로는 명예를 높여 줄 수 없을 것이라고 믿을 만큼 그의 명예를 높여 주어야 한다."는 구절이 그렇다.

148 마키아벨리는 민심을 수습하는 방안을 제시하면서 고금의 지혜를 반복해 언급하고 있다. 이 단락의 나머지 부분은 크세노폰이 시라쿠사의 히에론 2세와 나눈 대화를 수록한 『히에론』 제9장에 크게 의존했다는 게 학자들의 중론이다.

들려고 하는 자들을 격려하며 포상할 필요가 있다. 1년 중 적절한 시기에 축제와 구경거리를 만들어 사람들을 즐겁게 해주어야 한다. 지금 모든 도시는 동업자조합인 길드와 구역tribù으로 나뉘어 있다. 인정과 관대함을 보여주기 위해 종종 이들과 만나는 등 적당한 호의를 베풀 필요가 있다. 그러나 어느 경우든 군위君威를 훼손시켜서는 안 된다. 군위는 어떤 행보를 취할지라도 반드시 지켜야 하기 때문이다.[149]

149　마키아벨리는 『로마사 논고』 제8권 36장에서 대大 로렌초 역시 지위에 맞는 적절한 위엄을 지키는데 늘 주의한 것은 아니라고 지적했다.

측근과 각료

군주의 주변 참모에 관해

De his quos a secretis principes habent

관원 선발과 분별력

군주의 대리인인 각료ministro의 선임은 군주에게 매우 중요한 일이다.[150] 유능한 각료의 선임은 전적으로 군주의 분별력에 달려 있다. 군주의 분별력을 알려면 측근을 보면 된다. 측근이 유능하고 충성스러우면 분별력이 있다고 평할 수 있다. 현명한 군주만이 측근의 능력을 제대로 파악하고 충성을 이끌어낼 수 있다. 반대로 측근이 무능하고 불충하면 분별력이 없다고 평할 수 있다. 군주가 인선에서 실패하면 결코 좋은 평가를 받을 수 없다.

대표적인 예로 시에나의 군주 판돌포 페트루치Pandolfo Petrucci를 들수 있다. 안토니오 조르다니 Antonio Giordani를 아는 사람이라면 예외 없이 이런 사람을 재상으로 거느린 판돌포를 현군으로 칭송할 것이다.[151]

사람은 두뇌를 기준으로 크게 3가지 부류로 나눌 수 있다. 첫째, 사물의 이치를 스스로 터득하는 부류이다. 둘째, 남이 가르쳐주면 깨우치는 부류이다. 셋째, 스스로 이해하지 못하고 남이 설명해줘도 깨우치지 못하는 부류이다. 첫째 부류는 극히 우수한eccellentissimo 경우,

---

150 '각료ministro'를 두고 강정인은 '대신大臣', 박상섭은 '보좌관', 김영국은 '각료'로 번역했다. 당시의 미니스트로ministro가 현대적 의미의 장관과 비서의 임무를 겸했다는 점에서 김영국의 번역이 그럴듯하다. 실제로 동양의 경우 명나라 이래 내각內閣의 각료閣僚는 황제의 비서이자 대신의 역할을 공히 수행했다.

151 안토니오 조르다니 다 베나프로(Antonio Giordani da Venafro, 1459-1530)는 시에나의 군주 판돌포 페트루치에게 기용된 법률가이다. 시에나 대학에서 교수를 지냈다. 마키아벨리의 친구이자 로마 교황청 주재 피렌체 대사인 프란체스코 베토리Francesco Vettori는 이제까지 들어본 사람들 가운데 안토니오가 가장 설득력 있는 인물이었다고 평한 바 있다.

둘째 부류는 우수한eccellente 경우, 셋째 부류는 쓸모없는inutile 경우에 해당한다.[152]

판돌포는 첫째 부류에 속하지 못했지만 분명 둘째 부류에는 들어갈 것이다. 설령 창의성을 결여해 첫째 부류에 속하지 못할지라도 남의 언행에 나타나는 좋고 나쁜 점을 인지할 능력을 지니고 있으면 재상의 선행과 악행 역시 쉽게 식별할 수 있기 때문이다. 그 경우 선행은 포상하고, 악행은 처벌하면 된다. 재상 또한 군주를 속일 수 없다는 사실을 잘 알기에 더욱 잘하려고 노력할 것이다.

군도君道와 신도臣道

군주가 각료를 판단할 때 아주 확실한 방법이 있다. 군주보다 자신의 일에 더 마음을 쓰고, 하는 일이 자신의 이익을 도모하기 위한 것이면 결코 좋은 각료가 될 수 없다. 그런 자를 믿고 의지할 수는 없는 노릇이다. 군주를 대신해 나라를 다스리는 관원은 결코 자신을 생각해서는 안 되고, 반드시 군주만을 생각해야 한다. 군주와 관련된 일이 아니면 조금도 관심을 기울여서는 안 된다.

반면 군주는 충성을 확보키 위해 각료를 우대하고, 부유하게 만들고, 가까이 두어 높은 명예와 자리를 부여하는 등 세심히 배려해야 한다. 각료로 하여금 군주 없이는 홀로 설 수 없고, 기존의 배려를 뛰어

---

152   유사한 내용이 리비우스의 『로마사』 제22권 제29장에도 나온다.

넘는 명예와 녹봉을 넘보지 못하게 하고, 떠맡고 있는 여러 직책을 잃을까 우려해 체제의 변화를 두려워하도록 만드는 게 관건이다. 양자의 관계가 이런 식으로 유지되면 서로 깊이 신뢰할 수 있다. 그렇지 못하면 둘 중 어느 한쪽은 반드시 해를 입게 된다.

제
23
장

아첨과 조언

아첨을 어떻게 피할 것인가?

Quomodo adulatores sint fugiendi

간언과 결단

　나는 여기서 군주가 피하기 어려운 주제 하나를 거론코자 한다. 깊이 사려하지 않거나 뛰어난 조언자를 얻지 못했을 경우 범하기 쉬운 실수가 그것이다. 이는 궁정에 가득 찬 아첨꾼들로 인해 빚어진다.

　사람은 누구나 높은 자존의식을 지니고 있는 까닭에 판단을 그르치곤 한다. 매번 아첨이라는 질병에 걸려 위기를 맞는 이유다. 이를 미연에 방지하려면 경멸의 대상이 되는 위험도 감수해야 한다. 진실을 말해도 화를 내지 않을 것이라는 사실을 널리 알리는 것 외에는 달리 방법이 없기 때문이다. 불행하게도 누구든지 솔직히 말하는 상황이 되면 군주에 대한 존경은 일순 사라지고 만다.

　현군이 사려 깊은 자를 간관諫官으로 기용해 그들에게만 진실을 자유롭게 개진할 수 있도록 허용하는 이유다. 이는 군주가 하문할 때에 한해 가능토록 하고, 아무 때나 불쑥 말하게 해서는 안 된다. 군주는 모든 사안에 대해 물어야 하고, 간언諫言을 경청한 뒤 자신의 방식대로 심사숙고해 결정한다. 이때 군주는 간관들로 하여금 기탄없이 간할수록 더욱 잘 받아들여진다고 믿게끔 처신해야 한다. 군주는 이들을 제외하고는 다른 누구의 말에도 귀를 기울여서는 안 된다. 일단 결정이 나면 동요되지 말고 이를 확고히 지켜 나가야 한다. 이와 다르게 처신하는 군주는 이내 아첨꾼들li adulatori에게 농락당해 상반된 조언 사이에서 머뭇거리며 갈팡질팡하게 된다. 군주가 존경을 받지 못하는 이유다.

　이와 관련해 최근의 사례를 하나 들고자 한다. 현재 황제 막시밀리

안 1세의 조언자인 루카의 주교 리날디Rinaldi는 황제를 이같이 평한 바 있다.[153]

"황제는 누구와 상의한 적도 없고, 그렇다고 그 자신이 원하는 대로 행동한 적도 없다."

이는 내가 앞서 언급한 것과 정반대이다. 그는 비밀을 극히 중시한 까닭에 자신의 생각을 누구에게도 말하지 않았고, 누구의 조언도 구하지 않았다. 각료를 포함한 주변 인물 모두 계책이 실천에 옮겨질 때 비로소 그 내막을 알 수 있었다. 이들이 극렬히 간하며 다른 방안을 제시한 이유다. 우유부단한 그는 이내 설득에 넘어가 당초의 계획을 포기하곤 했다. 어느 날 문득 명한 것이 다음 날 취소되는 상황에서 그 누구도 황제가 무엇을 원하고 행하려 하는지 알 길이 없었다. 마침내 그가 내린 모든 결정이 신뢰를 잃게 된 배경이다.

요컨대 군주는 늘 주변의 간언을 들어야 하지만, 남이 원할 때가 아니라 자신이 원할 때 들을 수 있어야 한다. 원치 않을 때 누군가 주제넘게 간하려 들면 이를 저지해야 한다. 그러나 군주는 늘 주변 사람의 간언을 구하고, 끝까지 경청할 줄 알아야 한다. 나아가 누군가 두려움 등으로 입을 다물 경우 진노하는 모습을 보여 속마음을 드러내도록 만들어야 한다.

---

153 루카 리날디(Luca Rinaldi, ?-1558)는 1518년 그라비나 주교에 임명됐다. 이후 신성로마제국 황제 막시밀리안 1세의 최측근으로 활약하면서 주로 외교관계를 관장했다. 마키아벨리는 1507년-1508년 당시 황궁 파견 사절로 활약할 때 그를 알게 됐다. 그는 당시 상황과 관련해 몇 개의 보고서를 작성하면서 리날디의 뛰어난 자질을 무용지물로 만든 막시밀리안 1세의 변덕스럽고 우유부단한 행보를 비판했다.

현군과 현책

　적잖은 사람이 현군의 명성과 관련해 군주의 자질 때문이 아니라 뛰어난 참모의 간언 덕분으로 생각하고 있으나 이는 커다란 잘못이다. 현명하지 못한 군주가 간언을 제대로 받아들이지 못한다는 것은 틀림없는 일반 법칙이다. 다만 군주가 우연히 매사를 신중히 처리하는 인재를 만나 모든 것을 일임한 경우는 예외이다. 이 경우 나름 좋은 조언을 얻을 수는 있으나 이내 권력을 잃게 된다. 쉽게 찬탈篡奪할 수 있는 절호의 기회를 제공했기 때문이다.

　불초한 군주는 주변 사람들로부터 여러 조언을 들을지라도 다양한 견해를 하나로 녹일 능력이 없는 까닭에 결정적인 조언을 얻을 길이 없다. 각기 자신들의 이해관계에 기초해 조언하는데도 그 내막을 알지도 못하고, 바로잡을 능력도 없기 때문이다. 각료를 위시한 측근은 어떤 절박한 상황에 몰려 선행을 강요당하지 않으면 늘 자신의 이해관계에 기초해 일을 처리하는 까닭에 군주에게 해로운 존재이다. 다른 가능성을 기대하기 힘들다. 요컨대 현군의 명성은 결코 뛰어난 참모의 간언에서 비롯된 게 아니다. 오히려 뛰어난 간언은 누가 간하든 상관없이 전적으로 군주의 지혜에 달려 있다고 결론내릴 수 있다.

제
24
장

패망과 존속

이탈리아 군주는 왜 나라를 잃었는가?

Cur Italiae principes regnum amiserunt

영예와 치욕

　신생 군주가 앞서 언급한 사항을 제대로 지키면 마치 세습 군주처럼 권력기반이 튼튼해 보일 것이다. 실제로 단기간 내에 세습 군주보다 훨씬 안전하고 한정된 권력을 누릴 수 있다. 원래 신생 군주의 행보는 세습 군주보다 백성의 이목을 훨씬 더 끌게 마련이다. 그 행보가 뛰어난 자질의 소산으로 간주되면 사람들은 세습 군주를 섬길 때보다 더 큰 감명을 받고, 훨씬 큰 애착을 느낄 것이다.

　사람은 과거보다 현재의 일에 더 큰 관심을 갖게 마련이다. 현재의 상황이 잘 돌아가고 있다고 여겨지면 이내 만족해하며 굳이 변화를 추구하지 않는 이유다. 신생 군주가 다른 면에서 잘못을 범하지 않은 한 군주를 보호하는 일에 발 벗고 나설 것이다. 신생 군주가 2중의 영예를 누리는 배경이다. 첫째, 새 나라를 세운 게 그렇다. 둘째, 훌륭한 법제와 강력한 군대 및 뛰어난 행보를 통해 나라를 풍요롭고 바르게 만든 게 그렇다. 반면 군주가 아무리 뛰어난 왕가의 혈통일지라도 자질 부족으로 나라를 상실하면 이와 정반대로 2중의 치욕을 당하게 된다.

　오늘날 나폴리 왕인 아라곤의 페데리코 1세, 밀라노 대공인 루도비코 스포르차 등과 같이 이탈리아에서 나라를 잃은 군주의 면면을 살펴보면 이를 쉽게 알 수 있다. 앞서 언급한 것처럼 이들은 첫째, 군사적으로 매우 취약했다. 둘째, 백성이 군주에게 적대적이었고 설령 우호적이었을지라도 귀족이 적대적이었다. 군주가 보위를 유지할 수 없었던 이유다. 나름 일정한 무력을 지닌 군주는 이런 실책에 의하지 않고는 나라를 잃는 경우가 없다.

알렉산드로스 대왕의 부친이 아닌, 티투스 퀸티우스 플라미니누스에게 패한 마케도니아 왕 필리포스 5세는 자신을 공격했던 로마와 그리스에 비해 그 권력과 영토가 보잘 것 없었다. 그럼에도 그는 민심과 귀족의 충성을 확보할 줄 아는 진정한 전사였다. 수년간 성공적으로 적의 공격을 막아냈고, 비록 막판에 2개의 도시를 잃기는 했어도 끝내 자신의 왕국을 지킨 게 그렇다.

군주의 자질

오늘날 오랫동안 다스리던 나라를 잃은 이탈리아 군주들은 이를 운의 탓으로 돌릴 게 아니라, 자신의 무능을 탓해야 한다.[154] 이들은 평화에 젖어 상황변화 가능성을 전혀 예상치 못했다. 하긴 날씨가 좋을 때 폭풍우가 몰아칠 것을 예상치 못하는 것은 인간의 공통된 약점이기는 하다. 문득 폭풍우가 몰아칠 때 이들은 맞서 싸울 생각은커녕 고작 달아날 궁리만 한다. 그러고도 정복자의 오만한 학정에 분노한 백성이 다시 자신들을 불러줄 날을 손꼽아 기다린다.[155]

이런 안이한 계책은 다른 대안이 전무할 때 나름 타당할 수 있다. 그러나 다른 방안을 강구하지도 않은 채 이런 계책에 매달리는 것

154　마키아벨리는 『전술론』 제7권 말미에서 이탈리아 지배자들의 무능을 신랄히 비판하고 있다.

155　루도비코 스포르차를 지적한 것이다.

은 실로 어리석은 짓이다. 누군가 자신을 일으켜 줄 것을 기대하고 무턱대고 쓰러질 수는 없는 일이다. 남이 일으켜 세워주는 일이 일어나지도 않겠지만 설령 그럴지라도 이는 군주의 안전을 도모하는 계책이 아니다. 이런 방어책은 군주 자신의 노력에 의한 게 아닌 까닭에 비겁하고 취약할 뿐만 아니라 군주의 통제밖에 있다. 효과적이고 안전하며 영구적인 방어책은 오직 군주 자신의 자질에 의존하는 것밖에 없다.

인간과 운명

인간은 운명에 얼마나 지배되고,
이를 어떻게 극복하는가?

Quantum fortuna in rebus humanis possit,
et quomodo illi sit occurrendum?

운명과 대응

내가 보건대 통상 사람들은 세상사를 두고 운명과 신Dio에 의해 지배되기에 사람의 지혜로는 통제할 수 없고, 실제로 뾰족한 대책도 없다고 여긴다.[156] 이는 매사에 굳이 땀 흘리며 애쓸 게 아니라 그저 운명에 맡기는 게 더 낫다고 여기는 것과 같다. 이런 견해는 지난 20년간 매일 봐 왔고 지금도 목도하고 있는 불가측不可測의 격변으로 인해 오늘날 더 큰 호응을 얻고 있다.

사실 나 자신도 이 문제를 생각할 때마다 종종 이런 견해에 기울어지곤 한다. 그럼에도 우리는 인간의 자유의지libero arbitrio를 포기해서는 안 된다. 운명의 여신은 기껏 인간 행동의 절반가량만 지배할 뿐이다. 나머지는 우리가 지배하도록 남겨 두었다는 게 내 생각이다.

운명의 여신은 파괴적인 급류fiumi rovinosi에 비유할 만하다. 노하면 평원을 덮치고, 나무와 집을 뿌리 뽑고, 이쪽 땅을 들어 저쪽으로 옮겨 놓기도 한다. 그 가공할 위력 앞에 사람들은 황급히 달아나거나 속수무책으로 당할 뿐이다. 그러나 이게 대비책이 전혀 없다는 것을 의미하진 않는다. 미리 제방을 튼튼히 쌓아 급류를 통제함으로써 피해를 최소화하거나, 급류가 불어날 때 별개의 수로를 통해 물을 빼는 식으로 범람을 막을 수 있다.

운명도 이와 같다. 운명의 여신은 자신에게 감히 대항코자 하는

156　'신Dio'은 초기 원고에 나타나지 않고 있다. 학자들은 마키아벨리 사후 1532년 『군주론』이 첫 출간됐을 때 편집자에 의해 삽입된 것으로 보고 있다.

자질이 없는 자에게 그 위력을 떨친다. 급류를 제지할 제방이 없는 곳을 골라 무자비하게 덮치는 이유다. 격변의 현장이자 진원지인 이탈리아의 현황을 살펴보면 이곳이 바로 제방이나 수로가 전혀 없는 평원임을 알 수 있다.[157] 이 나라가 독일과 스페인 및 프랑스처럼 미리 제방을 축조할 자질이 있었다면 홍수 자체가 발생하지 않았거나, 최소한 지금과 같은 파괴적인 급변은 없었을 것이다. 대략 이 정도면 운명에 대처하기 위한 일반론으로는 충분할 듯싶다.

시대상황과 성공방식

·이제 좀 더 구체적인 사례를 살펴보기로 하자. 우리는 어떤 군주가 성격이나 능력은 전혀 변하지 않았는데도 오늘 흥했다가 내일 패망하는 모습을 목도하곤 한다. 이는 기본적으로 앞서 상세히 논의한 원인에서 비롯된 것이다. 운에만 의지하는 군주가 운이 바뀌는 즉시 곧바로 패망하는 게 그렇다. 단언컨대 시변時變의 흐름le qualità de' tempi을 좇아 응변應變하면 성공하고, 그렇지 못하면 패망한다.[158]

157　마키아벨리는 샤를 8세의 이탈리아 개입을 조장한 루도비코 스포르차를 비롯해 교황 알렉산데르 6세와 율리우스의 근시안적인 행보를 지적한 것이다.

158　마키아벨리는 『로마사 논고』 제3권 제8장과 피에로 소데리니에게 보낸 편지에서도 유사한 논지를 펴고 있다. 원래 천하대세의 흐름을 좇아 변신하는 임기응변臨機應變은 시기時機와 인기人機, 천기天機, 지기地機를 좇아 스스로 변하는 것을 뜻한다. 미봉책에 불과한 단순한 임시변통臨時變通과는 하늘과 땅만큼의 차이가 있다. 본문에 나오는 con le qualità de' tempi는 직역하면 '시대의 특성을 좇아'이지만 문맥상 '시변時變의 흐름을 좇아'로 의역하는 게 좋을 것이다. 영역본의 with the demands of the times처럼 '시대적 요구를 좇아'로 번역

인간은 영예와 부_富라는 공동목표를 향해 달려갈 때 서로 다른 접근방식을 택한다. 신중한 접근과 과감한 접근, 난폭한 접근과 교활한 접근, 끈기 있는 접근과 성급한 접근 등이 그렇다. 방법은 달라도 공히 목적을 달성할 수 있다. 물론 똑같은 방식의 신중한 접근이라도 어떤 자는 성공하고, 어떤 자는 실패한다. 같은 맥락에서 서로 다른 방식의 신중한 접근과 과감한 접근이 동시에 성공할 수도 있다. 이는 전적으로 당사자의 행보가 '시변의 흐름'과 맞아떨어지는지 여부에 달려 있다.

요컨대 이미 언급한 바와 같이 서로 다른 방식의 접근이 같은 결과를 초래하는가 하면, 같은 방식의 접근이 서로 다른 결과를 가져올 수 있다. 흥망성쇠가 부단히 거듭하는 이유다. 당사자가 신중하고 끈기 있게 접근하고 시대상황 또한 이에 부합하는 쪽으로 진행하면 성공하지만, 시대상황이 재차 바뀌고 있는데도 성공을 거뒀을 때의 기존 방식을 고집하면 이내 패망한다.

그러나 시대상황의 변화에 맞춰 스스로를 유연하게 바꿀 줄 아는 지혜로운 자는 거의 없다. 타고난 성향을 벗어나기 어렵기 때문이다. 특히 외길을 걸어 늘 성공을 거둔 경우는 더욱 심해 기왕의 성공 방식을 바꾸는 게 불가능에 가깝다. 예컨대 신중한 행보를 기조로 삼은 자가 과감히 행동해야 할 때 어찌할 바를 몰라 우왕좌왕하다가 이내 파국을 맞는 게 그렇다. 시대상황의 변화를 좇아 기왕의 성공방식을 과감히 변화시킬 줄 알면 운도 바뀌지 않을 것이다.

해도 무난하다. riconstra el modo del procedere 역시 직역하면 '추진행보를 부합케 하면'이나 문맥상 '응변應變하면'으로 번역하는 게 적절하다.

운명의 여신과 선택

교황 율리우스 2세는 늘 매사를 과감히 처리하면서 앞으로 나아
갔다. 일처리 방식이 시대상황과 부합한 까닭에 늘 성공할 수 있었다.
대표적인 사례로 조반니 벤티볼리오 공작 생전에 율리우스 2세가 감
행한 첫 볼로냐 원정을 들 수 있다. 베네치아가 이 계획에 반대하자 스
페인 왕 아라곤의 페르난도 2세가 이에 동조했다. 당시 율리우스 2세
는 프랑스 왕 루이 12세와 협상을 진행 중이었다. 그는 루이 12세가
미적거리자 이내 불굴의 정신과 열정으로 독자 출정을 결행했다. 허를
찔린 스페인과 베네치아는 아무런 대책도 마련하지 못한 채 사태의
추이를 지켜볼 수밖에 없었다. 베네치아는 나폴리 왕국 내의 영지를
잃을까 두려워했고, 스페인은 나폴리 왕국 전역을 재탈환할 요량으로
수수방관했다.

이때 율리우스 2세가 프랑스를 끌어들였다. 베네치아 영향력의 축
소를 꾀하던 루이 12세는 교황의 요청이 오자 거부할 경우 교황을 공
개적으로 상심傷心케 만들까 우려해 이내 손을 잡았다. 율리우스 2세
가 사려 깊은 교황들이 해내지 못한 위업을 이룬 배경이다. 과감한 결
단으로 신속히 진격한 덕분이다. 그가 다른 교황들처럼 외교협상과 여
타 작업을 모두 마무리 지은 뒤 로마를 떠나고자 했다면 결코 성공하
지 못했을 것이다. 루이 12세는 군사지원을 거절할 수 있는 갖은 구실
을 꾸며대고, 다른 나라들 역시 율리우스 2세를 주춤하게 만들 온갖
이유를 제시했을 게 확실하다.

유사한 모습을 보인 율리우스 2세의 여타 행보에 대해서는 더 이
상 논하지 않겠다. 말할 것도 없이 모두 좋은 결과를 얻었다. 그러나

신중한 행보가 필요한 상황이 닥쳤으면 그는 틀림없이 몰락했을 것이다. 결코 타고난 성향과 어긋나는 행보를 보일 리 없기 때문이다. 요행히 그는 짧은 재임 덕분에 이런 험한 꼴을 당하지는 않았다.

결론적으로 말해 수시로 변하는 시운時運과 기존의 방식을 고집하는 사람의 속성이 서로 맞아떨어지면 성공하고, 그렇지 않으면 실패할 수밖에 없다. 생각건대 통상적인 경우 신중한 접근보다는 과감한 접근이 낫다. 운명의 여신은 여성donna이다. 그녀를 손에 넣고자 하면 때려서라도batter 거칠게 잡아둘 필요가 있다.[159] 여성은 냉정하게 접근하는 남자보다 이처럼 열정적으로 접근하는 남자에게 더 매력을 느낀다. 운명의 여신 역시 늘 여느 여성들처럼 젊은이에게 이끌리게 마련이다. 젊은이는 상대적으로 덜 신중하고, 더 거칠고, 더 대담한 자세로 그녀를 제압하기 때문이다![160]

---

159 이는 당시의 보편적 주제에 해당한다. 보카치오 『테카메론』의 9일째 제9화話에 나오는 "양처와 악처 모두 몽둥이가 필요하다!"는 구절이 그 증거다.

160 마키아벨리의 희곡 『클리치아Clizia』 제4막 제1장도 '운명의 여신은 늘 젊은이에게 이끌리게 마련이다!'라고 얘기하고 있다. 본문의 이 대목은 다음과 같이 이탈리아어로 기록돼 있다. "E però sempre, come donna, la fortuna è amica de' giovani, perché sono meno respettivi, piú feroci, e con piú audacia la comandano!"

제
26
장

조국과 해방

야만족 압제에서 벗어나는
이탈리아 해방을 위한 권고

Exhortatio ad capessendam Italiam
in libertatemque a barbaris vindicandam

이탈리아 통일과 메디치 가문

저는 앞서 논의한 문제들을 염두에 두고 다음 문제를 곰곰이 자문해 봅니다. 바로 이탈리아 현황이 새 군주를 맞이할 만큼 무르익고, 이런 질료materia 위에 과연 신중하고 자질 있는 군주가 명성을 떨치고 백성을 이롭게 하는 형상forma이 빚어질 기회가 있는가 하는 점입니다. 제가 보건대 지금 새 군주의 출현에 매우 우호적인 상황이 전개되고 있고, 이런 상황은 제가 아는 한 과거 그 어느 때도 존재한 적이 없습니다.

앞서 말했듯이 모세의 지도자 자질을 보여주기 위해 이스라엘의 이집트 예속이 필요했고, 키로스의 위대한 기백을 드러내기 위해 페르시아의 메디아에 의한 억압이 필요했고, 테세우스의 군사적 재능을 알리기 위해 아테네의 지리멸렬이 필요했습니다. 마찬가지로 이탈리아 정신을 보유한 새 군주의 자질을 알기 위해서는 이탈리아를 현 상태로 묶어둘 필요가 있습니다. 이탈리아가 이스라엘보다 더 예속적이고, 페르시아보다 더 억압받고, 아테네보다 더 지리멸렬해질 필요가 있다는 뜻입니다. 이는 촉망받는 지도자도 없고, 군사조직도 없고, 두들겨 맞고, 약탈당하고, 갈기갈기 찢기고, 유린당하고, 황폐화된 채 온갖 재앙에 시달리는 것을 말합니다.

최근 한 줄기 서광이 한 인물을 통해 비치는 듯했습니다.[161] 사람

161 　대다수 학자들은 체사레 보르자를 지칭한 것으로 본다.

들은 이탈리아의 속죄와 구원을 위해 신이 그를 점지한 것으로 생각했습니다. 그러나 그 역시 생애의 절정에서 운명에 의해 버림받고 말았습니다. 지금 빈사 상태의 이탈리아는 상처를 아물게 하고, 롬바르디아에 대한 약탈과 나폴리 및 토스카나에 대한 착취를 끝내고, 오랫동안 괴롭혀온 통증piaghe을 가라앉혀줄 지도자를 애타게 기다리고 있습니다. 이탈리아가 지금 신 앞에서 잔혹하고 오만한 야만인의 지배를 끝낼 지도자의 파견을 얼마나 간절히 기도하고 있는지 살펴보십시오. 또 누군가 깃발을 들고 일어나면 얼마나 기꺼이 그 뒤를 따를 준비가 돼 있는지 살펴보십시오.

이탈리아의 현황을 보건대 이제 기대를 걸 대상은 오직 전하의 가문밖에 없습니다. 운과 자질을 겸비하고 있고, 전하의 가문이 수장으로 있는 교회와 신으로부터 공히 비호를 받고 있기 때문입니다.[162] 나라를 구하는데 선봉에 설 수 있는 위치에 있는 셈입니다. 만일 군주가 앞서 언급한 위인의 행적과 생애를 깊이 살펴보면 이는 그리 어려운 일도 아닐 것입니다. 그들이 비록 매우 드문 기인奇人에 속하기는 하나 그들 역시 인간이었고, 지금보다 더 나은 기회를 만난 것도 아니었습니다. 그들의 임무가 지금보다 더 정의로운 것도, 더 쉬운 것도, 더 신의 가호를 받은 것도 아니었습니다. 이탈리아를 구하는 과업이야말로 최고의 정의입니다.

리비우스는 『로마사』에서 이르기를, "전쟁은 그것을 필요로 하는 자에게는 정의로운 것이고, 군대는 전쟁 이외에 다른 희망이 없는 자

162　대大 로렌초의 차남인 조반니 데 메디치가 1513년 교황 레오 10세로 취임한 것을 언급한 것이다.

에게는 신성한 것이다!"라고 했습니다.[163] 지금 전하에게 절호의 기회가 다가왔습니다. 이런 때에 맞이한 전하의 가문이 제가 모범으로 제시한 위인의 방식을 좇기만 하면 큰 어려움은 없을 것입니다. 게다가 신은 전하에게 전례 없는 서조瑞兆를 보여주고 있습니다. 바다가 갈라지고, 구름이 길을 안내하고, 물이 바위에서 솟구치고, 만나manna가 비 오듯 내리는 식입니다. 모두 전하가 성취할 위업을 예시하는 것입니다. 나머지는 전하의 몫입니다. 신은 인간의 자유의지를 허용하는 대신 인간의 몫인 영광을 함께 나누기 위해 만사를 홀로 주재하는 것을 원치 않기 때문입니다.

통일영웅의 리더십

앞서 언급한 이탈리아인 가운데 그 누구도 전하의 가문이 앞으로 이룰 위업에 미치지 못할 것이라고 해도 전혀 놀랄 일이 아닙니다.[164] 마찬가지로 그간 이탈리아에서 일어난 무수한 정치적 격변과 전투로 인해 군사적 자질이 모두 소진된 것처럼 보일지라도 전혀 놀랄 일이 아닙니다. 우리의 전투방식이 시대에 부합치 않았고, 새 방식을 고안해낼 자가 없었을 뿐입니다. 새로이 보위에 오른 군주에게 새 법제의

---

163 본문의 인용구절은 리비우스 『로마사』 제9권 제1장에서 발췌한 것이다. 『로마사 논고』 제3권 제12장에도 똑같은 구절이 나온다. 본문에 인용된 라틴어 구절은 다음과 같다. "iustum enim est bellum quibus necessarium, et pia arma ubi nulla nisi in armis spes est!"

164 여기의 '이탈리아인'은 프란체스코 스포르차와 체사레 보르자 등을 지칭한 것이다.

창안만큼 커다란 명예를 안겨주는 것도 없습니다. 새 법제의 확립 위에 위업을 성취하면 군주는 존경과 칭송을 받게 됩니다. 지금 이탈리아에는 어떠한 모습의 형상forma이든 새롭게 빚어낼 수 있는 좋은 질료materia가 결코 부족하지 않습니다.

몸으로 치면 머리에 해당하는 지도자에게 결여돼 있는 자질이 손발에 해당하는 백성 개개인에게는 고루 잠재해 있습니다. 개인 간 결투나 소수의 집단 싸움이 벌어질 때 이탈리아인이 얼마나 뛰어난 힘과 기술, 민첩성을 지니고 있는지 보십시오.[165] 그런데도 군대 간 전투로 이뤄지는 대규모 싸움에는 결코 두각을 나타내지 못합니다. 모두 우유부단하고 유약한 지도자 때문입니다. 작금의 상황을 보면 유능한 자에게는 추종자가 없고, 사람들은 하나같이 스스로 잘났다고 우쭐댑니다. 지금까지 자타가 공인할 정도로 뛰어난 운과 자질을 지닌 인물이 출현하지 못한 이유입니다. 지난 1494년 이래 20년간에 걸쳐 치러진 숱한 전쟁에서 이탈리아 장병만으로 구성된 군대가 늘 부진을 면치 못한 것도 이 때문입니다. 대표적인 예로 타로Taro, 알렉산드리아, 카푸아Capua, 제노바, 바일라Vailà, 볼로냐, 메스트리Mestri에서 벌어진 전투가 있습니다.[166] 이들 전투 모두 저의 이런 판단을 뒷받침하고 있습니다.

---

165 1503년 2월 13일 아폴리아 바를레타에서 벌어진 유명한 백병전을 언급한 듯하다. 이 싸움에서 11명의 이탈리아 기사들이 13명의 프랑스 병사를 대파해 이탈리아 사람들에게 커다란 기쁨을 안겨주었다.

166 1495년 7월 5일 샤를 8세가 황급히 도주할 때 벌어진 타로 강의 포로보노 전투를 시작으로 기억할 만한 전투가 연대순으로 나열돼 있다. 알렉산드리아는 1499년 프랑스에 의해 점령됐고, 카푸아는 1501년 프랑스군에게 약탈당했고, 제노바는 1507년 프랑스에 항복했고, 볼로냐는 1511년 프랑스에 의해 점령됐고, 메스트리는 1513년 스페인군의 약탈로 황폐화됐다.

빛나는 전하의 가문이 나라를 구한 위인을 귀감으로 삼고자 하면 다른 무엇보다 먼저 모든 군사행동의 기초인 국군부터 만들어야 합니다. 국군보다 더 충성스럽고, 더 믿음직하고, 더 유능한 군대는 없습니다. 병사들은 개별적으로 뛰어날지라도 자국 군주의 지휘 아래 우대받으면 하나로 뭉쳐 더 뛰어난 전투력을 발휘합니다. 이탈리아인의 용맹스런 자질을 적극 활용해 외적의 침공을 막고자 하면 무엇보다 먼저 군주의 백성들로 구성된 국군부터 편성하는 게 절대 필요합니다.

지금 스위스와 스페인의 보병은 매우 위협적이라는 평을 듣고 있으나 양자 모두 약점을 지니고 있습니다. 저는 새로운 유형의 제3의 보병대로 능히 이들을 막아낼 수 있고 나아가 격멸시킬 수 있다고 자신합니다. 원래 스페인 보병은 기병에게 약하고, 스위스 보병은 자신들만큼 강고한 보병을 만나면 크게 두려워합니다. 실제로 스페인 보병이 프랑스 기병에게 꼼짝 못하고, 스위스 보병이 스페인 보병에게 굴복하는 것을 이미 목도한 바 있습니다. 앞으로도 그런 모습을 자주 볼 수 있을 것입니다.

스위스 보병의 약점에 관해서는 아직 결정적인 증거가 없지만 스페인 보병이 스위스 보병을 흉내 낸 독일의 대군과 맞붙었던 라벤나 Ravena 전투에서 약점의 징후를 발견할 수 있습니다.[167] 그 전투에서 소형의 원형 방패로 무장한 스페인 보병은 민첩성을 발휘해 독일군의 긴 창 사이와 밑을 뚫고 들어가 별다른 위험도 겪지 않은 채 적에게 치명적인 타격을 가했습니다. 독일군은 속수무책으로 당하고 말았습니다.

167　라벤나 전투는 이탈리아인이 가장 필사적으로 싸우는 동시에 기술적으로 혁신을 이룬 전투로 꼽히고 있다.

만일 독일군 기병의 반격이 없었다면 독일군은 전멸하고 말았을 것입니다. 스페인과 스위스 보병의 이런 약점을 익히 알고 있기에 능히 기병을 물리치고 그 어떤 보병도 두려워하지 않는 제3의 보병을 편제할 수 있습니다. 이는 새로운 무기체제와 군사편제를 통해서만 가능합니다. 이런 조치가 새로운 체제로 확립되면 틀림없이 새로 보위에 오른 군주에게 커다란 명성과 위업을 안겨줄 것입니다.

통일을 위한 권고

전하는 그 어떤 일이 있을지라도 이번 기회를 놓쳐서는 안 됩니다. 이탈리아가 그토록 오랫동안 나라를 구할 지도자를 갈망해 왔기에 그렇습니다. 저는 오랫동안 숱한 외적의 침공으로 고통을 겪은 이탈리아 방방곡곡이 환호하는 모습을 감히 표현할 수조차 없습니다. 백성들이 얼마나 큰 애정을 갖고, 얼마나 많은 복수의 열망을 품고, 얼마나 절대적인 충성심을 지니고, 얼마나 헌신적인 마음과 감사의 눈물을 보이며 그 분을 맞이하겠습니까? 상황이 이럴진대 그분 앞에서 그 어떤 요새가 감히 성문을 닫아걸고, 그 어떤 백성이 감히 복종을 거부하고, 그 어떤 시기심이 감히 막아서고, 그 어떤 이탈리아인이 감히 신종臣從을 마다하겠습니까?

지금 외적의 야만적인 폭정이 내뿜는 악취가 모든 이탈리아인의 코를 찌르고 있습니다.[168] 빛나는 전하의 가문이 대의를 실천하는데 따르는 높은 기백과 희망을 갖고 이탈리아 통일이라는 시대적 사명을 과감히 떠맡아 주기를 기원합니다. 그러면 전하의 깃발 아래 우리의 조

국 이탈리아는 다시 숭고해지고, 전하의 가르침 밑에서 페트라르카Pe-
trarca 시의 다음 구절 내용을 실현시킬 수 있을 것입니다.[169]

뛰어난 자질로 폭정에 맞서니	Virtú contro a furore
무기를 손에 들자	Prenderà l'arme
싸움은 순식간에 끝나리라!	e fia el combatter corto!
옛날 로마인의 용기가	Ché l'antico valore
이탈리아인 가슴에 살아있기에!	Nelli italici cor non è ancor morto!

---

168   마키아벨리는 율리우스 2세가 내세운 '야만인을 내쫓아라!'는 내용의 표어인 'Fuori i
barbari!'를 모방하고 있다.

169   프란체스코 페트라르카(Francesco Petrarca, 1304~1374)는 토스카나 출신의 시인이
다. 부친 페트라코로는 피렌체의 서기로 있다가 귀족을 지지하는 세력에 의해 추방당했다.
볼로냐대학에서 법학을 공부한 후 아비뇽으로 돌아가 교황청에서 직업을 얻었다. 1327년 성
키아라 교회에서 라우라Laura라는 여성을 만나 연애시를 쓰기 시작하면서 평생 그녀의 모
습을 노래했다. 이 시는 페트라르카의 대표적인 이탈리아어 서정시집인 『칸초니에레Canzo-
niere』에 수록된 「나의 이탈리아Italia mia」 93~96행에서 따온 것이다.

II부

1. 프란체스코 베토리^{Francesco Vettori}에게 보낸 서한

(1513년 12월 10일)

 * 이 서신은 로마 교황청 주재 피렌체 대사로 있던 마키아벨리의 친구 프란체스코 베토리가 1513년 11월 23일자로 보낸 편지에 대한 답신이다. 학계에서는 마키아벨리가 스스로 자신의 『군주론』 저술에 관한 기본입장을 밝힌 거의 유일한 자료로 자주 인용되고 있다. 이 서신을 통해 마키아벨리가 당시 경제적으로 매우 궁핍한 처지에 있었고, 사실상 유배형에 가까운 삶을 영위하고 있었음을 알 수 있다. 흥미로운 것은 마키아벨리가 여느 평범한 촌부와 별반 다를 게 없는 생활을 하면서도 관직 복귀에 관한 희망의 끈을 놓지 않고 있는 점이다. 그는 매일 아침 자신의 소유지에서 벌목 일을 감독하면서, 단테와 페트라르카 및 티불루스와 오비디우스 등의 시를 읽으며 마음을 달랬다. 오후에는 근처 주막에서 이웃 사람들과 술을 마시며 카드놀이를 즐기다가 저녁에는 집에 들어와 글쓰기에 몰두한 사실도 확인할 수 있다. 특히 자신의 서재에 들어가 고전에 나오는 문인 및 사상가들과 자문자답하며 대화하는 모습은 옷깃을 여미게 만들 정도로 매우 감동적이다.

프란체스코 베토리 로마 교황청 주재 피렌체 대사님께

위대한 대사님!

　신의 은총은 결코 늦지 않습니다.[170] 제가 이렇게 말씀드리는 것은 대사님이 저에게 편지를 쓰시지 않은 지 이미 오래 되었고, 또 그 이유가 무엇인지 알 수 없기 때문입니다.[171] 제가 혹여 대사님의 은총을 잃은 게 아닌지, 아니 은총에서 빗나간 게 아닌지 걱정입니다. 저는 머릿속에 떠오른 여러 이유 가운데 하나만 빼고는 다른 것에 대해 별 큰 관심이 없습니다. 그게 뭔고 하니 누군가가 저를 두고 대사님 편지에 대한 좋은 관리인이 아니라고 음해하여 혹여 대사님이 편지 쓰기를 중단한 게 아닌가 하는 것입니다. 제가 알기로 필리포Filippo와 파올로Paolo를 제외하고는 저를 통해 그 편지를 본 사람은 아무도 없습니다.[172] 그 편지들은 대사님이 공무를 얼마나 차분하면서도 정연하게 처리하고 있는지 잘 보여주고 있습니다. 지난달 23일자 서신을 통해 저는 대사님의 호의를 거듭 확인하며 무척 기뻐했습니다.[173] 다른 사람을 위해

170　이 구절은 이탈리아 시인 페트라르카의 시 「영원의 승리Trionfo dell'eternità」 제13행을 인용한 것이다. 마키아벨리의 고전 인용이 대개 그렇듯이 원문과 약간의 차이가 있다.

171　이 서신에서 마키아벨리는 친구 및 연인이 사용하는 2인칭 tu 대신 2인칭 존칭인 voi를 일관되게 사용하고 있다. 학자들은 베테리에게 『군주론』의 초기 원본인 『군주국론』에 대한 평가 등을 정중히 부탁코자 했기 때문이라고 보고 있다.

172　2명의 절친한 친구인 필리포 카사베키아Pilippo Casavecchia와 파올로 베토리Paolo Vettori를 지칭한 것이다. 파올로 베토리는 서신을 보낸 당사자의 형이다.

173　마키아벨리가 앞서 베토리에게 서신을 보낸 날은 8월 26일, 베토리가 답장을 보낸 날은 11월 23일이다. 3달가량 차이가 난다. 베토리의 답신을 많이 기다렸을 것으로 짐작되는

자신의 이익을 포기하는 자는 자신의 이익을 포기했음에도 불구하고 다른 사람으로부터 칭송을 듣기 어려운 법입니다. 그러나 저는 대사님이 계속 그러기를 격려코자 합니다.

운명의 여신은 모든 일에 관여코자 하기에 인간이 성가시게 끼어드는 것을 싫어합니다. 자신이 하는 일을 그대로 놓아두고, 뭔가를 하게 할 시점을 진득하게 기다릴 것을 바라는 이유입니다. 그 시점은 대사님이 보다 열심히 집무하면서 사태의 진전을 보다 면밀히 살필 수 있고, 또 제가 농장을 떠나면서 '나 여기 있소!'라고 말할 수 있는 그런 시점이 될 것입니다. 저는 대사님이 이전 서신에서 로마의 생활을 상세히 소개해 준 것과 똑같은 유형의 답신을 보낼 생각입니다. 지금 제 생활을 상세히 전하는 것을 빼고는 달리 방법이 없으니, 모쪼록 대사님이 저의 이런 생각을 기꺼이 거둬주기 바랍니다.

저는 지금 저의 농장에서 지내고 있습니다. 최근 언짢은 일이 빚어진 후 피렌체에서는 모두 합쳐야 20일도 채 안 되는 시간을 보냈습니다. 지금까지 개똥지빠귀는 제가 직접 잡아왔습니다. 일출 전에 일어나 올무를 준비한 뒤 새장 몇 개를 등에 멘 채 집을 나섭니다. 마치 『암피트리온Amphitrion』의 주인공 제타Geta가 항구에서 귀환하는 모습과 같습니다.[174] 저는 적게는 2마리, 많게는 6마리의 개똥지빠귀를 잡습니

<hr>

대목이다.

174　『암피트리온』은 15세기 이탈리아에서 널리 읽힌 희곡이다. 원래 암피트리온은 그리스 신화에 나오는 인물이다. 그의 아내는 미케네 3대 왕 엘렉트리온의 맏딸 알크메네로 헤라클레스의 어머니이기도 하다. 헤라클레스는 제우스가 알크메네와 동침하여 얻은 아들로 알려져 있다. 당초 엘렉트리온은 암피트리온을 시켜 자신의 딸 알크메네와 결혼하는 조건으로 소를 되찾아오게 했다. 프테렐라오스를 살해한 암피트리온이 그가 소를 팔았다는 테살리아

다. 이런 식으로 11월을 보냈습니다. 이후 하찮으면서도 낯선 이런 소일거리도 사라졌습니다.

이제 저의 일상생활에 관해 말씀드리고자 합니다. 저는 아침이 되면 해와 함께 기상해 한창 벌채 중인 작은 숲 속으로 들어갑니다. 그곳에서 두어 시간 머물면서 전날 작업을 검사하고, 뭔가를 두고 자신들 또는 이웃과 늘 다투는 벌목꾼들과 함께 시간을 보냅니다. 이 숲과 프로시노 다 판자노Frosino da Panzano, 그리고 장작을 원하는 마을 사람과 관련해 재미난 얘기가 많습니다. 조금 자세히 말하면 프로시노는 저에게 한마디 말도 하지 않은 채 사람을 보내 약간의 장작을 갖고 갔습니다. 대금을 지불할 때가 되자 그는 4년 전 안토니오 귀차르디니Antonio Guicciardini의 집에서 크리카Cricca 카드게임을 할 때 저에게 이겨 받아야 할 10리라를 빼겠다고 했습니다.[175] 저는 화가 머리끝까지 났습니다. 장작을 나르기 위해 왔던 마차꾼을 도둑이라고 부른 이유입니다. 그러자 저의 친척인 조반니 마키아벨리Giovanni Machiavelli가 중간에 나서 화를 진정시켰습니다.[176]

북풍이 불어오면 바티스타 귀차르디니Battista Guicciardini, 필리포 지노리Filippo Ginori, 톰마조 델 베네Tommaso del Bene, 그리고 다른 시민들은

왕을 찾아가 소 3백 마리를 현금을 주고 사왔다. 잃어버린 소를 사온 것에 분개한 엘렉트리온은 암피트리온을 질책했다가, 화가 난 암피트리온이 땅에 내던진 원반을 이마에 맞고 즉사했다. 스테넬로스는 형이 원반에 맞아 죽자, 암피트리온을 살인범으로 몰아서 미케네에서 추방한 뒤 보위를 차지했다. 희곡『암피트리온』은 이와 다른 내용으로 주인공은 제타Geta와 비리아Birria이다.

175 '크리카'는 같은 숫자의 카드 3장을 만들어내는 카드게임을 말한다.

176 '조반니 마키아벨리'는 마키아벨리가 체포되었다가 풀려날 때 프란체스코 베틀리와 함께 금화 1,000피오리의 보석금을 대납한 친척을 말한다.

저에게 각자 장작 한 수레씩 주문합니다. 저도 이의 없이 받아들입니다. 톰마조에게도 한 수레를 보냈습니다. 그런데 그와 그의 아내, 그의 아이들, 그리고 일꾼들이 이를 차곡차곡 다시 쌓기 시작합니다. 피렌체에 도착하면 부피가 절반으로 변하는 이유입니다. 마치 푸줏간 주인인 가부라Gabbura가 목요일마다 자신의 일꾼들과 함께 황소 고기를 부드럽게 만들기 위해 몽둥이로 두드려 절반 분량으로 만드는 것과 닮았습니다. 결국 누가 이득을 보았는지 이내 알 수 있습니다. 제가 다른 사람들에게 더 이상 장작이 없다고 거절하는 이유입니다. 그러면 모두 화를 내는데, 특히 바티스타는 자신이 행정관으로 있던 프라토Prato의 재앙에 비유키도 합니다.[177] 숲을 떠나 저는 샘물가로 갔다가 다시 책 1권을 들고 새덫을 놓은 곳으로 갑니다. 이 책은 단테, 페트라르카, 티불루스, 오비디우스 등의 2급 시인들 시집입니다. 저는 연애감정이나 애정에 관한 그들의 얘기를 읽고 저의 경우를 회상하곤 합니다. 잠시나마 행복감에 젖어드는 이유입니다. 이어 저는 주막에 이르는 길을 따라 발길을 옮깁니다. 도중에 행인과 얘기도 나누면서 그들 지역의 소식을 묻는 과정에서 여러 가지를 배웁니다. 이때 저는 사람들이 갖고 있는 다양한 취미와 여러 상상력을 주의 깊게 관찰합니다.

저녁 시간이 다가오면 저는 식구들과 함께 가난한 농장과 보잘것 없는 재산이 허락해 주는 한에서 음식을 차려 먹습니다. 식사가 끝나면 주막으로 돌아갑니다. 그곳에서는 통상 주막집과 푸줏간, 방앗간

---

177 '프라토'는 피렌체 북쪽 4킬로미터 지점에 있는 요새도시이다. 1512년 스페인군의 공격 때 피렌체군이 마지막까지 지키다 함락됐다. 바티스타 귀차르디니는 당시 프라토의 행정관으로 있었다.

주인을 비롯해 2명의 벽돌공이 회동하곤 합니다. 이들과 크리카 카드 게임이나 주사위놀이를 하다보면 그날의 나머지 시간은 대략 이들처럼 불한당 수준으로 추락하고 맙니다. 사소한 일로 격한 언쟁이 벌어지고 욕설이 난무하는데, 대부분 동전 한 닢을 둘러싼 것입니다. 고함소리가 어찌나 큰 지 산 카샤노^{San Casciano}에서도 들을 수 있을 정도입니다.[178]

저는 이런 벼룩처럼 하찮은 자들과 함께 지내면서 머릿속에 핀 곰팡이와 가슴속에 악의로 가득 찬 운명에 대한 저의 서운한 감정을 털어내곤 합니다. 운명이 저를 이처럼 형편없이 취급한 것을 두고 과연 부끄럽게 여기는 지 여부를 알 수만 있다면 저는 이런 식으로 거칠게 짓밟히는 것도 감수할 것입니다.

저녁이 되면 저는 집으로 돌아와 서재로 들어갑니다. 들어가기 전에 문지방에서 흙과 먼지로 뒤덮인 작업복을 벗고 왕실 궁정의 예복으로 갈아입습니다. 적절하게 단장한 뒤 엄숙한 분위기를 자아내는 고대인의 궁정으로 들어가면 그들은 저를 환하게 반깁니다. 거기서 저는 정성스런 대접을 받고, 저만의 것이자 제가 태어난 이유이기도 한 정신적 양식을 마음껏 섭취합니다. 저는 그들과 얘기하는 것을 주저하지 않고, 그들의 행적에 관해 궁금한 것이 있으면 거리낌 없이 캐묻습니다. 그들의 대답은 늘 친절합니다. 1번에 4시간가량 진행되는 이런 대화에 아무도 지루함을 느끼지 않습니다. 특히 저의 경우는 대화하는 동안 그간의 모든 시름을 잊고, 가난을 겁내지 않고, 죽음에 대해서도

---

178 '산 카샤노'는 마키아벨리의 농장이 있는 산탄드레아Sant'Andrea에서 약 3킬로미터가량 떨어진 마을의 중심 지역이다.

두려움을 느끼지 않게 됩니다. 제가 대화에 몰입하기 때문입니다.

단테는 일찍이 말하기를, '읽은 것을 기록해 놓지 않으면 지식이 되지 않는다.'고 했습니다.[179] 저는 그들과 나눈 대화를 통해 얻은 성과를 기록한 뒤 이를 토대로『군주국론De Principatibus』이라는 소책자를 썼습니다.[180] 저는 이 책에서 군주 및 군주국의 주제를 놓고 나름 고민하며 깊이 파고들었습니다. 군주국은 과연 어떤 것이며 어떤 유형이 있고, 군주국은 어떻게 손에 넣고 유지하며 무슨 이유로 잃게 되는가 하는 것 등이 그것입니다. 제가 쓴 글 가운데 대사님을 기쁘게 할 수 있는 게 있다면 아마도 이 책일 듯싶습니다. 제가 보건대 이 책은 대사님의 구미에 맞을 것입니다.

저는 이 책을 위대한 줄리아노 디 로렌초 데 메디치Giuliano di Lorenzo de' Medici 전하에게 바칠 생각입니다.[181] 아직 수정보완 작업을 하고 있기는 하나 필리포 카사베키아Filippo Casavecchia가 이미 이 책을 보았으니 이 책을 포함해 제가 이 책과 관련해 나눈 얘기를 소상히 들려줄 수 있을 것입니다.[182]

---

179 단테의『신곡Divina Commedia』「천국Paradiso」편 제5장 41~42절에서 인용한 것이다.

180 『군주국론』은『군주론Il Principe』이 출간되기 이전에 나온 초기 필사본의 원래 제목이다. 라틴어로 작성됐다.

181 '줄리아노 디 로렌초 데 메디치'는 당시 피렌체의 군주로 있었다. 그의 친형인 교황 레오 10세 즉 조반니 데 메디치는 로마에 있었고, 입양된 사촌형 '줄리오 데 메디치'도 조반니를 돕기 위해 로마에 머물고 있었다. '줄리아노 디 로렌초 데 메디치'가 급서하는 바람에 결국『군주국론』은 '소小 로렌초'로 불리는 로렌초 디 피에로 데 메디치Lorenzo di Piero de' Medici에게 헌정됐다. 강정인과 박상섭 번역본 모두 줄리아노 디 로렌초 데 메디치를 줄리아노 데 메디치로 써 놓아 독자들을 헷갈리게 만들고 있다.

182 박상섭은 부록 143쪽에서 이 구절을 근거로 당시까지만 해도 아직『군주국론』의 탈

존경하는 대사님,

저는 이곳 생활을 청산하고 대사님과 함께 공직생활에 참여했으면 합니다. 물론 앞으로 그러고 싶습니다만 지금은 우선 당장 해야 할 일이 있습니다. 대략 6주가량 시간이 지나면 그 일이 해결될 것입니다. 저는 소데리니Soderini 형제가 로마에 있기에 내심 주저하고 있습니다.[183] 로마에 가면 의당 그들을 방문해 얘기를 나눠야 하기 때문입니다. 그 경우 귀향하는 도중 집에 돌아오지 못한 채 재판소가 있는 바르젤로 Bargello의 교도소에 투옥되지나 않을까 두렵습니다. 비록 메디치 정권이 견고한 기반을 구축하고는 있으나 아직 신생 정권에 지나지 않습니다. 여러 면에서 의심을 가질 수밖에 없는 이유입니다.

거기에는 파올로 베르티니Paolo Bertini처럼 잘난 척하는 자가 매우 많습니다.[184] 그는 마치 저를 위하는 것처럼 음식을 시킨 것처럼 가장

고가 끝나지 않은 것으로 파악했다. 그러나 그 또한 이에 관한 논란이 지속되고 있는 점을 인정했듯이 이 구절을 근거로 탈고가 끝나지 않았다고 보는 것은 지나치다. 마키아벨리가 언급한 것처럼 이미 1차 탈고가 끝난 뒤 문장 및 단어 등에 대한 수정작업이 진행 중이었다고 보는 게 합리적이다.

183 '소데리니 형제'는 마키아벨리가 모시고 일한 피렌체 공화정의 우두머리였던 피에로 소데리니Piero Soderini와 체사레 보르자 진영을 마키아벨리와 함께 방문한 바 있는 추기경 프란체스코 소데리니Franceco Soderini를 말한다. 당시 이들 모두 메디치가 출신인 교황 레오 10세의 허락을 받고 로마에 거주하고 있었다. 마키아벨리는 로마를 방문할 경우 이들을 예방해야 하는 부담을 안고 있었다.

184 '파올로 베르티니'에 관해서는 알려진 게 별로 없다. 대략 마키아벨리가 연루된 정변 음모의 주동자 가운데 한 사람으로 짐작된다. 일각에서는 메디치 가문의 열렬한 추종자이거나, 정탐꾼이었을 가능성을 제기하고 있다. 문맥상 그가 매우 경박한 인물이었던 것만은 분명해 보인다.

하고는 막상 돈을 지불할 때
는 저에게 맡기는 식의 불량배
에 지나지 않습니다. 부디 대
사님이 저의 이런 두려움을
해소시켜 주시기 바랍니다. 그
러면 저는 만사를 제치고 앞
서 언급한 시간 내에서 대사님
을 찾아뵙도록 하겠습니다.

저는 이미 필리포 카사베
키아와 함께 저의 소책자를
줄리아노 디 로렌초 데 메디치

| 소데리니

전하에게 헌정하는 게 좋은 일인지, 그 경우 직접 들고 가 헌정하는
방식과 남을 통해 헌정하는 방식 가운데 어느 게 나은지 여부를 상의
한 바 있습니다. 내심 책이 전달될지라도 과연 줄리아노 디 로렌초 데
메디치 전하가 과연 이를 읽을지 여부도 알 수 없고, 나아가 피에트로
아르딩헬리Pietro Ardinghelli가 저의 노작에 관한 공을 가로채지나 않을까
걱정입니다.[185] 제가 헌정에 부정적인 입장을 취하는 이유입니다.

그러나 지금 저는 매우 궁핍한 처지에 놓여 있습니다. 이런 상황
이 지속되면 궁핍한 처지로 인해 이내 남들의 경멸을 받게 될 것입니

185　피에트로 아르딩헬리(Pietro Ardinghelli, 1470-1526)는 원래 피에로 소리데니가 우두
머리로 있는 피렌체 공화정을 지지했으나 이내 메디치 쪽으로 방향을 틀었고, 정권이 바뀐
뒤에는 줄리오 데 메디치의 보좌관으로 일했다. 줄리오에게 자문할 때 마키아벨리를 폄훼한
것으로 알려졌다.

다. 저는 메디치 가문의 군주들이 저에게 돌을 굴리는 작업부터 하라는 명을 내릴지라도 일단 채용부터 해주었으면 하는 바람입니다.[186] 채용된 후에도 그들의 신임을 얻지 못하면 저 자신을 탓할 수밖에 없습니다. 만일 그들이 이 책을 읽기만 한다면 제가 15년간에 걸쳐 통치술統治術l'arte dello stato을 탐구하면서 세월을 허투루 보내지 않았다는 것을 알게 될 것입니다.

남들이 많은 희생을 치르면서 얻은 경험을 자신의 것으로 만든 해박한 자를 곁에 두고 조언을 얻는 것은 매우 기뻐할 일입니다. 더욱이 저의 충성심은 전혀 걱정할 게 없습니다. 저는 늘 약속을 지켜 왔고 앞으로도 그럴 것입니다. 실제로 약속을 깬 적이 없습니다. 저는 43년 동안 충성스럽고 정직한 삶을 살아왔습니다. 이런 사람은 자신의 성격을 고칠 수 없습니다. 제가 처한 궁핍한 처지가 저의 충성심과 정직을 보증할 것입니다. 모쪼록 저의 책을 전하께 바치는 것을 어찌 생각하시는지 고견을 담은 답신을 보내주셨으면 매우 고맙겠습니다. 거듭 부탁을 드립니다. 끝으로 더욱 건승하시기를 기원합니다.

1513년 12월 10일
피렌체에서
니콜로 마키아벨리 올림.

186　'돌을 굴린다.'는 표현은 단테의 『신곡』「지옥」편 7장 16~66절에 나오는 얘기를 빗댄 것이다. 「지옥」편에는 탐욕의 죄를 지은 자는 그리스 신화에 나오는 시시포스처럼 무거운 돌덩이를 이리저리 굴리는 형벌을 받는 것으로 나온다. 단테는 바로 이를 언급한 것이다. 원래 「신곡」에 나오는 이 얘기는 로마 시인 베르길리우스의 『아이네이드』 6장 616절에서 따온 것이기도 하다.

2. 프란체스코 베토리가 보낸 답신(1514년 1월 18일)

　* 이 답신에서 프란체스코 베토리는 자신의 연애경험을 장황하게 늘어놓은 뒤 편지 말미에서 마키아벨리가 문의한 『군주국론』의 봉헌 여부에 대한 자신의 견해를 간략히 언급해 놓았다.

　저는 당신의 역저인 『군주국론』 본문을 읽어보았습니다. 매우 마음에 들지만 나머지 부분을 볼 때까지는 단정적인 얘기를 하고 싶지 않습니다.[187]

---

[187]　일각에서는 이 구절을 근거로 『군주국론』의 수정 작업이 아직 끝나지 않은 것으로 파악하고 있다. 사실 이 구절만 놓고 보면 마키아벨리는 베토리에게 수정이 완료된 부분만 보낸 것으로 보이는 게 사실이다. 그러나 대다수 학자들은 마키아벨리가 완성된 원고를 옮겨 적는 작업을 완료하지 않은 결과로 분석하고 있다. 당시의 정황에 비춰 이같이 보는 게 합리적이다. 베토리가 언급한 '단정적인 얘기'의 대상을 두고 『군주국론』을 말한 것인지, 아니면 헌정 여부를 말한 것인지 여부를 놓고 논란이 있다. 강정인은 후자로 보았으나 문맥상 전자로 보는 게 논리적이다. '마음에 들지만 나머지 부분' 운운한 게 그 증거다.

부록 2. 마키아벨리의 삶과 사상

 * '마키아벨리의 삶'은 은사의 역저인 『마키아벨리와 군주론』에 수록된 서론과 제1부의 '마키아벨리 생애와 저작'을 발췌해 옮긴 것이고, '마키아벨리의 사상' 가운데 '스트라우스와 마키아벨리' 대목은 은사의 유저 『레오 스트라우스의 정치철학』(서울대학교출판부, 1996)에 나오는 마키아벨리 관련 대목을 발췌해 전재한 것이다. 독자들의 이해를 돕기 위해 발췌문의 각주를 모두 생략했고, 일부 용어는 알기 쉬운 구어체로 다듬었다. 또 일부 구절은 원문을 훼손하지 않는 범위 내에서 과감히 잘라 내거나 일부 보충해 끼워 넣었음을 밝혀 둔다.

1. 마키아벨리의 삶

1) 시대적 배경과 피렌체

마키아벨리가 살던 시대는 서양사상사에서 매우 유명한 르네상스 시대였다. 신이 지배했던 중세의 암흑시대가 종식되고 인간위주의 새로운 문물이 빛을 발하기 시작한 시기였다. 특히 마키아벨리가 태어난 피렌체는 14세기부터 16세기에 이르기까지 이탈리아뿐만 아니라 전 유럽에 그 위세를 과시하고 있었다. 광범한 경제활동을 통해 부를 축적했던 까닭에 피렌체의 통화는 전 유럽에서 신용을 얻었다. 특히 메디치 가문의 지도자들이 피렌체의 통치권을 장악함에 따라 피렌체는 더욱 발전하게 됐다.

덩달아 문화예술 방면도 크게 활기를 띠었다. 단테와 같은 시인과 보카치오와 같은 소설가, 페트라르카와 같은 석학, 지오토와 같은 예술가 등이 태어나 르네상스 문화를 이끈 배경이다. 고전철학의 부활과 학문예술의 발달은 피렌체가 구축한 부를 기초로 한 것이나 당시의 천재적 인간과 메디치가 같은 유력 정치세력의 존재를 무시할 수는 없다. 마키아벨리 생존 당시의 피렌체가 르네상스 문화예술의 중심지로 번영한 배경이다.

그러나 이는 표면적인 모습이고 그 이면에는 엄청난 위기가 도사리고 있었다. 알프스 이북의 여러 나라에서는 강력한 근대국가가 건설되고 있었고, 이는 분열된 이탈리아에 커다란 위협으로 다가오고 있었다. 이탈리아 내에 할거한 도시국가들도 각기 외국세력과 결탁해 서로 복잡한 세력관계를 형성하고 있었다.

본래 이탈리아는 무수한 소국으로 분열되어 있다가 13세기부터 몇 나라로 정리되기 시작했다. 마키아벨리가 살았던 시기에는 그 판도가 대체로 확정되어 북부에는 밀라노, 동북부에는 베네치아, 중부에는 피렌체와 교황령, 남부에는 나폴리 왕국이 자리 잡았다. 이렇게 되기까지 각국 간에 급격한 충돌과 치열한 경쟁이 있었음은 말할 것도 없다. 피렌체만 하더라도 해안을 끼고 있는 피사를 정복했고 이웃의 루카와는 늘 갈등을 빚고 있었다. 모든 도시국가가 이런 부단한 갈등과 불안 속에 있었기에 결과적으로 이탈리아는 커다란 분열상을 드러냈고, 알프스 이북의 통일국가의 침략을 당했을 때 속수무책일 수밖에 없었다.

실제로 1492년 마키아벨리가 23세 되던 해에 프랑스의 샤를 8세가 피렌체를 침공했을 때 메디치정권은 이내 붕괴하고 말았다. 비록 경제적으로 번영되고 또한 문화예술로 유럽을 제압했을지라도 정치적으로 통일국가를 이룩하지 못했던 탓에 통일된 프랑스의 무력을 이겨내지 못한 것이다.

또 다른 위기요인은 피렌체의 내부 사정에 있었다. 피렌체는 외양상 공화정 체제였으나 실제로는 각 계층의 불안정한 연합으로 운영되고 있었다. 표면상의 평화에도 불구하고 각 계층 간의 불화와 갈등이 끊이지 않은 이유다. 정치는 상층계층에 속하는 큰 규모의 조합과 하층계층의 작은 조합에 의해 운영됐다. 피렌체는 이런 직업별 조합으로 편성됐고, 백성은 누구나 어느 한 조합에 속해 있었다.

프랑스가 통일국가를 완성해 인근의 약소국을 도모할 당시 이탈리아는 국가 통일을 이루지 못한 채 여러 소국으로 나뉘어 상호 대립과 충돌을 일삼고 있었다. 이들 소국들은 또 제각기 외세와 결탁해 자국의 방위를 도모하고, 또 어떤 때는 인근 나라를 침공키도 했다. 특히 자유도시 피렌체는 내부에 많은 위험을 안고 있었다. 명목상 공화정 체제를 유지하고 있었으나 요즘과 같은 민주정치를 실현하고 있었던 것은 아니다. 정치는 각 직능을 대표하는 대 조합과 소 조합이 담당하고 있었다. 두 조합의 불화와 갈등이 늘 불안요인으로 남아 있었다.

정치사적으로 볼 때 당시는 근대국가의 형성기였다. 근대국가는 요약하면 민족을 단위로 하는 국가이다. 그 이전의 서양사회는 봉건국가가 지배하고 있었다. 각처에 봉건영주가 할거한 가운데 같은 민족 내에서도 많은 봉건영주가 군림하고 있었다. 근대국가는 이런 봉건제를 깨뜨리고 민족을 기반으로 한 통치체제를 구축한 것이다. 이탈리아를 제외한 유럽 대다수 지역에서 이런 근대국가가 형성되고 있었다. 외교관으로서 유럽 여러 나라를 방문했던 마키아벨리는 이런 시대적 변이를 직접 목격하고 경험했다.

마키아벨리는 이탈리아의 통일을 위해서는 알프스 이북의 대륙국가처럼 강력한 군주가 나타나야 한다고 보았다. 실제로 서양의 근대국가 형성기 때 강력한 군주가 등장해 주변의 영주를 평정해 통일왕조를 이뤘다. 이들 왕국은 국왕의 절대권으로 유지됐다. 국왕의 권한은 하늘의 신으로부터 유래했다고 보았다. 장 보댕이 역설한 이른바 왕권신수설王權神授說이다. 그는 국왕의 권력을 신성불가침한 것으로 만들어 놓았다. 프랑스의 루이 14세가 '짐이 곧 국가이다!'라는 말을 서슴지 않고 내뱉은 배경이다. 이를 통상 '절대군주 국가'라고 한다.

이는 프랑스혁명 이후 사라졌다. 이후 군주정치는 잔존했지만 개명 또는 계몽군주정치로 변한 뒤였다. 절대군주는 하늘의 신을 빙자해 통치했으나, 계몽군주는 이성에 의존해 다스렸다. 그러나 이성에 의한 계몽군주의 정치도 군주의 전횡에 의한 정치라는 점에서 보면 절대군주의 정치와 큰 차이는 없었다.

이후 계몽군주의 정치는 제한군주 내지 입헌군주의 정치로 변했다. 입헌군주는 법의 제약을 받는다는 점에서 이전의 군주와 달랐다. 군주제는 현대 영국이나 일본에서와 같이 종신제일 수도 있고 말레이시아처럼 한시적일 수도 있다. 그러나 제한적 성격을 갖는다는 점에서는 같다. 그런 점에서 마키아벨리 사상은 지금도 정치에서의 힘의 원리를 설명하는데 매우 유용하다.

이제 마키아벨리의 생애를 간략히 검토키로 하자. 지금까지 마키아벨리의 전기를 쓴 사람은 매우 많다. 대부분 객관적인 자료를 근거로 하고 있지만 전문가를 대상으로 하고 있기에 교양서로 읽기에는 한계가 있다. 본서는 쉽게 풀어쓸 생각이다.

마키아벨리는 1469년 5월 3일 피렌체에서 태어났다. 조선조의 성종 말기에 해당한다. 마키아벨리는 성종의 장남인 연산군보다 5세 위였다. 그가 태어날 당시 부친 베르나르도는 38세, 모친 바르톨로메아는 29세였다. 마키아벨리는 이들 부부의 3번째 자식으로 첫아들이기도 했다. 위로 5세와 2세 차이나는 누나가 있었고, 5년 후 동생이 태어났다.

부친의 직업은 법률가로 되어 있으나 구체적으로 무슨 일을 했는지 분명치 않다. 변호사 또는 법률고문으로 표현된 이유다. 크게 내세울 만한 일을 한 인물이 아니었음은 분명한 듯하다. 기록에 의하면 마키아벨리의 조부는 평생 독신생활을 했다고 한다. 베르나르도는 정실소생이 아닌 까닭에 호적에 입적하지 못했다. 그의 조부는 임종 때 베르나르도를 적자로 인정하며 그의 형에게 뒷일을 부탁했다. 베르나르도가 받은 약간의 유산은 이 백부로부터 나온 것이다.

마키아벨리는 평생을 두고 가난한 처지를 한탄했다. 그러나 따지고 보면 그렇게 가난하지는 않았던 듯하다. 후에 마키아벨리가 은신한 시골에는 산장을 비롯해 산장에 딸린 임야와 경작지가 있었다. 당시 대다수 피렌체 백성은 시내에 주거지를 갖고 있었을 뿐만 아니라 인근 시골에 주택과 전답을 보유하고 있었다. 마키아벨리 일족 역시 비록 넉넉지는 않으나 대략 중산층의 생활은 유지한 듯하다.

모친 바로톨로메아는 베르나르도와 결혼하기 전에 한 번 시집을 간 일이 있었다고 한다. 그녀는 신앙심이 깊었고, 시를 쓰는 데도 소양이 있었다. 그녀는 마키아벨리가 성직자가 되기를 바랐다. 베르나르도와 재혼한 후 2남 2녀를 낳고 평화로운 가정을 꾸려나간 듯하다.

마키아벨리의 어린 시절 얘기가 밝혀진 것은 사후 450년 뒤인 지난 1954년 베르나르도의 일기가 발견된 덕분이다. 이 일기는 1474년에 시작해 1487년에 끝난다. 당시는 기록을 남기는 게 하나의 관행이었다. 베르나르도의 일기도 별로 특이한 것은 아닐 것이다. 일기 속에 마키아벨리의 성장과 관련된 많은 기록이 담겨 있다.

그 일기에 따르면 마키아벨리는 7세 때 처음으로 교사에게 보내지고 11세 때 주판 선생에게 보내져 주판을 배웠다. 12세 때 라틴 문학을 익혔다. 베르나르도는 넉넉지 못한 살림 속에서 마키아벨리의 교육에 힘을 쓴 듯하다. 일기는 학비의 내역까지 밝혀 놓았다.

"난방비 9솔디 8다나리, 의자 사용료 6솔디. 그의 라틴어 교사는 승려이면서 법조인이었기에 정부나 문인 서클과 유대관계가 있었다."

부친의 교육열은 높았으나 넉넉지 못한 살림으로 인해 자식에게 충분한 교육을 시키지는 못한 듯하다. 가정교사는 집에서 함께 살거나 집으로 방문해 가르치는 게 상례였다. 마키아벨리에게는 그리스어 소양이 거의 없었다. 르네상스 시대의 지식인은 거의 모두 라틴어 고전 외에 그리스어 고전을 읽었다는 점을 감안할 때 그가 받은 교육은 빈약하다고 평할 수밖에 없다.

일기는 마키아벨리가 18세가 되는 해에 끝난다. 베르나르도는 일기의 기록이 끝난 시점에서 13년 뒤인 1500년까지 생존했다. 원래 18세면 대학에 진학할 나이였다. 당시 이탈리아에는 굴지의 대학이 많았다. 산 하나만 넘어도 볼로냐 대학이 있었고, 베네치아 공화국에는 파도바 대학이 있었다. 피렌체 근처에는 유명한 피사 대학도 있었다. 마키아벨리는 대학교육을 받지 못한 채 인근 글방에 다니며 교육을 받은 것으로 그친 듯하다.

주목할 것은 베르나르도가 상당한 수준의 장서 애호가였다는 점이다. 일기에 장서목록이 기록돼 있다. 책의 가격과 입수경위, 책의 소재 등이 소상히 밝혀져 있다. 어느 책은 빌려온 것이고 또 어느 책에는 '산 조반니 사원의 목사에게 대여 중'이라는 기록 등이 남아 있다. 베르나르도의 장서목록 중에는 아리스토텔레스의 『윤리학』과 토피카의 『단편집』, 키케로의 『의무론』과 『변론학』, 프톨레마이오스의 『천문학』, 플리니우스의 『박물지』 등이 있다. 특히 관심을 끄는 것은 티투스 리비우스의 『로마사』이다. 일기의 기록이다.

"리비우스의 책에 나오는 모든 도시와 지역, 하천, 섬, 산악의 색인을 만들어준 대가로 인쇄업자로부터 받았다."

그는 17세의 마키아벨리를 제본업자에게 보내 제본을 돕게 했고, 그 대가로 적포도주 한 통을 받았다. 마키아벨리는 어릴 때부터 책이 가득한 자루를 메고 책방과 인쇄소를 수시로 왕래하는 등 부친의 책 심부름을 많이 다녔다. 그러는 동안 책과 절로 친해지고, 평생 책을 끼고 살게 된 것으로 보인다.

일기에 따르면 베르나르도는 작은 직영농장에서 나는 수확과 약간의 임대료 등으로 생계를 꾸려간 듯하다. 금융업이나 상업에 종사한 일은 없었다. 흑사병이 돌 때는 애들을 시골로 보내 보호했다. 일기를 통해 본 마키아벨리의 성장기는 비교적 순탄했던 셈이다. 부모는 모범적인 생활을 했고, 많은 장서로 교육적인 분위기를 만들어주었다.

애석하게도 일기는 마키아벨리가 18세가 되는 해에 끝난다. 이후의 소식에 관해서는 알 길이 없다. 마키아벨리가 다시 세상에 알려진 것은 29세 때 피렌체 정부의 고위관원으로 취임한 뒤였다. 베르나르도의 일기에는 1478년의 파치 가문의 반란사건과 1479년의 포지 전쟁, 1492년의 로렌초 데 메디치의 사망, 1494년의 샤를 8세의 피렌체 침공 등의 4대 사건이 기록돼 있다. 이 가운데 파치의 반란과 샤를 8세의 이탈리아 침공은 당시의 내우외환을 상징하는 사건이었다.

파치 가문은 피렌체의 명문 가운데 하나였다. 이들은 실권을 장악하고 있던 로렌초 데 메디치와 그의 아우 줄리아노 데 메디치에 대한 암살을 시도했다. 줄리아노는 피살됐지만, 형 로렌초는 가까스로 위기를 면했다. 이 음모에는 로마의 교황과 피사의 대주교, 용병대장 등이 가담했다. 이 사건으로 피렌체에서 80명 이상의 연루자가 교수형에 처해졌다. 이 사건은 종전의 도덕이나 감정을 일체 용인하지 않는 냉혹한 현실을 그대로 드러낸 사건이었다. 부도덕하고 가혹하며 탐욕적이고, 음모적이고 비열하며 위험한 정치 현실을 보여준다. 당시 9세에 지나지 않았던 마키아벨리는 이 사건을 눈으로 보았고 귀로 들었을 것이다.

프랑스 왕 샤를 8세의 피렌체 공격은 약소국이 강대국의 침공을 받을 때 나타나는 온갖 참상을 적나라하게 보여주었다. 1494년 8월 샤를 8세가 9만 명의 군사를 이끌고 알프스를 넘었다. 이해 9월 이탈리아 북부의 토리노에 입성했다. 10월 29일 피렌체로 진격해 약탈을 자행했다. 피렌체의 통치자인 피에로 데 메디치는 싸우지도 않은 채 항복했다. 피렌체에 피해를 주지 않는 조건이었다. 대신 피사와 리보르노 등의 주요 도시를 내주고 20만 '피오리노'의 금화를 바쳐야만 했다. 대로한 피렌체 백성들이 피에로를 추방했다. 이때 마키아벨리는 25세였다.

이 사건은 권력의 변동과 더불어 많은 재앙을 초래했다. 농촌의 황폐화, 도시의 살육, 역질의 유행 등이 그것이다. 젊고 예민한 마키아벨리는 커다란 충격을 받았다. 『로마사 논고』에 나오는 내용이 이를 뒷받침한다. 인심은 날로 흉악해지고 도의심은 땅에 떨어졌다. 여기에 더해 교회와 성직자들은 극도의 타락과 부패상을 드러냈다. 특히 로마 교황청의 부패는 극심했다. 교황의 선출을 둘러싸고 온갖 범죄와 협잡이 이뤄졌다. 교황 알렉산데르 6세는 교황이 되기까지 숱한 범죄를 저질렀고, 많은 사생아를 두었다. 사생아 가운데 한 명이 바로 체사레 보르자이다. 알렉산데르 6세는 교황령을 확대할 요량으로 자식을 시켜 인근의 소국 로마냐를 침공케 했다. 마키아벨리는 이를 곁에서 목격했다. 그의 관심이 피렌체를 넘어 이탈리아 전역으로 미치게 된 근본배경이다.

당시 피렌체는 메디치가의 추방 후 도미니코파 수도사인 사보나롤라가 다스리고 있었다. 사보나롤라는 1452년에 북부 이탈리아의 페라라에서 태어났다. 도미니코파의 수도원 생활을 하다가 39세가 되는 1491년 피렌체의 마르코 수도원장으로 승격하고, 1494년 샤를 8세의 이탈리아 침공을 틈타 메디치가의 추방과 시민정부 수립을 주도했다. 프랑스군이 피렌체에 큰 피해를 입히지 않고 입성한 것이 그에게는 다행이었다. 피렌체 백성은 그 덕분이라고 생각했다. 그가 신의 계시를 받았다고 믿었고, 그의 설교에 감동의 눈물을 흘렸다. 이를 기반으로 그는 신정神政을 꿈꿨다. 이런 신정은 모든 백성이 기독교 신자다운 생

| 사보나롤라 화형 장면

활을 영위할 때 가능하다고 생각했던 그의 요구는 매우 가혹했다. 그는 이같이 외쳤다.

"신과 황금의 신을 동시에 시중들 수는 없다. 신이 뽑는 인간 속으로 들어가고 싶으면 오늘부터 당장 자신의 생활을 바꾸고, 과거의 모든 쾌락을 포기해야 한다. 어린이처럼 순진해져야 한다. 그러면 이기주의나 오만이나 탐욕의 지배는 사라지고 지상에는 다시 번영의 시대가 돌아올 것이다!"

실제로 그는 사회정화를 위해 어린이들을 앞세웠다. 그들은 단체를 만들고 조를 짜서 동네의 풍기를 단속했다. 사치스러운 옷을 입은 통행인이나 치장한 여인을 규탄하고, 술 취한 주정꾼이나 도박사를 응징했다. 이교적인 서적이나 음란한 회화를 찾아내기 위해 가가호호 돌아다니며 수색을 벌였다. 그는 1497-1498년의 카니발에 즈음해 대규모의 사치품 소각행사를 벌였다. 시뇨리아 광장에 사치품을 산더미처럼 쌓아올려 증인 감시 하에 불을 질렀다. 철저한 기독교정신을 통해 사회개혁을 이루고자 한 것이다.

그러나 이런 개혁구상은 이내 그의 처형과 함께 물거품이 되고 말았다. 교황과의 갈등, 피렌체 내부의 반발, 극심한 경제위기 등이 원인이었다. 그토록 그를 열성적으로 지지했던 백성들은 그에게 등을 돌리고, 앞장서서 그를 체포해 화형대로 보내고, 죽은 시체에 돌을 던졌다. 마키아벨리 역시 그의 설교를 들었을 것이고, 흥분한 백성의 대열에 끼기도 했을 것이다. 지상에 그리스도 국가를 세우고자 했던 그에게 한때 호감을 가졌는지도 모른다.

그러나 마키아벨리는 사보나롤라의 죽음을 지켜보면서 한 가지 분명한 진리를 깨달았다. 무력을 보유하지 못한 자는 이내 패망할 수밖에 없다는 게 그것이다. 백성의 지지를 받는 것은 매우 중요하다. 특히 권력을 얻고자 할 경우 더욱 그렇다. 그러나 이는 전적으로 믿을 게 못 된다. 권력을 장악한 뒤에는 그 방책을 바꿀 필요가 있다. 사보나롤라가 이를 몸으로 보여 주었다. 그는 진정한 기독교인으로서 교황의 부패를 규탄하고 피렌체와 이탈리아의 타락을 바로잡기 위해 헌신적인 노력을 기울였다. 그런데도 그는 비참한 최후를 맞았다. 과도할 정도의 이상주의에 매몰된 후과다. 마키아벨리가 극히 현실주의적인 입장을 취한 것도 이와 무관치 않다. 만일 사보나롤라가 모세처럼 무장한 백성을 이끌었다면 틀림없이 성공했을 것이다. 마키아벨리가 무력을 생략한 사보나롤라를 군대를 배경으로 혹정을 펼친 체사레 보르자와 비교한 것도 이런 맥락에서 이해할 수 있다.

1498년 5월 23일 우연의 일치일지는 모르나 2가지 중대한 사건이 빚어졌다. 사보나롤라의 처형과 마키아벨리의 공직 취임이 그것이다. 마키아벨리는 출근 첫날 자신의 사무실 창 너머로 시청 앞 광장을 내려다보며 화형식을 목도했다. 성난 백성이 십자가에 매달린 자들을 비웃고 매도하는 소리를 똑똑히 들었다. 공교롭게도 바로 이날 마키아벨리는 그간의 독서생활을 청산하고 관직에 취임한 것이다.

얼마 후 피렌체 정부는 제2서기국 서기장 후보의 명단을 작성해 '대회의'에서 투표안건으로 상정했다. 당시 피렌체 정부는 외교 담당의 제1서기국과 내정 및 군사담당의 제2서기국으로 구성돼 있었다. 각 부는 서기장이 관장하고 있었다. 서기장 후보자는 모두 4명이었다. 거기에 29세의 마키아벨리가 포함되어 있었다. 다른 3명의 후보는 변론술 교수와 변호사, 공증인이었다. 무직자는 마키아벨리뿐이었다. '대회의'는 피렌체 공화국의 국회와 같은 곳이다. 마키아벨리의 직함은 '세크레타리오 피오렌티노Secretario Fiorentino'였다. 이는 지금의 장관급에 해당하나 단순 비교키는 어렵다. 당시 피렌체 정부는 규모가 작고, 직종의 분화가 덜 되어 있었던 까닭에 지금의 장관과는 차이가 있다. 피렌체 인구는 9만 명에 지나지 않았다.

마키아벨리에 앞서 제1서기국 서기장에 취임한 마르첼로 비르질리오 안드리아니는 법학과 논리학 교수로 피렌체를 대표하는 지식인이었다. 재임 중에도 대학 강의를 중단치 않았고, 라틴어 저서도 많았다. 고등교육도 받지 않고, 이렇다 할 경력도 없고, 더구나 문벌도 약한 젊은 마키아벨리가 어떻게 해서 이런 높은 자리에 오르게 된 것일까? 많은 연구가들이 의구심을 품은 이유다. 이미 그전에 서기국에서 근무했거나, 외국 주재원으로 활동했거나, 제1서기국 서기장과 가까웠을 가능성이 제기됐으나 뚜렷한 근거가 있는 것은 아니다.

마키아벨리는 제2서기국 서기장으로 임명된 지 1달 남짓 지나 제2서기국 산하 '평화와 자유의 10인 위원회' 사무장의 임무도 떠맡게 됐다. 처음부터 정부의 요직에 취임해 매우 중요한 역할을 담당했다고 해석할 수밖에 없다. '평화와 자유의 10인 위원회'가 군사를 담당하는 만큼 마키아벨리는 사실상 외교문제도 깊이 관여케 됐다고 보아야 한다. 그는 이런 중책을 매우 충실하면서도, 유능하게 수행했다. 정부도 그를 매우 중시했다. 그는 어떤 당파에도 가담하지 않고 자신에게 위임된 임무를 겸허히 수행했다. 덕분에 피렌체의 주요현안은 모두 그의 손을 거쳐 처리됐다. 매끈한 일처리로 동료들의 신임도 얻었다.

제1서기국 서기장인 비르질리오는 서기국 총책임자였다. 지위는 마키아벨리보다 높았지만 사실상의 실무는 내정과 외무를 가리지 않고 마키아벨리가 모두 담당한 것으로 짐작된다. 피렌체 공화국이 무너지고 메디치가가 복귀했을 때 비르질리오는 유임되고 마키아벨리만 쫓겨난 게 이를 뒷받침한다. 그가 사실상 실력자로 활약했음을 짐작케 해주는 대목이다.

실제로 당시 마키아벨리는 중대한 외교임무를 띠고 동분서주했다.

피렌체는 많은 외교문제를 안고 있었던 까닭에 외국에 나가 활동하는 경우가 많았다. 피사 문제를 해결키 위해 갔다가 배신한 용병대에게 체포돼 막대한 보상금을 내고 풀려나기도 했다. 당시만 해도 직업 외교관 제도가 확립되어 있지 않았다. 외교관 직책은 다분히 귀족직의 성격을 띠고 있었다. 자비 부담이 일반적이었던 까닭에 외교 실무자에 대한 재정지원이 빈약했다. 외국에 주재할 때 여러 차례에 걸쳐 본국에 송금을 청한 사실이 그 증거다. 그 기록은 지금도 남아 있다. 그의 봉급은 제1서기국 서기장에 비하면 턱없이 적었다. 더구나 공직생활 14년 동안 단 1번도 승급이 이뤄지지 않았다. 마키아벨리가 늘 가난에 시달렸다고 푸념한 배경을 대략 이해할 수 있다.

그는 외교활동 기간 중 특기할 만한 사항은 늘 상세히 기록해 놓았다. 지금도 당시의 현지 보고서가 많이 남아 있다. 그는 외교활동을 하면서도 해당 지역의 모든 것을 주의 깊게 살폈다. 독일과 프랑스를 방문한 뒤 일련의 보고서를 남긴 게 그렇다. 스위스는 주재한 적이 없고 단순히 지나치기만 했는데도 정치조직 등을 상세히 살핀 서한을 보내기도 했다. 그가 보낸 보고서는 지금도 당시의 상황을 연구하는데 귀중한 자료로 활용되고 있다.

그의 이런 경험은 훗날 그의 글쓰기 작업에 크게 기여했다. 여기서 가장 큰 영향을 미친 것은 체사레 보르자와의 만남이었다. 체사레 보르자의 모친은 유명한 창기였고, 부친인 교황 알렉산데르 6세는 육체와 정신에 붙을 수 있는 모든 악덕을 체현한 인물이었다. 색을 지나치게 밝혔고, 끝없이 탐욕스러웠다. 거의 모든 성직을 팔아 치부하는가 하면, 재산을 빼앗기 위해 부유한 추기경 등 많은 성직자를 독살키도 했다. 그는 종교도 믿지 않았고, 약속을 지키는 일도 없었다. 이런 부모 밑에서 태어난 체사레 보르자에게 성직자의 모습을 기대하는 것은 연목구어緣木求魚에 지나지 않았다. 그는 부친인 교황과 프랑스군의 도움을 받아 로마냐 일대를 침공한 뒤 대소 귀족세력을 소탕하고 막강한 세력을 구축했다. 이웃한 피렌체도 커다란 위협에 휩싸이게 됐다.

마키아벨리가 그를 여러 차례 찾아간 것은 바로 이 문제를 해결키 위한 것이었다. 이 과정에서 그는 체사레 보르자를 면밀히 관찰할 수 있었다. 당초 마키아벨리가 그를 처음으로 대면한 것은 1502년 6월 22일이었다. 이후 3일 동안 회담을 진행했으나 아무런 성과도 거두지 못한 채 빈손으로 귀국해야만 했다. 이때는 체사레 보르자를 면밀히 관찰할 기회가 없었다. 그러나 이후 그런 기회가 주어졌다. 마키아벨리는 이모라로 그를 방문해 3달 반 동안 함께 지내면서 자세히 관찰할 수 있었다.

당시는 체사레 보르자가 막강한 위세를 떨치던 전성기였다. 그는 막강한 군사력을 배경으로 주변의 귀족세력을 하나하나 격파해 나갔다. 이 과정에서 많은 귀족과 용병대장을 자기편으로 끌어들였다. 그러면서도 불필요하게 되면 무자비하게 제거했다. 적대감을 드러낸 영주와 용병대장을 무참히 살해한 '시니갈리아 사건'이 이를 웅변한다. 당시 점령 치하의 영주와 용병대장 모두 내일을 기약할 수 없어 전전긍긍했다. 이들은 마침내 마조네라는 곳에 모여 '반反체사레 동맹'을 맺었다. 체사레 보르자는 짐짓 화해 제스처를 보이며 이들을 시니갈리아로 초청해 놓고는 교묘한 방법으로 무장해제를 시킨 뒤 일거에 몰살해 버리고 말았다.

마키아벨리는 이를 곁에서 지켜보며 커다란 충격을 받았다. 그러면서도 내심 분열된 이탈리아를 통일하려면 이런 무자비한 방법밖에 없다고 생각했다. 한때 이탈리아의 통일을 이룰 바람직한 군주의 모습을 체사레 보르자로부터 찾은 이유다. 마키아벨리가 생각하는 체사레 보르자는 자신이 필요하다고 판단하면 모든 일을 조금도 주저하지 않고 즉석에서 해치우는 냉혈한에 가까웠다.

마키아벨리는 이후 로마에서 다시 한 번 또 다른 모습의 체사레 보르자를 볼 수 있었다. 교황 알렉산데르 6세가 말라리아로 급사한 직후 조문사절로 갔을 때였다. 체사레는 간신히 살아남았다. 그가 자리에 누워 있는 동안 정세가 일변했다. 체사레 보르자 가문과 앙숙인 율리우스 2세가 교황으로 선출되자마자 체사레를 체포해 스페인의 한 감옥에 가둬버렸다. 이후 감옥을 탈주한 체사레 보르자는 용병대에 자원해 나발 전투를 진두지휘하다가 전사했다.

마키아벨리는 체사레 보르자의 파란만장한 삶을 곁에서 지켜본 몇 안 되는 증인 가운데 한 사람이다. 그의 비참한 최후를 목도하면서 그에게 걸었던 큰 기대는 이내 커다란 실망으로 다가왔다. 그럼에도 정치가 체사레 보르자의 행보에 대한 호평은 거두지 않았다.

원래 메디치 가문은 피렌체 내에서 가장 유력한 가문이다. 중흥시조인 코시모 데 메디치는 사업에 크게 성공해 피렌체의 번영에도 기여한 바가 컸다. '국부pater patriae'로 불릴 정도로 피렌체 백성들의 추앙을 받았다. 그 뒤를 이은 피에로 데 메디치 또한 탁월한 지도자였다. 외교적 수완을 발휘해 피렌체의 위신을 크게 높이는데 성공했다. 특히 학문과 문화예술의 진흥에 큰 공적을 남겼다. 그러나 그의 후손인 피에로 2세는 용군庸君에 지나지 않았다. 프랑스 왕 샤를 8세가 침공했을 때 제대로 싸우지도 못한 채 굴복한 게 그렇다. 후대인들로부터 '멍청이'라는 뜻의 '일 파투오il Fatuo'의 야유를 들은 이유다. 그가 피렌체에서 쫓겨난 것은 당연했다.

그럼에도 메디치 가문의 세력은 곳곳에 남아 있었다. 이후 교황 율리우스 2세가 베네치아와 스페인 및 프랑스에 대항하기 위해 신성神 聖 동맹을 체결하는 과정에서 피렌체에 참여를 강요하면서 상황이 일변했다. 당시 피렌체는 프랑스와 친교관계를 유지하고 있었다. 교황과 프랑스 사이에 끼어 좌고우면한 이유다. 그러나 정세는 교황 측에 유리하게 전개됐다. 프랑스군이 이탈리아에서 축출되면서 메치디 가문의 지도자들이 재빨리 복귀를 위한 활동을 전개했다. 피렌체에서 추방된 지 18년이 지난 시점이었다.

당시 메디치 가문을 이끈 지도자는 조반니 추기경이었다. 그는 피렌체의 과도정부인 소데리니 정권의 타도와 메디치 가문에 대한 추방령 해제를 달성코자 했다. 피렌체 내의 반정부적 귀족들을 규합해 소데리니 추방운동을 전개한 이유다. 종신대통령으로 선출된 소데리니는 평소 친교가 있던 프란체스코 베토리에게 뒷일을 당부하고 떠났다. 그 다음날인 1512년 9월 1일 '대 로렌초'의 아들 줄리아노 디 로렌초 데 메디치가 피렌체로 돌아왔다. 같은 해 11월 7일에 마키아벨리는 파면 통고를 받았다.

당시 권력의 탈환에 성공한 메디치 가문의 지도자들은 되도록 평온하게 세력을 교체코자 했다. 이전의 공직자들을 거의 그대로 남겨둔 이유다. 마키아벨리의 상사였던 제1서기국 서기장인 마르첼로 안드레아가 유임된 게 그렇다. 소데리니로부터 뒷일을 부탁받은 베토리는 로마주재 대사로 발령 났다. 이 와중에 유독 마키아벨리만 파면된 것이다. 그 이유는 무엇일까?

대략 2가지 가능성을 생각할 수 있다. 첫째, 너무 정직하게 열심히 일을 하는 과정에서 미움을 샀을 가능성이다. 특히 메디치가와 연결된 세력의 경계심을 자극했을 공산이 크다. 둘째, 그를 비호해줄 유력한 배경이 없었을 가능성이다. 마키아벨리는 이렇다 할 집안 배경이 없었다. 남아 있는 기록에 따르면 당시 고위관원은 대부분 명문가 또는 대학 출신이었다.

그럼에도 정작 자신은 파면을 전혀 예상치 못한 듯하다. 메디치가의 새 정부가 들어섰을 때 앞으로 대비해야 할 여러 계책을 건의한 게 그렇다. 그러나 이는 새 정부의 쓴 웃음을 자아냈을 뿐이다. 그는 곧바로 면직됐을 뿐만 아니라 1년 동안 피렌체 시에서 쫓겨나는 철퇴를 맞았다. 모든 지위를 잃고 피렌체 시내에서도 살 수 없게 된 그는 부득불 시골로 낙향할 수밖에 없었다.

설상가상으로 마키아벨리는 반反메디치 역모사건 연루 혐의로 투옥된 뒤 '스트라파도strappado'라는 모진 고문을 받아야만 했다. 이는 일종의 '거꾸로 매달기'에 해당한다. 결박한 양 손목에 줄을 달아 공중에 매다는 까닭에 양쪽 어깨관절은 탈구되고 만다. 이후 줄을 갑자기 풀어 공중에 뜬 고문대상자를 땅 위로 떨어뜨린다. 체중으로 인해 어깨 관절은 심각한 손상을 입게 된다. 사보나롤라가 바로 '스트라파도' 고문을 당한 뒤 화형에 처해졌다. 마

| 코시모 데 메디치

키아벨리가 이런 혹독한 고문을 견디고 살아남은 게 기이한 일이다.

이 사건의 발단은 이렇다. 당시 추방 중인 소데리니의 친척 되는 자의 집에서 시에나인 베르나르디노 코지오라는 인물이 피에트로 파울로 포스콜리라는 젊은이의 호주머니에서 떨어진 종이쪽지를 주었다. 거기에는 반메디치 성향의 10여 명의 이름이 적혀 있었다. 코지오는 이를 곧바로 신고했다. 쪽지에 마키아벨리의 이름이 적혀 있었다. 마키아벨리는 그런 사실을 전혀 모르고 있었다. 그럼에도 마키아벨리는 국사범으로 투옥돼 모진 고문을 받아야만 했다. 다음 시는 그가 옥중에서 남긴 것이다.

> 나의 발에는 한 쌍의 철쇄, 어깻죽지에는 여섯 겹의 거친 밧줄이 묶여 있다.
> 벽에는 큰 모기가 사방에 떼를 지어 날고 있으니, 마치 나비의 무리와 같네!

그러나 그는 다시 햇빛을 보기 어렵다는 정치범 수용소 안에서도 희망을 버리지 않았다. '대 로렌초'의 3남으로 입양돼 훗날 교황 클레멘스 7세로 취임하는 줄리오와 교황 레오 10세로 취임하는 '대 로렌초'의 차남 조반니 추기경에게 계속 자신의 무죄를 탄원하는 서한을 보낸 게 그렇다. 덕분에 나머지 연루자들이 사형을 당하거나 유죄 판결을 받는 와중에 이내 석방될 수 있었다. 메디치 가문의 조반니 추기경이 얼마 후 교황 레오 10세로 취임하면서 대사령大赦令을 내린 덕분이다. 메디치 가문은 처음으로 교황을 배출하는 경사를 맞이한 셈이다. 메디치 가문이 나름 자신을 갖고 너그러운 모습을 보인 배경이다.

당시 마키아벨리는 비록 출소키는 했으나 생활이 매우 궁핍했다. 봉급을 받을 길이 없어 가족을 부양할 길이 막연해졌다. 부채도 있었다. 면직 시 벌금을 내야 했는데 돈이 없어 친구들이 대납한 데 따른 것이다. 그 액수도 10년간의 봉급에 해당할 정도로 매우 컸다. 출옥 당시 1년간의 추방은 해제됐기에 법적으로 시내에 거주할 자격은 있었으나 직업도 없이 시내에 살 형편이 안 되었다. 산탄드레아에 있는 산장으로 낙향한 이유다. 전에는 어쩌다 한 번씩 들러 포도나 올리브를 수확하던 산장에 이제는 모든 식솔을 이끌고 가 생계를 유지해야 하는 처량한 신세로 전락한 것이다.

낙향할 당시 그의 나이는 43세였다. 한창 일할 나이에 이런 역경을 감수해야만 했던 그로서는 커다란 실의와 좌절감에 빠졌을 것이다. 쉬지 않고 메디치 가문에 접근해 일자리를 얻으려고 애쓴 이유다. 후대인 가운데 공화정의 요인으로 있던 그가 공화정을 쿠데타로 전복한 메디치 가문에 접근코자 한 것을 두고 비난한 자가 적지 않다. 그러나 이는 아무래도 지나치다. 당시는 격변기였다. 어떤 고정된 잣대로 한 인간을 평가하는 것은 위험하다. 나아가 마키아벨리 자신은 평생 피렌체의 평화와 이탈리아 통일을 고대했다. 메디치가의 통치일지라도 그런 목적에 부합하면 반대할 이유가 없는 것이다.

주목할 것은 이런 곤경 속에서 『군주론』 등 주옥같은 명저가 쏟아져 나온 점이다. 사마천이 『사기』 「태사공자서」에서 명저가 나오게 된 배경과 관련해 "마음속에 울분이 맺혀있는데 그것을 발산시킬 수 없기에 지나간 일을 서술하여 앞으로 다가올 일을 생각한다."고 언급한 대목이 새삼 상기되는 장면이다. 실제로 『군주론』 등 그의 많은 저술은 바로 그의 이런 고뇌 속에서 이뤄졌다. 글을 쓴다는 것은 플라톤은

'즐거운 오락'이라고 했지만 글을 쓰는 사람의 심정은 고금을 통해 결코 평탄치 않다.

당시 마키아벨리는 득세한 메디치 가문의 요인을 통해 직장을 얻으려고 애썼으나 결국 뜻을 이루지 못했다. 그렇다고 메디치 가문이 마냥 모른 척한 것은 아니다. 그의 문재文才를 인정해 피렌체의 역사를 집필토록 한 게 그렇다. 덕분에 말년의 몇 년 동안은 생계를 그럭저럭 유지할 수 있었다. 그러나 황제인 카를 5세가 이탈리아를 침공했을 때 피렌체 백성이 봉기해 메디치 가문을 축출하고 피렌체에 새로운 자유의 물결이 왔을 때도 마키아벨리는 대접을 받지 못했다. 이번에는 교황 클레멘스 7세로 취임한 메디치 가문의 줄리오 추기경과 너무 가깝게 지냈다는 게 이유였다. 그렇게도 바라던 공화정이 도래했는데도 그는 등용되지 못한 셈이다. 이런 충격이 그의 죽음을 재촉했을 공산이 크다.

이런 실망스런 일이 벌어진 지 10일 뒤인 1527년 6월 20일 가벼운 두통과 소화불량 증세가 나타났다. 이때 자신이 만든 환약을 복용했다. 복용량이 과다했는지 다음 날 급성 복막염으로 짐작되는 병으로 인해 문득 숨을 거두고 말았다. 그의 임종은 몇 안 되는 친구와 친지들이 지켜봤다. 향년 57세였다. 그의 시신은 산타크로체 교회의 마키아벨리 가족 예배당에 묻혔다. 그러나 돌볼 후손이 없어진 그의 묘역은 방치된 채 이내 사라지고 말았다. 이제 남아 있는 산타크로체 교회의 화려한 그의 묘지는 18세기에 이르러 어느 영국신사가 세운 것이라고 한다. 묘비에는 라틴어로 '명성에 상응한 찬사를 못 받은 사람tauto nomiui nullum eloguim'이라고 새겨져 있다.

그는 죽기 2년 전인 1525년 10월 말경 가깝게 지내던 귀차르디니에게 보낸 서신의 서명란에 자신을 '역사가historico, 희극작가comedico, 비극작가tragico 마키아벨리'로 정의한 바 있다. 그의 저서 『피렌체사』는 역사가, 희곡 『만드라골라』는 희극작가의 자칭에 부합한다. 그는 비극을 한 편도 쓴 적이 없다. 그런데도 왜 '비극작가'를 자칭한 것일까? 이때에 이르러 생애를 돌아보면서 자신의 삶 자체가 한 편의 비극이었다는 사실을 절감했던 것은 아닐까? 박상섭은 부록의 해설에서 '마키아벨리는 그 자신이 비극작가일 수밖에 없었으리라!'고 평했다. 적절한 평이다.

2) 『군주론』과 그 밖의 저서

마키아벨리는 주로 『군주론』을 통해 널리 알려졌으나 『군주론』은 그의 저작 중 가장 짧은 것 중 하나이다. 그는 단행본 이외에 많은 저술을 남겼다. 그것은 서한과 공무상의 보고서 및 기행문 형식을 취한 것이다. 사실 이런 문헌은 오히려 책으로 엮은 단행본보다 더 분량이 많고 또 마키아벨리 연구에 더 도움이 된다. 그는 14년간의 공직 생활 중 많은 시간을 외국에서 보냈다. 그리고 외국에서 주재하는 동안이나 귀국 후에는 거의 늘 결과에 대한 보고서를 작성하고 있었다.

마키아벨리는 1500년에 취임한 지 얼마 안 돼 피사의 문제가 발생하자 피사를 방문했고 이어 「피사전쟁론」을 발표했다. 1502년에는 피스토이아 방문 후 「피스토이아 보고서」를 작성했다. 1503년에 체사레 보르자를 방문했을 때에는 자신이 경험한 가혹한 살인보고서를 남겼다. 이는 체사레 보르자가 자신에 대한 반란을 모의한 귀족들을 속여서 초대해 놓고 모조리 살해한 사건의 기록이다. 마키아벨리는 이 끔

찍한 살해방법을 냉정히 서술해 놓았다.

1508-1509년 사이 그는 독일에 여러 번 출장을 다녀왔다. 그러는 동안 「독일사정보고」와 「독일과 독일황제를 논함」이라는 기행문을 남겼다. 또 1510년에는 「프랑스사정의 초상화」와 「프랑스인의 기질에 관해」라는 글을 썼다. 독일과 프랑스에 관한 그의 논문이 오늘날 그대로 통용될 수 없을지라도 두 나라의 성격 차이를 분명히 밝히고 있다.

이상의 집필활동은 대체로 그의 공직과 관련된 것으로 주제도 다양하고 그 내용이 그의 사상을 일관성 있게 나타내는 것도 아니다. 그러나 그의 사실에 관한 면밀한 관찰력과 사리를 밝히는 명석한 분석력, 설득력 있는 필치를 유감없이 드러내고 있다.

그의 본격적인 저술활동은 역모혐의로 투옥됐다가 석방되어 산탄드레아의 시골집에 칩거하면서 시작됐다. 이후 다시 피렌체 출입이 가능해지고 식자들의 모임인 올체라이 정원에서 많은 지식인들과 교유하면서 더욱 활발해졌다. 마키아벨리는 다방면에 걸친 작품을 남겼다.

지난 1969년 마키아벨리 탄생 5백주년 기념학술 대회가 피렌체와 로마, 베네치아 등에서 개최됐을 당시 다양한 주제의 발표가 있었다. 그가 생전에 다룬 주제는 정치외교 분야뿐만이 아니라 역사와 군사학을 망라했다.

그의 작품 가운데 『군주론』을 제외하고 가장 유명한 것은 대략 『로마사 논고』일 것이다. 이 책의 제목은 원래 『티투스 리비우스의 첫 10권에 관한 논고』이다. 리비우스는 로마 전성기의 뛰어난 역사가로 『로마사』를 남겼다. 이 『로마사』는 모두 140권으로 되어 있었으나 상당부분이 도중에 사라졌다. 현재 1-10권과 21-45권, 제91권 등 모두 31권밖에 남아 있지 않다. 전체의 5분의 1 남짓 남아 있는 셈이다. 그나마 제91권은 훨씬 후대에 발견된 것이다. 마키아벨리 시대에는 최초의 10권과 21-45권만이 알려져 있었을 뿐이다.

『로마사 논고』는 리비우스의 『로마사』 가운데 첫 10권을 대상으로 주석을 붙인 것이다. 그러나 이는 단순한 주석서가 아니다. 마키아벨리는 『로마사』를 주제별로 분류해 내정과 외교군사, 위인의 역할 등을 논하고 있다. 전체적으로 볼 때 『로마사』의 구성을 충실하게 따르고 있지도 않다. 『로마사 논고』는 마키아벨리 자신의 주장으로 채워져 있다고 보는 게 옳다.

리비우스는 『로마사』에서 로마 공화정을 극찬해 놓았다. 이 책을 소개한 마키아벨리가 실은 공화주의자였다는 주장을 낳게 된 배경이다. 『군주론』을 통해 본 마키아벨리는 '군주주의자'처럼 보이지만 『로마사 논고』를 통해 본 마키아벨리는 오히려 확고한 '공화주의자'로 나타나고 있다. 두 책에 공통되고 있는 관점은 정치현실에 대한 객관적이면서도 냉정한 판단이다. 『군주론』과 『로마사 논고』 모두 군주정이나 공화정 자체보다 정치현실에 초점을 맞춰 통치의 이치를 밝히는데 심혈을 기울이고 있기 때문이다. 마키아벨리가 근대정치학의 효시로 불리게 된 배경이다.

『로마사 논고』는 올체라이 그룹과 교유하면서 이뤄진 강의를 토대로 한 것이다. 당시 그는 거기에 모여든 문인들의 종용을 받아 1519년경 집필을 완료했다. 그러나 출간은 사후 4년이 지난 1531년 로마에서 이뤄졌다.

『피렌체사』는 피렌체 정부의 위촉을 받아 마키아벨리가 1520년부터 쓰기 시작해 1525년에 완성한 작품이다. 이 또한 그의 사후 4년이 지난 1531년에 출간됐다. 『피렌체사』는 마키아벨리가 남긴 필생의 대작으로 평가받고 있다. 모두 8권으로 구성된 방대한 분량이다. 제1권은 피렌체의 내부사정을 이해하기 위한 서론의 성격을 지니고 있다. 본론인 피렌체 역사는 제2권부터 시작한다.

이 책은 근대적 역사서술의 새로운 장을 열었다는 평을 받고 있다. 그 이전의 역사는 도덕철학이나 정치학의 소재에 지나지 않았다. 이런 상황에서 마키아벨리는 과거의 일을 사실史實에 의거해 명확히 분석하고 해명하는 새로운 역사서술의 길을 연 것이다. 그는 이 책의 서문에 이같이 썼다.

"과거의 역사가는 군주들과 피렌체인 이외의 사람들 사이에 일어난 전쟁에 관해 진지하게 서술하고 있다. 반면 피렌체인 내부의 반목이나 내분, 거기서 파생된 결과 등에 대해서는 전혀 말하지 않거나 너무 간단히 서술해 놓았을 뿐이다. 독자에게 별 도움이 안 되거나 누구에게도 재미없는 책이 나오게 된 이유다."

그의 시야가 이전의 역사가보다 훨씬 넓고, 서술방법 또한 명징해 새로운 역사서술의 길을 개척했다는 평을 받게 된 배경이다. 집필 배경은 1520년 6월에 마키아벨리가 줄리오 추기경으로부터 루카의 사절로 임명을 받은 데서 비롯됐다. 그가 루카에 체제하는 동안 『카스트라카니 전기』를 저술한 사실이 줄리오 추기경의 귀에 들어갔다. 그가 돌아오자마자 줄리오 추기경으로부터 『피렌체사』 편술의 의뢰를 부탁받은 이유다.

당초 마키아벨리는 의뢰를 받고 매우 난감해 했다. 메디치 가문에 원한이 있을 뿐만 아니라 그들의 통치방식에도 비판적이었기 때문이다. 피렌체의 역사는 메디치 가문의 시조인 코시모 데 메디치부터 시작할 수밖에 없다. 그는 『피렌체사』를 집필하면서 메디치 가문과 관련한 대목에서 어두운 면은 되도록 피하고 밝은 면만 기술하려고 노력했다. 줄리오 추기경을 의식한 것으로 보인다. 주목할 것은 그가 『피렌체사』에서 역대 교황의 공과 죄를 논하고 있는 점이다. 역사서술의 새로운 장을 열었다는 칭송을 받는 한 이유다.

『전술론』은 마키아벨리가 공직에 취임한 후 줄곧 군사문제를 골몰히 생각한 결과물이다. 그는 제2서기국 산하의 '정쟁과 평화에 관한 10인 위원회'의 사무장도 떠맡았다. 국가와 군사는 긴밀히 연관되어 있다는 게 그의 기본적인 생각이었다. 실제로 그는 재직 시 군사문제에 깊이 관여했고, 건의도 많이 했다. 퇴직 후 『전술론』을 저술케 된 배경이다.

『전술론』에서 그는 시종 용병제도를 속히 폐지하고, 자국민으로 구성된 새로운 군대를 편성해야 한다고 역설했다. 『군주론』과 『로마사 논고』에서도 이 문제를 광범위하게 언급하고 있다. 당시의 전쟁은 대개 용병대에 의해 이뤄졌다. 그러나 용병대는 일종의 폭력집단에 지나지 않았다. 이해관계로 맺어진 까닭에 계약은 언제든지 그들 용병에 의해 쉽게 파기될 수 있었다.

마키아벨리는 이런 용병을 자국민으로 구성된 새로운 군대로 대체할 것을 주장하며 스스로 시민군을 편성했다. 정부청사가 있는 광장에서 화려한 열병식을 거행하기도 했고, 실제로 피사전투에 파병키도 했다. 그러나 그가 의욕적으로 편제한 피렌체 국군은 별 효용이 없어 이내 해체되고 말았다. 이탈리아 통일이라는 커다란 그림이 없었다. 그는 『전술론』에서 자신이 보고 느낀 군사사상과 경험을 집대성해 놓왔다. '정치와 전술은 서로 떨어질 수 없다!'는 언명은 클라우제비츠의 『전쟁론』을 연상케 만든다.

『전술론』은 군사에 관한 일반문제 이외에 고대 로마의 군사제도, 미세한 전술론, 축성법과 같은 기술적인 문제도 다루고 있다. 제1권과 7권에서는 전술에 관한 일반문제, 제2권에서는 고대 로마의 군제, 제3-5권에서는 자세한 전술, 제6권에서는 축성법을 설명하고 있다. 피렌체 국군은 그의 이런 군사사상을 구체화한 것이다. 그의 선각자적인 모습을 엿볼 수 있다. 이 책은 그가 살아 있던 1521년에 출간됐다.

그가 남긴 저작에는 문학작품도 적지 않다. 1520년 7월부터 9월에 걸쳐 루카에 체재하고 있는 동안에 저술한 『카스트라카니 전기』가 대표적이다. 이 책은 천애고아가 마침내 천하에 용맹을 떨치는 군주로 입신하게 된 실화를 그린 전기소설이다. 이밖에도 희곡 『만드라골라』는 르네상스시대를 대표하는 풍자희극의 걸작으로 꼽히고 있다. 『군주론』이 당시의 정치현실을 있는 그대로 분석한 것이라면 『만드라골라』는 피렌체의 풍속을 그대로 묘사한 작품이다. 현재 전해지는 문학작품으로는 3편의 희곡과 1편의 단편소설과 1편의 평전이 있다. 이들 모두 마키아벨리의 문제의식을 잘 보여주는 대표적인 작품들이다. 그밖에도 325편의 서간과 많은 시와 논평 등이 전해지고 있다.

2. 마키아벨리의 사상

1) 스트라우스와 마키아벨리

근대정치사상을 돌이켜 볼 때 마키아벨리처럼 많은 사상가들의 논의 대상이 된 인물은 없다. 오늘날 마키아벨리는 전문가들의 학술적 논쟁의 대상으로만 그치는 게 아니다. 유럽 대부분의 나라에 마키아벨리에 관한 지식이 일반인에게 널리 퍼져 있다. 이미 1930년대에 어떤 연구자가 마키아벨리와 관련해 2,100개 항목에 달하는 방대한 자료를 수집한 사실이 이를 뒷받침한다.

마키아벨리에 대한 평가는 긍정과 부정이 극명하게 엇갈리고 있다. 지난 5백여 년 동안의 마키아벨리에 대한 평가는 매우 다양하다. 크게 긍정과 부정으로 나눠볼 수 있다. 부정적인 평가로는 '목적을 위한 수단의 정당화, 권력정치의 공공연한 옹호, 권모술수의 주장, 전제정치의 교사, 악의 교사, 윤리의 부정' 등이 있다. 긍정적인 평가로는 '진정한 공화주의자, 백성의 친구, 애국자, 정치의 발견자' 등이 있다.

마키아벨리는 생전은 물론 사후에도 오랫동안 호평을 받지 못했다. 16세기 이탈리아 사상가 젠틸리스A. Gentilis는 『반反마키아벨리론』을 발표했다. 보댕J. Bodin도 그의 저서에서 마키아벨리의 반反종교론을 비판했다. 보댕은 정치와 종교를 분리시켜 정치를 조직의 원리로 파악하면서도 마키아벨리에 대해서는 반대론을 전개한 것이다. 당시의 실정에 비춰 마키아벨리의 종교비판을 수용키가 쉽지 않았을 것이다. 18세기에 들어와 프러시아 왕 프리드리히도 『반마키아벨리론』을 발표했다. 계몽군주의 입장에서 마키아벨리의 주장을 전제적 통치를 가르치는 야만적 교리로 규탄한 것이다.

그러나 마키아벨리에 대해 반드시 부정적인 견해만 있었던 것은 아니다. 찬양론자 또한 적지 않았다. 17세기에 영국의 해링턴J. Harrington은 저서 『오세아나』에서 마키아벨리를 '정치학자 중의 군주', '근세의 유일한 정치학자'로 호평했다. 마키아벨리는 공화정의 주창자로도 칭찬을 받았다. 18세기 프랑스의 백과전서파 디드로D. Diderot는 자신이 쓴 '마키아벨리즘' 항목에서 '공화주의자 마키아벨리'라는 명제를 전면적으로 옹호했다. 루소J. J. Rousseau도 자신의 『사회계약론』에서 공화주의자 마키아벨리에 대한 찬사를 아끼지 않았다.

19세기에 들어서면서 마키아벨리에 대한 평가는 민족주의, 역사주의, 과학주의의 측면에서 이뤄졌다. 헤겔은 『군주론』을 두고 '지극히 위대하고 고귀한 심정을 갖춘 진정한 정치적 두뇌가 갖는 가장 위대하고 진실한 착상'이라고 극찬했다. 마키아벨리가 생존했던 역사적 상황과 연관시킨데 따른 것이었다. 같은 시기 피히테J. G. Fichte 역시 『마키아벨리론』을 공표하며 마키아벨리를 역사적 상황과 관련시켜 이해할 것을 주장했다. 마키아벨리의 주장은 이탈리아의 안정과 질서의 확립에 있었다며 호의적으로 평한 게 그렇다.

20세기에 들어와 마키아벨리에 대한 평가는 그의 과학주의에 집중되고 있다. 마키아벨리를 과학적 인식의 시조로 평가하기 시작한 것은 이탈리아 역사학자 프란체스코 데 상티스Francesco de Sanctis이다. 그에 의하면 마키아벨리는 '있는 그대로의 모습'을 현실적으로 파악하려고 했고, 이런 입장은 획기적인 의미를 갖는다고 한다. 그는 마키아벨리를 갈릴레오에 비견되는 역사적 인물로 평가했다. 과학자로서의 마키아벨리에 대한 평가는 에른스트 카시러Ernst Cassirer가 대표적이다. 그는 이같이 평했다.

"『군주론』은 도덕적인 책도 아니고, 그렇다고 부도덕한 책도 아니다. 그것은 단순한 기술서이고, 기술서 속에서 우리는 윤리적 행위와 선악의 준칙을 찾지 않는다. 이 경우 무엇이 유익하고 무엇이 무익한지 판명하면 그것으로 충분하다."

마키아벨리의 주장에는 사악하고 위험한 점도 있으나 그것이 좋은 목적에 사용되는지 여부는 관심 밖의 일이라는 주장이다. 이는 현대의 과학주의 입장과 통한다. 카시러는 이런 입장에서 마키아벨리가 정치적 인식의 세속화에 이바지했다고 평했다. 20세기 이탈리아의 지성을 대표하는 철학자 크로체B. Croce도 유사한 견해를 피력한 바 있다.

이를 통해 마키아벨리에 대한 비난은 그의 반종교적이고 반도덕적인 주장에 집중돼 있고, 칭송은 그의 공화주의와 애국심 및 민족주의와 과학주의에 집중돼 있음을 알 수 있다. 특히 그의 과학주의는 그를 근대정치학의 효시로 떠받드는 배경이 되고 있다.

20세기 미국의 정치철학을 대표한 시카고대의 레오 스트라우스Leo Strauss 역시 마키아벨리를 근대정치철학의 시조로 보는 점에서는 기왕의 많은 마키아벨리 연구자와 같다. 그러나 마키아벨리가 보여준 근대성 자체를 전통의 왜곡으로 간주하고, 현대적 위기의 근원으로 파악한 점에서 매우 독특하다. 그의 마키아벨리에 대한 평가가 시종 날 선 비판 위에 서 있는 이유다.

마키아벨리는 근대 정치학의 효시로 평가받고 있는데서 알 수 있듯이 그의 사상에 대한 객관적인 평가는 매우 중요한 의미를 지니고 있다. 특히 스트라우스의 마키아벨리 비판은 마키아벨리 개인에 대한 비판으로 그치는 게 아니라 근대정치사상 및 현대정치사상에 대한 중대한 도전이라는 점에서 진지한 검토를 요한다. 먼저 그가 주장하는 내용부터 살펴보기로 하자.

스트라우스가 말하는 근대정치철학은 고전정치철학과 구별된다. 고전정치철학은 서양의 고대 그리스 아테네의 철학자인 소크라테스와 크세노폰, 플라톤, 아리스토텔레스에 의해 개발됐다고 한다. 이후 스토아학파와 중세의 기독교 스콜라 철학으로 연결됐다는 게 그의 주장이다. 그의 주장에 따르면 근대의 위기는 '인간의 본질은 과연 무엇인가?'를 알아낼 수 없게 만든 루소로부터 시작됐다. 이후 인간의 본질에 대한 탐구는 당위를 논하는 철학 대신 존재에 초점을 맞춘 역사에 의해 이뤄지게 됐다는 것이다. 근대정치철학이 고전적 틀을 비현실적이며 쓸모없는 것으로 배척하는 게 그 증거라는 것이다. 고전정치철학은 도덕규범에 매달린 나머지 비현실적인 유토피아를 추구했다는 이유로 배척을 받는다는 지적이다. 스트라우스가 근대정치철학의 문제점을 지나치게 현실성을 중시한 나머지 선량한 사회질서의 기준을 저하시킨 데서 찾는 이유다. 이는 마키아벨리에 대한 비판으로 그대로 이어진다.

스트라우스의 실증주의와 역사주의에 대한 비판도 이런 맥락에서 이해할 수 있다. 그는 실증주의와 역사주의를 정치철학의 본령을 훼손한 2대 적으로 지목하고 있다. 그의 주장에 따르면 실증주의와 역사주의는 근대 이후 가장 강력한 사상적 흐름에 해당한다. 실증주의는 과학적 지식만이 진정한 지식이라는 관점 위에 서 있다. 스트라우스는 자연과학을 흉내 낸 사회과학 내지 정치과학이 등장한 배경을 여기서 찾고 있다. 사회과학에서 사실과 가치를 엄격히 구분한 뒤 사실의 영역만을 다루는 잘못은 바로 이들 실증주의자들로부터 시작됐다는 게 그의 비판이다.

스트라우스는 크게 3가지 이유를 들어 실증주의를 강력 비판하고 있다. 첫째, 가치판단을 배제한 사회현상은 연구 대상이 될 수 없다. 둘째, 가치판단의 배제는 상이한 가치체계 간의 갈등을 인간의 이성으로는 해결될 수 없다는 전제 위에 서 있으나 이는 오산이다. 인간의 능력으로 능히 해결할 수 있다. 셋째, 근대과학에 기초한 지식이야말로 최고 형태의 지식이라는 잘못된 신념은 과학 이전의 지식을 경시토록 만들고 있다. 이는 인간의 지성을 왜소하고 비루하게 만드는 배경으로 작용하고 있다.

그의 실증주의에 대한 이런 비판은 역사주의에 대한 비판에도 그대로 적용된다. 실증주의가 범한 잘못을 그대로 답습하고 있기 때문이라는 것이다. 그가 헤겔과 니체, 하이데거 등으로 상징되는 근대 및 현대철학의 동향을 '명상적 역사주의'로 호칭한 이유다. 그의 주장에 따르면 역사주의의 개척자는 『역사철학』을 저술한 헤겔이다. 그의 이런 비판은 역사철학을 넘어 이내 실증주의에 입각한 오늘날의 정치철학으로 연결된다. 그는 현대 정치철학을 마키아벨리와 연결시켜 이같이 비판했다.

"마키아벨리의 가르침은 차라리 우아하고 섬세하면서도 다채롭다. 그러나 새로운 정치학은 그런 수준도 못 된다. 새로운 정치학은 마치 네로가 로마가 불타고 있는 동안 기타라kithara를 켜는 것과 닮았다. 자신이 '기타라'를 켜고 있다는 사실도 모르고, 로마가 불타고 있는 사실도 모를 때에 한해 용서받을 수 있는 짓이다."

스트라우스가 현대 정치철학에 이런 저주에 가까운 비판을 가한 것은 고전정치철학에 대한 관심을 역사철학으로 바꿔 놓은 원흉으로 역사주의를 지목한데 따른 것이다. 스트라우스가 볼 때 역사주의는 몇 가지 점에서 실증주의와 약간 다른 모습을 보이고 있다. 가장 큰 차이는 실증주의와 달리 가치와 사실의 엄격한 구별을 수용하지 않는데 있다. 역사주의는 근대과학의 절대적인 권위를 거부하는 동시에 인류의 역사를 일직선적인 진보노선으로 간주하지 않는 시각 위에서 있는 게 특징이다. 실증주의와 적잖은 차이가 있는 셈이다. 그럼에도 스트라우스는 역사주의에 대해서도 비판의 고삐를 늦추지 않았다. 그는 역사주의의 입장에 설 경우 자칫 운명론에 빠질 위험이 크다고 경고했다. 그러나 이는 아무래도 지나치다. 역사주의는 결코 운명론을 옹호한 적이 없기 때문이다. 비판을 위한 비판이라는 지적을 면키 어렵다. 유태인 출신인 그가 독일에서 나치즘이 등장한 배경을 역사주의에서 찾고 있는 것도 이런 비판과 무관치 않을 것이다.

스트라우스는 현대사회가 직면하고 있는 여러 심각한 위기도 실증주의와 역사주의의 이런 잘못에서 비롯됐다고 본다. 인간의 삶 등에 대한 궁극적인 목표를 상실한데 따른 효과라는 것이다. 오늘날 정치철학을 대신한 정치과학 내지 사회과학이 실증주의와 역사주의에 함몰된 나머지 공산주의를 제대로 비판하지 못하고, 자유민주주의에 대해 건설적인 비판도 못하고 있는 점 등이 논거로 제시됐다. 그는 '공동체 성원에게 허용해서는 안 되는 모든 것을 허용하는 사회는 조만간 그 관용성을 상실하고 지구에서 사라지게 될 것이다.'라는 경고를 내놓았다. 실증주의와 역사주의가 목적의식을 상실한 채 정치철학 자체를 위태롭게 만든 부작용이라는 지적이다.

그가 볼 때 실증주의와 역사주의는 자유민주주의를 여러 이데올로기 가운데 하나로 바라볼 뿐이다. 나아가 다른 이데올로기보다 우월한 진리와 정의를 간직하고 있는 것도 아닌 까닭에 특별한 신념도 가질 필요가 없게 된다. 목적과 가치에 대한 무관심 속에 허무주의가 더욱 만연해가는 이유를 실증주의와 역사주의에서 찾은 이유다. 그가 고전정치철학의 부활을 역설한 것도 이런 맥락에서 이해할 수 있다.

그의 이런 주장은 나름 일리가 있기는 하나 전적으로 옳은 것은 아니다. 이는 그의 마키아벨리에 대한 비판에도 그대로 적용할 수 있다. 기본적으로 스트라우스는 마키아벨리를 '악덕의 스승'으로 간주했다. 『군주론』을 비롯한 마키아벨리의 작품을 '악령이 도사린 팸플릿'으로 폄하한 게 그렇다. 심지어 그는 마키아벨리가 종교와 도덕을 배척하고, 덕성을 삶의 기준으로 삼을 것을 거부했다는 점 등을 들어 '악마의 대가'로까지 매도했다.

그의 저주에 가까운 이런 비판은 1958년에 펴낸 『Thoughts on Machiavelli』에서 현대의 정치학자들에 대한 비판으로 이어진다. 마키아벨리 사상이 내재하고 있는 사악함을 간취하지 못한 채 맹목적으로 답습하고 있는 게 그 이유다. 마키아벨리가 남긴 반종교적이고 반도덕적인 해독을 전혀 눈치 채지 못하고 있다는 것이다.

그는 마키아벨리가 '사람은 과연 어떻게 살아야 하는가?'라는 당위문제를 논제로 삼지 않고, '사람은 과연 어떻게 살고 있는가?'라는 존재문제를 논제로 삼은 까닭에 정치의 기준을 크게 저하시켰다고 비판했다. 현실을 예리하게 분석해 새로운 사실을 찾아낸 게 아니라 현실을 서술하는 새로운 기술을 구사했을 뿐이고, 그 기술 또한 결코 칭찬할 바가 없다는 게 그의 지적이다. 스트라우스가 마키아벨리는 '통치술의 스승'은 될지언정 결코 근대적 의미의 과학자가 될 수 없다고 비판한 이유다.

스트라우스는 많은 학자들이 마키아벨리를 공화주의자로 평하는 것에 대해서도 불만이다. 마키아벨리를 공화주의자로 평하는 학자들은 통상 『로마사 논고』를 논거로 들고 있다. 겉만 보면 메디치 가문에 봉헌된 『군주론』과 일반 시민에게 바쳐진 『로마사 논고』는 그 내용을 달리한다. 전자는 군주정을, 후자는 공화정을 옹호하고 있기 때문이다. 이에 대해 스트라우스는 이같이 비판하고 나섰다.

"겉만 보면 『군주론』에는 군주와 폭군의 구별도 없고, 공동선이나 양심에 관한 언급도 없다. 이에 반해 『로마사 논고』에는 군주와 폭군의 구별도 있고, 공동선과 양심에 관한 언급도 있다. 그렇다고 마키아벨리의 의도가 『로마사 논고』와 같다고 속단해서는 안 된다. 마키아벨리는 본질적으로 같은 내용을 두 책을 통해 서로 다른 견해에 입각해 제시한 것일 뿐이다. 『군주론』은 현실의 군주, 『로마사 논고』는 미래의 잠재적 군주를 위해 봉헌된 것에 지나지 않는다."

마키아벨리를 '군주주의자'로 못 박은 것이다. 스트라우스는 『군주론』의 마지막 장인 제26장을 예로 들고 있다. 마키아벨리의 진의는 자신이 최고의 군주가 될 수 있음을 자부한데 지나지 않는다는 것이다.

스트라우스는 마키아벨리가 애국자라는 주장에 대해서도 비판을 가하고 있다. 마키아벨리가 겉으로만 애국자의 모습을 보였을 뿐 그 내막을 보면 이 또한 하나의 포장에 지나지 않는다는 것이다. 이는 마키아벨리가 죽을 때까지 이탈리아의 통일을 염원하는 등 편집에 가까운 조국애를 보였다는 통설을 정면으로 반박한 것이다. 마키아벨리의 관심은 인간의 조건 및 세상사에 관한 보편적인 원리를 탐구하는데 있었던 까닭에 그가 보여준 조국애는 부수적인 것에 불과하다는 게 스트라우스의 지적이다.

이상 간략히 살펴본 것처럼 스트라우스의 현대정치철학 및 사회과학 등에 대한 비판은 사실 마키아벨리에 대한 비판에서 출발한 것임을 대략 짐작할 수 있다. 나름 일리 있는 지적이기는 하나 대전제에 해당하는 마키아벨리에 대한 비판이 너무 한쪽으로 치우쳐 있다는 지적을 면키 어렵다. 많은 학자들이 그의 이런 비판에 크게 반발하고 나선 사실이 이를 뒷받침한다. 대표적인 예로 스트라우스의 역사주의 비판이 프랑스의 헤겔연구가인 코제브A. Kojeve와 이른바 '헤겔논쟁'을 유발한 것을 들 수 있다. 스트라우스의 마키아벨리에 대한 비판은 크게 2가지 점에서 적잖은 문제를 안고 있다.

첫째, 스트라우스는 마키아벨리가 근대철학의 시조일 뿐만 아니라 고전철학과의 단절을 가져온 '악덕의 스승'이라고 규정하고 있으나 이는 지나쳤다. 객관적으로 볼 때 고전철학의 전통은 이미 그전에 기독교 신학의 등장으로 단절됐다. 스트라우스는 이에 대해 침묵을 지키고 있다. 고전철학과의 결정적인 단절은 여러 세기에 앞서 이미 교부철학자인 아우구스티누스Augustine에 의해 이뤄졌다는 게 중론이다. 스트라우스의 주장이 고전철학에 기독교 교리를 덧씌운 것이라는 지적을 받는 이유다.

둘째, 스트라우스의 마키아벨리론에 대한 비판은 정치철학 및 정치사상의 발전을 간과한 것이다. 스트라우스는 비록 마키아벨리를 깊이 연구했다고는 하나 진정한 의미의 연구라기보다는 자신의 이데올로기를 증명하기 위한 수단의 성격이 짙다는 지적이 나오는 이유다. 스트라우스는 소크라테스와 플라톤을 위시해 현대의 하이데거에 이르기까지 폭넓게 다루고 있다. 그럼에도 개별적인 인물에 대해서는 연구가 미흡하다는 지적을 받고 있다. 나아가 그는 마키아벨리를 비판하면서 근대정치철학의 잘못을 지적하고 있으나 고전정치철학의 구체적인 내용에 관해서는 입을 다물고 있다. 그가 말하는 고전정치철학과 고전의 전통은 단순한 수사에 불과한 게 아니냐는 비판을 받는 이유다.

스트라우스가 이런 지적을 받는 것은 기본적으로 기독교 전통에 대해 침묵을 지키고 있기 때문이다. 스스로 기독교 신자임을 밝히지 않은 채 '고전철학' 운운하며 마키아벨리를 비판하고 있다는 지적이 그렇다. 객관적으로 볼 때 그의 마키아벨리 비판은 기독교 정신에 함몰된 편향된 비판이라는 지적을 면키 어렵다. 그가 학자라기보다는 일종의 '이데올로그'라는 혹평을 받는 이유다.

2) 마키아벨리와 제자백가

마키아벨리의 『군주론』은 출간 때부터 커다란 논란거리였다. 셰익스피어는 '살인적인 마키아벨리', 레오 스트라우스는 '악덕의 스승' 등으로 폄하했다. 이에 반해 스피노자와 루소는 '공화주의의 대변자'라며 높이 평가했고, 20세기 최고의 지성인으로 일컬어진 한나 아렌트는 서양의 사상사를 마키아벨리 전후로 나눌 정도로 극찬했다. 포폄襃貶이 극명하게 엇갈리고 있는 것이다. 21세기 현재도 별반 다를 게 없다. 이는 기본적으로 『군주론』에 대한 해석의 차이에서 비롯된 것이다. 과연 『군주론』을 어떻게 바라보는 게 옳은 것일까?

지난 2013년 마키아벨리의 『군주론』 집필 500주년을 기념한 학술행사가 한국을 비롯한 전 세계에서 동시다발적으로 열렸다. 이를 기념이라도 하듯 관련 서적이 우후죽순 격으로 쏟아져 나왔다. 마키아벨리의 『군주론』만큼 지속적인 논쟁을 불러온 책이 그리 많지 않다는 반증이기도 하다. 이는 크게 2가지 이유에서 비롯된 것이다.

첫째, 『군주론』의 독창성 때문이다. 정치철학자 이사야 벌린I. Berlin 은 칭송키를, "마키아벨리의 독창성은 아무리 강조해도 지나치지 않다."고 했다. 마키아벨리 생존 당시만 해도 기독교 교리가 모든 것을 지배했다. 이런 상황에서 마키아벨리는 기독교 윤리가 아닌 인간의 현실적인 정치 영역에서 효능을 가질 수 있는 윤리를 찾으려 했다. 도덕 영역과 구분되는 정치의 독자성 내지 자율성을 찾은 점에서 그는 최초의 근대 정치철학자에 해당한다는 것이다. 홉스가 기독교의 가정과 정신세계를 벗어나지 않는 범위 안에서 자신의 논의를 전개했다는 점을 감안하면, 마키아벨리는 그보다 더 근대적이고 더 급진적이며 더 혁명적인 사상가였다는 게 벌린의 평가이다.

둘째, 『군주론』의 숨은 의도 때문이다. 일찍이 루소는 마키아벨리의 '숨은 의도'를 언급한 바 있다. 그는 자신의 저서 『사회계약론』 3권 6장에서 『군주론』의 가치가 피상적인 독서로 인해 희생되었다며 "마키아벨리는 자신이 진정으로 말하고자 하는 바를 『군주론』의 곳곳에 숨겨 놓았다."고 했다. 그 '숨은 의도'를 들여다볼 수 있어야만 『군주론』이 왜 공화주의자의 서적이고 군주가 아닌 백성을 위한 것인지를 이해할 수 있다는 것이다. 현대에 들어와 스키너를 비롯한 케임브리지 학파가 이런 입장에 서 있다. 마키아벨리는 정치를 권력게임이나 자기 이익의 추구로 본 게 아니라, 시민적 덕을 중심으로 정치 공동체를 건설코자 했다는 것이다. 공화주의자로 규정하고 나선 셈이다. 이게 통설이다.

이런 통설에 정면으로 반기를 들고 나선 대표적인 인물로 시카고대의 존 맥코믹J. McCormick을 들 수 있다. 그는 2011년에 펴낸 『Machiavellian Democracy』(Cambridge University Press, 2011)에서 케임브리지학파의 주장과 정반대로 마키아벨리는 '공화주의자'라기보다는 '민주주의자'에 더 가깝다는 주장을 내놓았다. 지난 2014년 초 고려대 명예교수 최장집도 제자인 박상훈이 번역한 『니콜로 마키아벨리 군주론』(휴마니타스, 2014)의 서문에서 맥코믹 등의 주장을 자세히 소개하며 이에 적극 동조하고 나섰다. 과연 어느 쪽 주장이 타당한 것일까? 최장집과 박상훈의 주장부터 간략히 살펴보자.

이들은 『군주론』에 나오는 '네체시타'를 '불가피성'으로 풀이한 뒤 프루덴차prudenzia를 '실천적 이성'으로 해석하면서 '비루투' 내지 '포르투나'에 버금하는 『군주론』의 키워드로 내세웠다. '프루덴차'를 키워드로 내세운 최초의 사례에 해당한다. 박상훈은 그 배경을 이같이 설명해 놓았다.

"제대로 된 신생 군주는 '네체시타'가 요구하는 과업을 실천적 이성인 '프루덴차'를 통해 이해하고, 운명의 힘인 '포르투나'에 수동적으로 굴복하는 대신 인간의 기본 덕성인 '비르투'로 그 과업을 완수하는 자이다."

『군주론』에 나오는 '프루덴차'는 말 그대로 분별력 내지 사려思慮의 뜻에 지나지 않는다. 이는 전국시대 말기 제자백가사상을 종합한 순자가 난세를 타개하는 요체를 예치禮治에서 찾으면서 구체적인 방안으로 '사려'를 언급한 것과 취지를 같이 하는 것이다. 본서가 '프루덴차'의 번역을 '사려분별'로 택한 이유다. 최장집과 박상훈처럼 칸트가 사용한 '실천적 이성'이라는 거창한 번역을 할 이유가 하등 없다는 얘기다. 이들의 주장은 마키아벨리를 '공화주의자'가 아닌 '민주주의자'로 규정하기 위해 억

▌프루덴차의 알레고리, 티치아노 그림

지해석이라는 지적을 면키 어렵다. 그럼에도 최장집은 '프루덴차' 개념에 입각해 '민주주의자로서의 마키아벨리'를 이같이 역설하고 나섰다.

"한국에서 이상주의·도덕주의의 전통은 민주화 이후 민주주의를 이해하는 방법과 그 실천의 내용 속으로 깊숙이 침윤浸潤되면서 정서적 급진주의를 창출하고, 민주주의를 급진화하는 원천으로 작용해 왔다. 현존하는 갈등을 부인하고 존재하지 않는 통합을 강조하면서 결과적으로 갈등 조절에 실패하고, 국민들을 냉소주의나 급진주의로 몰아넣었다. 케임브리지학파의 공화주의적 해석이든, 매코믹으로 대표되는 민주주의적 해석이든 마키아벨리의 전부를 말하는 것이 아니라는 점이 중요하다. 마키아벨리 이론의 전모는 민주주의적 통치체제를 구성하는 이론과 실천이, 변증법적 상호관계를 통해 하나로 통합되고 동시에 그 통합이 동태적으로 결합하는 '정치적 실천행위의 영역'에 위치할 때 정확히 파악할 수 있다. 마키아벨리의 위대함이 여기에 있다."

나름 일리 있는 분석이기는 하나 마키아벨리 사상을 '민주주의적

통치체제'로 한정시켜 바라보며 마키아벨리를 민주주의자로 단정한 것은 지나쳤다. 이는 케임브리지학파가 마키아벨리를 '귀족주의적 공화주의자'로 곡해했다고 비판한 맥코믹의 잘못을 답습한 것이다. 케임브리지학파는 마키아벨리를 결코 '귀족주의적 공화주의자'로 파악한 적이 없다. 이들은 마키아벨리를 두고 '시민적 덕을 핵심가치로 삼아 정치공동체를 건설코자 한 공화주의자'로 평가했을 뿐이다. 맥코믹과 최장집 모두 마키아벨리를 '민주주의자'로 규정키 위해 입맛에 따라 문장과 구절을 잘라 해석하는 단장취의斷章取義를 행했다는 지적을 면키 어렵다.

마키아벨리는 『군주론』 제9장에서 모든 도시에는 귀족에게 예속당하는 것을 원치 않는 백성과 백성을 끝없이 지배코자 하는 귀족의 기질이 병존한다고 진단한 바 있다. 이런 상황에서 군주는 권력을 유지하기 위해 귀족보다는 백성과 더 친화적인 관계를 유지할 필요가 있다는 게 마키아벨리의 기본입장이다. 백성이 절대 다수를 점하고 있기 때문이다. 이는 백성을 적으로 돌릴 경우 권력상실의 위기를 맞을 수밖에 없다는 분석에서 나온 것이다. 소수의 귀족은 적대관계를 이룰지라도 백성과 친화적인 관계를 유지하기만 하면 큰 위협이 되지 않는다는 게 마키아벨리의 생각이다. 그런 점에서 최장집의 다음 진단은 나름 일리가 있다.

"마키아벨리가 말하고자 한 바는 군주와 백성의 권력 강화가 양립가능하고, 공존의 권력관계를 발전시킬 수 있다는데 있다."

『군주론』 제20장의 '모든 요새 가운데 최고의 요새는 백성의 증오를 사지 않는데 있다. 군주가 아무리 많은 요새를 갖고 있을지라도 백성의 증오를 사면 그 어떤 요새도 군주를 구하지 못한다.'는 구절도 같은 취지이다. 마키아벨리가 도덕과 구분되는 정치의 독자성을 역설한 것도 이런 맥락에서 이해할 수 있다. 그는 정치행위의 정면正面만 바라본 플라톤과 달리 그 반면反面을 들여다 볼 것을 역설했다. 그가 『군주론』에서 권력의지와 권력을 본질로 하는 현실정치의 세계를 가감 없이 기술한 배경이 여기에 있다.

마키아벨리보다 1백여 년 뒤에 등장한 홉스의 『리바이어던Levia-than』이 기독교의 정신세계를 벗어나지 못한 점을 감안하면, 마키아벨리야말로 최초의 근대인이자 혁명가에 해당한다. 중국의 초대 사회과학원장을 지낸 궈모뤄郭沫若는 문화대혁명의 광풍이 불던 당시 공자를 '봉건반동의 괴수'가 아닌 '봉건타도의 혁명가'로 평한 바 있다. 봉건적인 신분질서를 타파코자 한 공자의 혁명가로서의 자질을 높이 평가한 것이다. 마키아벨리도 같은 맥락에서 이해할 수 있다. 그는 '군주주의자'이자 '공화주의자'였고, 동시에 '민주주의자'였다. 어느 한쪽 면만 집중 부각시키는 것은 잘못이다.

객관적으로 볼 때 마키아벨리는 주어진 현실 속에서 최상의 해법을 찾고자 한 대표적인 현실주의자였다. 그렇다고 그가 '꿈'을 포기한 것은 아니었다. 이탈리아 통일을 넘어 로마제국의 영광을 재현코자 한 게 그렇다. 그러나 이는 플라톤의 '철인왕'과 마르크스의 '지상천국'과 같은 '비현실적인 꿈'이 아니라 인간이 노력만 하면 능히 달성할 수 있는 '실현가능한 꿈'이다. 현실에 굳건히 발을 내디딘 채 '실현가능한 꿈'을 제시한 마키아벨리를 두고 '민주주의자' 또는 '공화주의자'로 단정하면서 어느 한쪽 면만 집중 부각시키는 것은 잘못이라는 얘기다. 이는 마키아벨리가 국가와 백성의 상호관계를 통찰한데 따른 당연한 결과이기도 하다. 마키아벨리는 국가와 그 구성원인 백성의 본질을 다음과 같이 파악했다.

첫째, 백성 모두 이익을 향해 무한 질주하는 이른바 호리지성好利
之性을 지니고 있다. 군거群居 생활을 영위하는 인간은 사회공동체 내
지 국가공동체를 유지키 위해 부득불 혈통 또는 능력에 따른 치자와
피치자의 존재를 인정할 수밖에 없다. 마키아벨리가 치자인 귀족은 백
성을 부리거나 억압코자 하고, 피치자인 백성은 이에 저항코자 한다고
지적한 이유다. 각자 자신에게 유리한 쪽으로 매사를 결정코자 하는
'호리지성'을 지적한 것이다. 성악설을 주장한 순자 및 한비자의 인성
관人性觀 내지 민성관民性觀과 맥을 같이 하는 대목이다.

둘째, 사회 내지 국가공동체는 공동체를 유지하기 위해 공공선公
共善bene comune 내지 공공질서公共秩序ordine publica 등을 내세우며 법률
등의 강압조치를 통해 개개인의 '호리지성'을 제약할 수밖에 없다. 이
를 방치할 경우 홉스가 지적한 것처럼 사회 내지 국가공동체는 '만인
의 만인에 대한 투쟁'으로 인해 이내 해체될 수밖에 없다. 소크라테스
와 플라톤을 비롯해 마키아벨리 이전에 등장한 서구의 모든 철학자들
은 하나같이 이상적인 도덕정치를 통해 호리지성의 충돌에 따른 개인
과 공동체의 딜레마를 해결코자 했다. 묵자와 맹자가 인의仁義로 상징
되는 덕치德治로 해결코자 한 것과 닮았다.

그러나 정치를 도덕규범이나 종교교리의 세속적 실천으로 접근하
면 할수록, 정치에 대한 올바른 이해는 더욱 요원해지고 도덕과 종교
또한 타락의 길을 걸을 수밖에 없다. 마키아벨리가 『군주론』 제15장에
서 정치를 종교 내지 도덕규범과 엄히 구별한 이유가 여기에 있다. 그
의 주장이다.

"'사람들이 어떻게 살고 있는가?' 하는 문제와 '사람들이 어떻게

┃포르투나와 비르투, 타데우스 쿤츠 그림

살아야 하는가?' 하는 문제는 너무 거리가 멀다. '사람들이 무엇을 해
야 하는가?' 하는 문제에 매달려 '사람들이 무엇을 하고 있는가?' 하는
문제를 소홀히 하는 자는 자신의 보존보다 파멸을 훨씬 빠르게 배우
게 된다."

제25장에서 운명의 여신은 기껏 인간 행동의 절반가량만 지배할
뿐이므로 그 어떤 역경이 닥칠지라도 인간은 자유의지\libero arbitrio와
'비르투'를 통해 이를 헤쳐 나갈 수 있다고 언급한 것과 같은 맥락이
다. 마키아벨리가 나라를 유지하는 핵심장치로 법제와 군대를 언급한
것은 바로 이 때문이다. 순자와 그의 제자 한비자가 각각 예치禮治와
법치法治를 역설한 것과 취지를 같이하는 대목이다.

사상사적으로 볼 때 마키아벨리 사상은 제자백가 사상을 집대성한 순자와 한비자의 사상과 사뭇 닮아 있다. 순자와 한비자는 군주를 존중하는 존군尊君과 백성을 사랑하는 애민愛民을 토대로 예치와 법치를 주장했다. 플라톤 내지 마르크스처럼 '비현실적인 꿈'을 추구한 묵자와 맹자 등과 달리 현실에 뿌리를 내린 채 '실현가능한 꿈'을 제시한 점에서 마키아벨리와 취지를 같이한다. 춘추전국시대에 전개된 백가쟁명百家爭鳴의 논점이 여기에 있다. 한나 아렌트가 칭송했듯이 서구의 지성사는 마키아벨리를 기점으로 그 전과 후로 나뉜다고 평할 수 있다. 그만큼 위대하다. 제자백가를 전공한 필자가 이번에 은사의 역저인 『마키아벨리와 군주론』의 개정판에 해당하는 본서를 펴낸 이유가 여기에 있다. 마키아벨리는 동서고금을 뛰어넘는 '초세超世의 위대한 사상가'에 해당한다.

부록 3. 마키아벨리 연보

서기	나이	사건
1453	-6	백년전쟁 종식.
1454	-5	로디 평화조약에 의해 1494년까지 이탈리아 내에서 세력균형이 이뤄짐.
1469	0세	5월 3일, 피렌체시에서 법률가 베르나르도 디 니콜로 마키아벨리와 부인 바르톨로메아 디 스테파노 넬리 사이에서 장남 니콜로 탄생.
1476	7세	마테오에게 라틴어 초급을 배움.
1477	8세	산베네데토 교회의 바티스타 포피에게 라틴어 문법을 배움.
1480	11세	수학을 배우기 시작. 부친 베르나르도가 1년 전부터 유행한 페스트에 걸렸으나 기적적으로 회복.
1481	12세	파올로 다 론칠리오네에게 라틴어 작문을 배움.
1486	17세	부친 베르나르도가 장서인 티투스 리비우스의 『로마사』를 제본. 이때 니콜로가 이 책을 애독한 것으로 보임.
1500	31세	5월 9일, 아버지 베르나르도 사망.
		5월 10일, 전선시찰위원을 따라 피사 전선으로 감. 피사전선에서 프랑스 지원군을 관찰하며 불신감을 가짐. 이 무렵『피사 전쟁론』 저술.
		7월-12월, 루이 12세와 피사 문제를 논의하기 위해 프랑스로 감. 당초 프란체스코 델라 카사의 보좌역으로 파견됐으나 그가 병에 걸려 도중에 귀국한 까닭에 니콜로 홀로 프랑스 각지를 돌아다님. 이때 루이 12세의 고문인 루앙의 추기경과 만나 루이 12세 비판.
1501	32세	마리에타 코르시니와 결혼. 6명의 자녀를 둠.
		12월, 체사레 보르자를 수행해 체세나와 시니갈리아로 감.
1502	33세	11월 8일, 장남 베르나르도 탄생.
1503	34세	1월, 체사레 보르자의 궁정으로부터 귀환.
		4월, 시에나의 군주 판돌포 페트루치에게 파견.
		10월-12월, 로마로 파견돼 알렉산데르 6세의 죽음을 지켜보며 율리우스 2세 선출 참관. 이때 체사레 보르자 실각 목도.

1504	35세	1월-2월, 루이 12세 궁정에 2번째 파견.
		7월, 판돌포 페트루치에게도 2번째 파견.
		10월, 차남 루도비코 탄생. 3행시 형식의 『10년사』를 써서 알라마노 살비아티에게 헌정. 아라곤의 페르난도가 나폴리 왕국 탈환.
1505	36세	4월, 페루자에게 파견돼 피렌체에서 반란의 우려가 있는 발리오니와 회담. 용병 폐지와 국민군 창설을 진지하게 생각.
		12월, 니콜로가 피렌체의 시민군을 재건하기 위해 제안한 계획 잠정 승인.
1506	37세	1월, 피렌체 북쪽의 무겔로에서 시민군의 충원에 협조. 이때 교황 율리우스는 중부 이탈리아 정복을 위해 피렌체에 용병 파견 요구.
		8월 말, 이 문제를 절충하기 위해 두 번째로 교황청에 파견. 교황을 수행해 비테르보에서 오르비에토, 페루지아, 우르비노, 체세나, 이몰라 등지 순방.
		12월, 니콜로가 마련한 초안에 기초해 국민군 창설 법령 비준.
		대위원회가 9인의 시민군 위원회를 창설하고 니콜로를 비서로 임명.
1507	38세	피렌체 국민군 창설에 전념.
		4월, 제노바 내란을 계기로 루이 13세 이탈리아 침공.
		황제인 막시밀리안 1세도 피렌체에 남하 비용으로 5만 플로란 요구.
		8월, 피렌체의 부담금을 줄이기 위해 시에나로 파견돼 황제 사절과 만남.
		12월 17일, 다시 교섭을 위해 황제를 좇아 나섬.
		이후 제노바, 인스부르크, 토렌토 등지를 5개월 간 여행.
1508	39세	6월, 황제의 궁정에서 귀환. 「독일의 상황과 황제에 대한 논고」를 씀.
1509	40세	국민군 일에 전념. 루이 12세 베네치아 격파.
1510	41세	6월-9월, 루이 12세 궁정에 3번째로 파견. 피렌체가 교황과 프랑스 왕 가운데 어느 쪽을 따를 것인지 결정할 때까지 시간을 끄는 임무를 맡음.
1511	42세	프랑스 궁정에 4번째로 파견. 루이 12세와 피사에서 종교회의 개최를 계획. 교황 율리우스는 신성동맹으로 대항. 피렌체는 중립을 지킴.
		9월 10일부터 44일 간 프랑스 사절로 파견.
1512	43세	4월 12일, 라벤나의 싸움에서 프랑스군이 신성동맹연합군을 격파했

으나, 가스통 드 푸아가 전사한 까닭에 퇴각. 피렌체는 위협을 받음.

8월 29일, 스페인군 프라토 약탈.

9월 1일, 피에로 소데리니가 피렌체를 떠나고 '대 로렌초'의 아들 줄리아노 디 로렌초 데 메디치가 귀환함.

11월 7일, 마키아벨리가 장관직에서 쫓겨나고, 사흘 뒤 피렌체 거주 금지 명령을 통고받음.

1513 44세 2월 13일, 핑트로 파올로 보스콜리의 반메디치 음모가 발각되고, 니콜로가 이에 가담한 혐의로 기소돼 스틴케 감옥에 투옥.

2월 20일, 율리우스 교황 서거.

3월 15일, 조반니 데 메디치 교황 레오 10세로 즉위.

4월 1일, 새 교황의 취임 기념 사면으로 출옥하여 피렌체에서 7마일 떨어진 산탄데르아Sant'Andrea에서 사실상의 유배생활을 시작.

7월-12월, 4달 동안 『군주론』 초고 집필.

『로마사 논고』 전반부도 이때 쓰기 시작.

1514 45세 11월 4일, 3남 피에트 탄생.

1515 46세 코시모 루첼라이가 주재하는 피렌체 내 오리첼라리 정원Orti Oricellari의 토론 모임에 출입하기 시작. 『로마사 논고』를 루첼라이에게 헌정. 그는 이 책이 루첼라이의 간청에 의해 집필되었음을 암시하면서 본격적인 저술 시작.

1517 48세 『로마사 논고』 탈고. 이 무렵 루터가 종교개혁의 기치를 듦.

1518 49세 4월, 피렌체 무역상의 의뢰를 받고 돈을 징수하기 위해 제노바로 감. 희곡 『만드라골라』, 『황금당나귀』, 『미완』 등 저술.

1520 51세 6월, 피렌체 정부에서 채권징수 사절로 루카로 가라는 명령을 받음. 루카의 사정을 조사하다 카스트루치오 카스트라카니 다 루카에게 흥미를 가짐. 『전술론』과 『카스트루치오 카스트라카니의 생애』 집필. 우화 『벨파고르』도 이 무렵 완성.

11월 8일, 피렌체 정부로부터 피렌체 역사의 집필을 위촉받고 『피렌체사』 집필 시작. 추기경 줄리오 데 메디치로부터 피렌체에 부합하는 정치체제에 관한 자문을 받고 『로렌초 사후의 피렌체 사정』 저술. 피렌체에서 『만드라골라』가 상연돼 호평을 받음. 이해부터 실각 전의 수입보다 반이나 더 많은 수입을 올리게 돼 형편 호전.

| 1521 | 52세 | 4월 13일, 소데리니로부터 온 서신에서 용병대장 프로스페로 콜론나의 비서관이 돼 달라는 부탁을 받음. 수입이 4배나 되는데도 피렌체를 떠나기 싫어 거절. 추기경 줄리오 데 메디치의 부탁으로 카르피에게 가서 피렌체의 프란체스코 수도회 독립을 위해 운동했으나 성공하지 못함. 도중에 모데나에서 프란체스코 귀차르디니를 만남. |

12월, 교황 레오 10세 서거. 1519~1520년에 쓰기 시작한 『전술론』 출간.

| 1523 | 54세 | 9월 14일, 전년에 취임한 교황 하드리아누스 6세 서거. |

11월 19일, 추기경 줄리오 데 메디치가 교황 클레멘스 7세로 취임. 이에 피렌체의 보호자를 잃고 재차 고향으로 낙향. 오리첼라리 사교 모임의 반메디치 음모 발각돼 프란체스크 다 디아체토는 처형되고 자노비 본델몬티는 도주.

| 1525 | 56세 | 1월 13일, 희곡 『클리치아』를 저술. 로마 주재 교황청 피렌체 대사 베트리의 알선으로 클레멘스 7세를 찾아가 국민군창설의 필요성을 역설했으나 빈손으로 귀국. |

6월, 로마냐의 귀차르디니를 찾아가 자신의 군사사상을 피력.

8월 19일, 양모조합 의뢰로 베네치아로 감.

| 1526 | 57세 | 5월 18일, 새로 설립한 제2서기국 산하 '평화와 자유의 10인 위원회' 사무장의 자리도 떠맡게 돼 국방 문제에 전념. 9월, 로마 귀족 콜론나 가문에서 반교황 폭동을 일으키고 로마 시내 약탈. 콜론나 가문을 후원하는 신성로마황제군의 위협에 대처하기 위해 크로모나와 볼로냐 일대를 돌아다님. 『피렌체사』 수필본을 클레멘스 7세에게 헌정. 『만드라골라』 보완. |

| 1527 | 58세 | 4월, 피렌체로 귀환. |

5월 16일, 메디치 정권이 전복되고 공화국 성립. 새 정부가 치비타베키오에 있는 니콜로에게 해고를 통고하자 실의 속에 귀국.

6월 21일, 며칠 동안 병상에 누워 있다가 숨을 거둠.

이튿날 산타 크로체 성당에 묻힘.

1531	+4	『로마사 논고』 사후 출간.
1532	+5	『군주론』과 『피렌체사』 사후 출간.
1559	+32	교황청에서 『군주론』을 비롯한 모든 저작을 금서목록에 올림.

부록 4.『군주론』인명사전

그라쿠스 형제(Tiberius Gracchus, BC 163–133 ; Gaius Gracchus, BC 153–121)

농지개혁을 추진한 로마의 호민관. 형 티베리우스 그라쿠스는 기원전 137년 집정관 만키우스를 따라 스페인 원정길에 올랐다가 로마의 병폐를 낱낱이 확인했다. 기원전 133년 호민관에 당선된 뒤 원로원의 격한 반발에도 불구하고 토지개혁법을 통과시켰다. 반대파의 강력한 위협에 직면한 그는 다시 호민관이 되어 이에 대처코자 했다. 그러나 호민관에 연거푸 입후보한 경우는 없었다. 호민관 선출을 위한 민회가 열릴 때 반대파의 선봉 스키피오 나시카는 선거 중단을 요구했다. 집정관 스카이볼라가 거부하자 스키피오가 무리와 함께 몽둥이와 돌 등을 들고 회의장으로 난입해 그라쿠스와 그의 추종자를 때려 죽였다. 6년 뒤 그의 아우 가이우스 그라쿠스가 호민관에 선출됐다. 그는 형의 유산으로 시행되던 토지 개혁에 이어 사법 개혁에 발 벗고 나섰다. 속주의 총독에 대한 재판권을 원로원에 참여할 수 없는 지주와 사업가 출신의 로마 기사들에게 돌려주었다. 이어 전례가 만들어진 호민관 재선에 도전해 성공했다. 그러나 라틴어를 사용하는 모든 이탈리아 주민에게 로마시민권을 부여하자는 제안으로 로마인의 배척을 받았다. 기원전 121년 아벤티누스 언덕에 집결해 있던 추종세력은 반대파의 공격을 받고 3,000여 명의 희생자를 냈다. 간신히 현장을 빠져나온 가이우스는 달아나는 도중 자진하고 말았다. 이로써 로마의 개혁 운동은 좌절되고, 시민의 사형에 신중하던 로마는 폭력을 통해 문제를 해결하는 악순환에 빠지고 말았다. 로마 몰락의 전주곡이었다.

나비스(Nabis, BC 240–192)

기원전 207년에 즉위한 스파르타의 지도자. 마케도니아 왕 필리포스 5세와 로마가 다툴 때 스파르타의 팽창정책을 추진했다. 기원전 205년 로마와 마케도니아가 포이니케 평화협정을 맺자 아카이아 동맹을 주도한 로마군과 필로포이메네스 장군에게 패배를 당했다. 스파르타에서 빚어진 아이톨리아 반란 때 척살당했다.

니그리우스 가이우스 페스켄나우스(Gaius Pescennius Nigrius, 140–194)

192년 로마황제 콤모두스가 암살됐을 때 아시아 지역에 주둔하던 군대에 의해 황제로 추대됐다. 2년 뒤인 194년 셉티미우스 세베루스에게 패해 처형됐다.

다리우스 3세(Darius III, BC 380–330)

페르시아의 왕. 기원전 337년 마케도니아 왕 필리포스 2세가 아케메네스 왕조가 다스리던 그리스

도시를 해방하기 위해 코린트 동맹을 결성하고 소아시아에 선발대를 보냈을 때 필리포스 2세를 암살해 그 시도를 좌절시켰다. 4년 뒤인 기원전 333년 알렉산드로스 대왕의 동방원정 때 패했다. 기원전 330년 7월, 페르시아 동쪽의 박트리아로 달아나는 와중에 사촌인 바수스Bassus에 의해 살해됐다.

디디우스 율리아누스(Marcus Didius Salvius Julianus, 133/137–193)

콤모두스의 뒤를 이은 페르티낙스가 보위에 오른 지 얼마 안 돼 암살되자 근위대는 즉위 하사금을 많이 내놓은 자에게 보위를 넘길 것을 공언했다. 입찰과정에서 최고 금액을 써낸 율리아누스가 낙점됐다. 즉위한 지 2달 뒤 도나우 강 주둔 군단이 이탈리아를 침공해 그를 살해했다. 보위는 셉티미우스 세베루스에게 돌아갔다.

레미로 데 오르코(Remirro de Orco, ?–1502)

스페인 출신 장수. 스페인 이름은 라미로 데 로르꾸아Ramiro de Lorqua이다. 1498년 프랑스 궁정으로 가 체사레 보르자를 수행했다. 1501년 체사레 보르자에 의해 로마냐 총독에 임명됐다가, 이듬해인 1502년 12월 22일에 투옥됐고, 성탄절 다음날 아침에 처형됐다.

레오 10세 교황(Leo X, 1475–1521)

본명은 조반니 데 메디치Giovanni de' Medici. '대大 로렌초'의 차남. 1494년 피렌체 공화국을 배반했다는 이유로 메디치 가문이 몰락한 후 해외로 나가 살다가 1500년 로마로 귀환했다. 1512년 메디치 가문이 재차 피렌체를 장악하는데 큰 도움을 주었다. 1513년 3월 교황에 선출됐다. 이후 피렌체 대주교 자리에 동생인 줄리오 데 메디치Giulio de' Medici를 임명하는 등 족벌정치를 펼쳤다. 줄리오는 이후 교황 클레멘스 7세로 취임했다. 그는 내심 이탈리아를 자신의 지배 아래 두고자 했으나 스페인과 프랑스의 반발로 소기의 성과를 거두지 못했다. 당시 프랑스와의 전쟁, 성 베드로 성당 건축, 십자군 원정 지원 등으로 재정이 바닥나자 이를 메우기 위해 면죄부 판매를 승인했다. 루터가 이를 비판하며 종교개혁을 선언했다. 레오 10세는 이를 잠재우기 위해 1520년 6월 루터를 벌하는 교서를 내렸다. 그러나 루터는 이해 12월 이를 공개적으로 불태우며 강하게 반발했다. 대로한 그는 이듬해인 1521년 1월 루터를 파문했다. 이해 9월 헨리 8세가 루터를 공박하는 책을 발간하자 크게 기뻐하며 그에게 '신앙의 수호자'라는 칭호를 수여했다. 인문주의를 기치로 내걸고 라파엘로에게 많은 성화聖畵를 주문하는 등 예술가를 대대적으로 지원키도 했다.

로물루스(Romulus)

로마 건국신화의 주인공. 전설에 따르면 알바롱가의 왕 누미토르의 딸인 레아 실비아가 불의 신 마르스를 통해 낳은 쌍둥이 가운데 형이다. 동생 레무스와 함께 티베르강에 버려졌으나, 이리의 젖을 먹고 크다가 양치기 파우스툴루스에게 발견된 후 인간의 자식으로 양육됐다. 기원전 753년 동생과 협력해 새로운 도시 로마를 건설했다. 이후 동생 레무스와 반목하다가 도시의 신성한 경계를 넘었다는 이유로 동생을 죽였다. 또 이웃인 사비니인과 싸웠으나 화의가 성립된 후로는 로마인과 사비니인을 다스렸다. 30년 이상 재위하는 동안 영토를 대폭 확장하고, 원로원 제도를 정착시키는 등 건국의 기틀을 다지는데 힘썼다고 한다.

루이 11세(Louis XI, 1423-1483)

샤를 7세의 아들. 1465년 불만을 품은 제후들의 반발로 프랑스 북부 전역을 양보하는 굴욕을 당했으나 이내 교묘한 공작과 과감한 결단으로 적대세력을 제거했다. 1473년 보병을 해산하고 스위스 용병을 기용했다. 마키아벨리가 그를 비판한 이유다. 1477년 부르고뉴의 용담공勇膽公 샤를이 죽자 부르고뉴 공작령을 해체시킨 뒤 부르고뉴와 프랑슈 콩테, 피카르디, 아르투아를 프랑스 왕국령으로 흡수했다.

루이 12세(Louis XII, 1462-1515)

샤를 6세의 동생 루이 오를레앙의 손자이며 시인 샤를 오를레앙의 아들로 블루아에서 태어났다. 샤를 8세가 등극할 무렵 섭정인 안 드 보죄에 대한 제후의 반란에 가담해 체포됐으나 이내 풀려나 국왕을 따라 이탈리아 원정에 참가했다. 1494년 샤를 8세가 이탈리아를 침공했을 때 함께 참전해 제노바를 점거한 뒤 그곳에 머물며 밀라노를 위협했다. 이때 그는 조부 오를레앙 공작인 루이 1세가 발렌티나 비스콘티와 결혼한 것을 구실로 밀라노를 요구했다. 이내 체사레 보르자를 봉신으로 받아들인 뒤 지원군을 파견했다. 재위 내내 나폴리를 제외한 이탈리아 전역에 막강한 영향력을 행사한 배경이다. 당시 그는 샤를 8세의 자식이 모두 요절한 까닭에 프랑스 왕위의 제1계승자가 되었다. 1498년 샤를 8세가 급서하자 오를레앙 공으로 있던 그가 보위를 계승했다. 이후 브르타뉴 공국과 자신의 왕국을 통합할 요량으로 이듬해인 1499년 잔느Jeanne와의 이혼을 알렉산데르 6세로부터 허가받고, 샤를 8세의 미망인인 브르고뉴의 안느Anne와 결혼했다. 그녀는 추기경 조르주 당부아즈George d'Amboise와 함께 루이 12세에게 큰 영향을 끼칠 수 있었다. 같은 해에 루도비코 스포르차에게서 밀라노를 빼앗은 뒤 이후 12년 동안 통치하였다. 1500년 아라곤의 페르난도 2세와 나폴리를 분할하는 그라나다 비밀협약을 맺었다. 1501년 나폴리 분할 문제를 놓고 아라곤과 전쟁을 벌였다. 1504년 전쟁에서 패해 나폴리를 모두 잃고 말았다. 1508년 교황 율리오 2세, 신성로마제국 황제 막시밀리안 1세, 아라곤의 페르난도 2세 등과 함께 캉브레 동맹을 조직하여 캉브레 동맹 전쟁을 일으켰다. 1509년 아냐델로 전투에서 승리했으나 교황 율리오 2세가 베네치아와 동맹을 맺은데 이어 신성동맹을 조직해 프랑스의 남하를 저지했다. 이후 신성로마제국, 아라곤 왕국, 잉글랜드 왕국 등이 신성동맹에 가담하자 결국 1513년 스위스에 의해 밀라노를 잃고 말았다. 1514년 1월 안느가 사망하자 잉글랜드를 신성동맹으로부터 떼어내기 위하여 잉글랜드의 국왕 헨리 8세의 여동생인 메리 튜더와 세 번째 결혼을 하였다. 이듬해인 1515년 1월 1일 사망했다. 그는 생전에 국내문제에서 뛰어난 업적을 거뒀다. 1504년의 재정개혁과 1508년의 세금동결 및 징세조치 개선 등이 대표적이다. 삼부회가 '국민의 아버지Père Du Peuple'의 칭호를 올린 이유다.

루키 주교(Luca Rinaldi)

신성로마제국 황제 막시밀리안 1세가 신임한 성직자 겸 정치인.

리아리오 지롤라모(Girolamo Riario, 1443–1488)

이몰라와 포를리의 군주로, 카테리나 스포르차의 남편. 삼촌인 식스투스 4세의 군대를 지휘했다. 1478년 로렌초 데 메디치의 암살음모 사건에 관여한 탓에 메디치 가문의 숙적이 됐다. 1488년 혹정으로 인해 피살됐다.

리아리오 추기경(Raffaelo Riario, 1452–1521)

로마냐 지역의 유력 가문 출신으로 1477년 추기경이 되었다. 이후 메디치 가문 출신 교황인 레오 10세의 암살음모 사건에 연루돼 벌금을 물고 사면됐다.

마르쿠스 아우렐리우스(Marcus Aurelius Antoninus, 121–180)

스토아학파 철학에 침잠한 로마 황제로 이른바 5현제五賢帝의 마지막 황제. 121년 로마에서 출생하였다. 안토니누스 피우스 황제의 양자가 된 후 140년 로마의 집정관이 되었고, 145년 사촌누이인 안토니누스의 딸과 결혼했다. 161년 안토니누스의 뒤를 이어 즉위한 후 접경지역에 머물며 직접 군사를 지휘했다. 당시 로마제국은 경제·군사적으로 어려운 시기여서 변방에는 외적의 침입이 잦았다. 특히 도나우 강 방향의 마르코만니 족과 쿠아디 족이 골칫거리였다. 더구나 페스트가 유행해 제국은 크게 피폐해졌다. 게르만족과의 전쟁에 시달리면서 발칸 북방의 시리아 및 이집트 등의 진영에서 병을 얻어 도나우 강변의 진중에서 숨을 거뒀다. 그의 사후 로마제국은 쇠퇴하기 시작했다. 로마에는 '마르코만니 전쟁'을 부조浮彫한 기념주記念柱와 그의 기마상騎馬像이 있다. 그리스어로 쓴 그의 저서 『명상록』은 진중에서 쓴 것으로 지금까지도 널리 읽히고 있다. 세계의 모든 것은 불이고, 신적인 세계영혼으로 연결돼 지배받고 있고, 인간의 영혼도 세계영혼의 한 유출물에 불과하고, 죽으면 자연히 세계영혼으로 회귀한다는 게 골자이다.

마크리누스(Marcus Opelius Severus Macrinus, 164–218)

북아프리카 모리타니아 출신의 장수로, 카라칼라 황제의 근위병으로 있었다. 217년 황제를 살해하고 보위에 올랐다. 이듬해인 218년 시리아에서 발생한 반란을 진압키 위해 출병했다가 안티오키아 부근에서 피살됐다.

막시미누스(Gaius Julius Verus Maximinus, 173-238)

트라키아 지역의 백인대장 출신. 235년 황제가 되었으나 몇 년 뒤 피살됐다.

막시밀리안 1세(Maximilian I, 1459-1519)

1452년 교황으로부터 제관帝冠을 받고 보위에 오른 신성로마제국 황제 프리드리히 3세의 아들. 1483년 세자로 선출됐다. 1494년 프랑스의 샤를 8세가 이탈리아를 침공하자 교황, 스페인, 베네치아 등과 신성동맹을 결성해 세력균형을 꾀했다. 2년 뒤인 1464년 이탈리아에서 프랑스군을 격파했으나 큰 성과는 없었다. 한때 그는 교황을 꿈꾸기도 했다. 1508년 부왕의 뒤를 이어 보위에 올랐다. 이해에 마키아벨리가 그의 궁전을 방문했다. 1511년 교황과 스페인, 잉글랜드 등과 제2차 신성동맹을 맺고 프랑스를 격파했다. 그러나 밀라노는 프랑스, 베로나는 베네치아에 귀속되는 결과만 낳았다. 크게 낙담한 그는 이후 광범위한 혼인관계를 통해 세력을 확장하는 계책을 적극 추진했다. 이는 절묘하게 맞아 떨어졌다. 후대 사가들이 그를 두고 합스부르크가의 역사 자체를 유럽의 근대사로 만드는데 결정적인 공을 세운 인물로 꼽은 이유다. 여기에는 사연이 있다. 그가 즉위할 당시 합스부르크가는 비록 명문이기는 했으나 객관적으로 볼 때 가난하고 약소한 오스트리아의 한 귀족에 불과했다. 신성로마제국의 황제를 선발하는 선제후選帝侯들은 유능한 황제를 원치 않았기에 1440년 프리드리히 3세를 황제로 선출했다. 그는 소심한데다 남의 말을 잘 들었다. 이들은 프리드리히 3세의 아들이 '중세 마지막 기사'로 불린 막시밀리안 1세라는 사실을 간과했다. 당시 돌진공突進公으로 불린 부르고뉴 공 샤를은 딸 마리아와 막시밀리안 1세의 혼인을 통해 로마의 왕이 되고자 했다. 선제후의 반대와 프리드리히 3세의 방해로 인해 로마 왕위를 단념케 됐지만 막시밀리안 1세와 딸 마리아와의 결혼을 계속 추진했다. 1477년 1월, 샤를이 스위스 방면으로 출병하던 중 사망하자 경쟁자인 프랑스 왕 루이 11세가 빼앗긴 프랑스 영토를 되찾으려 했고 독립심 강한 강Gand과 브뤼셀Bruxelles 시민도 이에 동조했다. 마리아로서도 유력한 가문 출신과 결혼할 필요가 있었다. 샤를의 유언을 좇아 막시밀리안 1세와 결혼한 이유다. 이듬해인 1482년 3월, 남편의 백로 사냥에 동행한 마리아가 낙마해 사망하면서 경제적으로 앞서 있던 강과 브뤼셀에서 반란이 터져 나왔다. 이들은 막시밀리안이 어린 아들 필리프의 후견인이 되는 것을 거부했다. 루이 11세가 이를 부추기면서 마리아의 딸 마르가리타를 납치하듯 프랑스로 데려가 자신의 아들과 약혼시켰다. 막시밀리안 1세는 매수와 설득을 통해 각지의 반란을 진압했다. 이내 모든 도시가 막시밀리안이 필리프의 후견인이 되는 것을 인정했다. 이 무렵 오스만투르크가 유럽 침공 움직임을 보이자 막시밀리안의 고향 오스트리아는 공포에 떨었다. 위기를 극복할 만한 지도자가 필요했다. 그가 신성로마제국의 보위에 오른 배경이다. 이후 그는 혼인정책에 진력했다. 밀라노 스포르차 가문의 공녀公女 비앙카와 재혼한데 이어 아들 필리프와 딸 마르가리타를 스페인 왕가와 결혼시켰다. 이어 자신의 손자인 필리프의 아들을 헝가리 왕가와 혼인시켰다. 이들 왕가는 이내 단절됐고, 덕분에 각국의 보위가 모두 합스부르크가로 넘어오게 됐다. 현재의 독일과 오스트리아인 신성로마제국의 영토를 포함해 스페인과 스페인 영지였던 나폴리와 시칠리아, 그리고 지금의 네덜란드와 벨기에인 부르고뉴, 체코, 헝가리 등지가 모두 합스부르크가의 영지가 된 배경이다. 사상 초유의 대제국을 형성케 된 합스부르크가는 이후 유럽 역사의 중심에 서게 됐다. 무적함대의 스페인 왕 펠리페 2세, 오스트리아의 여황제 마리아 테레지아, 프랑스 루이 16세의 왕비 마리 앙투아네트, 사라예보에서 피살돼 제1차 세계대전의 빌미가 된 오스트리아 황태자 프란츠 페르디난도 모두 합스부르크 가문이다. 이는 1918년에 오스트리아·헝가리 제국이 해체될 때까지 지속됐다.

** 메디치 가문

로렌초 데 메디치(Lorenzo de' Medici, 1449-1492)

피렌체의 '국부'로 불린 대大 코시모 데 메디치Cosimo de' Medici의 손자이자 피에로 데 메디치의 아들. '대인大人il Magnifico'으로 불렸다. 사가들은 흔히 '대大 로렌초'로 부른다. 1469년 부친인 피에로 데 메디치 사망 후 동생 줄리아노와 함께 피렌체를 다스렸다. 1478년 파치 가문의 음모자들이 교황 식스투스 4세의 은밀한 지원 하에 '대 로렌초'와 줄리아노에 대한 암살을 시도했으나 '대 로렌초'는 목숨을 건졌다. 이후 피렌체 시민이 메디치 가문의 편을 들어 이들을 죽였다. '대 로렌초'는 25세로 요절한 동생 줄리아노의 유복자 줄리오 데 로렌초Giulio de' Medici를 자신의 3남으로 입양했다. 당시 식스투스 4세는 주교 2명이 연루된 사건인데도 주교의 사망을 구실로 '대 로렌초'를 넘겨주지 않으면 피렌체에 성사聖事 금지령을 내리겠다고 위협했다. 나폴리의 폭군 페르난도 1세가 지지하고 나섰으나 피렌체 시민들은 이를 거부했다. 이 와중에 '대 로렌초'는 나폴리로 가 페르난도 1세와 담판을 벌여 평화조약을 맺었다. 식스투스 4세가 부득불 이를 추인하면서 '대 로렌초'의 지위가 확고해졌다. 이후 가업인 은행업을 제쳐둔 채 예술과 문학에 대한 지원에 발 벗고 나섰다. 본인 자신도 시가를 비롯한 많은 문학 작품을 남겼다.

로렌초 디 피에로 데 메디치(Lorenzo di Piero de' Medici, 1492-1519)

'대 로렌초'의 손자이자 1492년에서 1494년까지 피렌체를 다스린 피에로 데 메디치의 아들이다. 조부인 '대大 로렌초'와 구별하기 위해 흔히 '소小 로렌초'로 불린다. 1512년 메디치 가문이 피렌체로 복귀한 뒤 '대 로렌초'의 3남인 숙부 줄리아노 디 로렌초 데 메디치가 피렌체를 다스리다가 1516년 급작스럽게 죽자 그 뒤를 이어 보위에 올랐다. 그는 1516년 5월 메디치 가문 출신 교황 레오 10세의 지원 하에 프란체스코 마리아 델라 로베레 공작을 몰아내는데 성공했다. 레오 10세는 곧바로 조카인 '소 로렌초'를 우르비노Urbino 공작 겸 페사로의 지배자로 승인했다. 이때 최고의 명예와 실권을 상징하는 '교회의 기수gonfaloniere'라는 칭호를 받았다. 마키아벨리가 『군주론』을 헌정한 당사자이다.

줄리오 데 메디치(Giulio de' Medici, 1478-1534)

'대 로렌초'의 동생인 줄리아노 데 메디치의 유복자로 태어났다. 부친이 암살된 후 백부인 '대 로렌초'에 의해 그의 3남으로 입양됐다. '대 로렌초'의 장남인 피에로 데 메디치가 샤를 8세에게 굴욕적인 조건으로 항복한 탓에 피렌체에서 쫓겨날 때 함께 망명했다. 당시 피렌체의 공화파들은 프랑스의 도움을 얻어 메디치 가문을 쫓아냈으나 이내 내분으로 인해 자멸하고 말았다. 당시 신성동맹을 결성해 프랑스와 맞선 교황 율리우스 2세가 피렌체에 적극 가담할 것을 촉구하자 이들 공화파는 머뭇거리며 결단하지 못했다. 대로한 율리우스 2세는 이내 이들을 해임한 뒤 메디치 가문의 복귀를 선언했다. 덕분에 1512년 줄리오는 일족과 함께 피렌체로 돌아올 수 있었다. 이듬해인 1513년 3월 둘째 형인 조반니가 교황 레오 10세로 선출되자 신성로마제국 교회의 행정관에 임명돼 로마로 갔다. 훗날 클레멘스 7세로 취임했다.

줄리아노 디 로렌초 데 메디치(Giuliano di Lorenzo de' Medici, 1479-1516)

'대 로렌초'의 막내아들로 큰형 피에로 2세, 둘째 형 조반니의 친동생이다. 이후 사촌인 줄리오 데 메디치가 입양되자 나이가 한 살 적은 탓에 그의 동생이 되었다. 형과 함께 피렌체에서 쫓겨난 후 1512년까지 유럽 곳곳을 돌아다녔다. 그는 1513년부터 3년 동안 죽은 형 피에로 2세를 대신해 피렌체를 다스렸다. 재위 기간 동안 라파엘로와 레오나르도 다 빈치 등을 후원했다. 1515년 사보이 공작 필리포 2세의 딸 필베르타와 결혼했다. 필베르타의 언니 사보이의 루이즈는 프랑스 왕 프랑수아 1세의 어머니다. 1516년 갑작스런 죽음을 맞이했다. 줄리오 데 메디치의 생부이자 그의 숙부인 '줄리아노 데 메디치'와 엄히 구분할 필요가 있다.

코시모 데 메디치(Cosimo de' Medici, 1389-1464)

'대 로렌초'의 조부로 메디치 가문을 흥기시킨 당사자다. 그가 생전에 축적한 막대한 부는 교황 피우스 2세로부터 백반 광산 독점권을 따낸 덕분이다. 그의 후손들이 1434년에서 1537년까지 1백여 년 동안 피렌체를 지배할 수 있었던 것은 전적으로 그의 공이라고 해도 과언이 아니다. 장로長老를 뜻하는 베키오Vecchio 내지 국부를 뜻하는 파테르 파트리아이Pater Patriae의 별명을 갖게 된 배경이다.

피에로 디 로렌초 데 메디치(Piero di Lorenzo de' Medici, 1472-1503)

흔히 피에로 2세Piero de Medici II로 불린다. '대 로렌초'의 장남으로 교황 레오 10세의 친형이기도 하다. 1492년 부친 사후 보위에 올라 프랑스 왕 샤를 8세가 이탈리아를 침공하는 1494년 11월까지 피렌체를 다스렸다. 당시 그는 상황이 불리하다고 판단해 무조건 항복을 선언했다. 피렌체 시민들로부터 '배신자'로 낙인찍혔다. 후대인들로부터 '멍청이'의 뜻을 지닌 '일 파투오il Fatuo'의 야유를 들은 이유다. 당시 굴욕적인 항복에 분노한 피렌체 시민들이 메디치 가문을 피렌체에서 추방하는 법안을 통과시키자 이내 국외로 망명했다. 1503년 12월 프랑스 편에 가담해 스페인과 맞서 싸우다가 배가 전복되는 바람에 익사하고 말았다.

**

바르비아노(Alberico da Barbiano, 1348-1409)

용병대장으로 코니오Conio 백작으로 있었다. 1376년 교황 편에 가담한 뒤 호크우드 경과 함께 로마냐 전투에 참여했다. 이때 용병들의 무자비한 약탈에 경악한 나머지 이내 이탈리아인으로 구성된 용병부대를 만들었다. 이 부대는 처음에 2백 명가량이었는데 이내 4천명까지 급속히 늘어났다. 이는 용병을 이탈리아인으로 구성하는 결정적인 계기로 작용했다.

바르톨로메오 콜레오니 다 베르가모(Bartolomeo Colleoni da Bergamo, 1395/1400-1475)

나폴리, 피렌체, 밀라노, 베네치아 등지에서 복무한 용병대장. 당대의 용장으로 명성을 떨쳤다. 1454년부터 은퇴할 때까지 베네치아에서 일했다. 마키아벨리가 『군주론』에서 언급하고 있는 여타 베네치아 장군 모두 그와 동지 내지 부하 관계에 있었다. 그의 사후 베네치아에 세워진 그의 기마 동상은 지금까지 전해지고 있다.

발리오니 잔파올로(Gianpaolo Baglioni, 1470-1520)

페루자 출신의 용병대장 겸 페루자의 지배자로 베네치아의 지휘관으로 활약키도 했다. 체사레 보르자에 반대하는 마조네 회합의 주역 가운데 한 사람이다. 이후 레오 10세에 의해 체포돼 처형을 당했다. 마키아벨리는 그를 악인의 전형으로 평했다.

베토리(Francesco Vettori, 1474-1539)

피렌체 귀족 가문 출신으로 마키아벨리의 친구. 1512년 당시 마키아벨리가 곤경에 처했을 때 큰 도움을 주지 못했다. 피렌체를 대표해 신성로마제국 막시밀리안 1세의 궁정에 사절로 파견됐고, 이후 교황 레오 10세의 궁정에도 사절로 간 바 있다. 『이탈리아사 개요 1511-1527 Sommario della istoria d'Italiana 1511-1527』를 비롯해 여러 작품을 남겼다.

벤티볼리오, 산테(Sante Bentivoglio, 1426-1463)

에르콜레 벤티볼이오의 서자로, 피렌체에서 노동자로 있다가 안니발레 1세가 암살되자 볼로냐로 귀환해 보위에 올랐다.

벤티볼리오, 안니발레 1세(Annibale I Bentivoglio, 1413-1445)

볼로냐 출신의 용병대장. 1441년 플리포 공작의 딸 도나 비스콘티와 결혼해 아들 조반니 2세를 낳았다. 이후 수년 동안 용병대장으로 활약하다가 1443년 볼로냐의 통치자가 되었다. 그러나 다른 칸네스키Canneschi 가문의 원성을 산 나머지 2년 뒤인 1445년 6월 26일 대부代父로 초대된 세례성사가 끝난 뒤 암살되고 말았다.

벤티볼리오, 조반니 2세(Giovanni II Bentivoglio, 1443-1508)

안니발레 벤티볼이오 1세의 아들. 1463년 산테 벤티볼리오 사후 볼로냐를 다스렸다. 1506년 교황 율리우스 2세에 의해 쫓겨났다.

벤티볼리오, 안니발레 2세(Annibale II Bentivoglio, 1469-1540)

조반니 2세의 아들. 용병대장으로 활약하면서 대부분 피렌체를 위해 싸웠다. 1511년 프랑스의 지원 하에 볼로냐에 입성했다. 이듬해인 1512년 4월의 라벤나 전투 이후 페라라로 추방됐고, 이내 그곳에서 사망했다.

보르자, 체사레(Cesare Borgia, 1475-1507)

부친이자 교황인 알렉산데르 6세의 지원으로 중부 이탈리아의 로마냐 지방을 정복해 지배한 교황군 총사령관. 마키아벨리는 그를 이상적인 모델로 『군주론』을 집필했다. 1475년 8월 로마에서 훗날 교황 알렉산데르 6세가 된 추기경 로드리고 보르자Rodrigo Borgia와 반노차 카타네이Vannozza Cattanei 사이에서 차남으로 태어났다. 부친 로드리고는 로마 교황청 차관이자 실세였고, 모친은 그의 정부情婦였다. 당시 로드리고에게는 체사레의 친모 외에도 여러 명의 정부가 있었고, 서출 자녀 또한 여럿이었다. 로드리고와 반노차 사이에는 체사레 보르자 외에도 후안, 루크레치아, 호프레 등이 있었다. 루크레치아는 미모가 뛰어난 여인이었다. 체사레는 여동생과 근친상간 관계인 것으로 알려졌다. 체사레는 부친 로드리고의 깊은 관심 속에 성장했다. 어려서부터 라틴어를 익힌 이유다. 서출임에도 불구하고 훗날 관면장을 받아 추기경이 될 수 있는 기반을 마련한 것이다. 실제로 1482년 7세의 체사레는 교황 식스투스 4세에 의해 고위 성직자로 임명된 후 부주교, 수도원장, 재무관 등의 직책을 차례로 역임했다. 어린 체사르가 벌어들인 수익은 모두 로드리고 추기경이 관리했다. 체사레의 일생에서 부친의 영향은 절대적이다. 일생의 진로를 아버지가 결정하였으며 체사레의 의도와는 무관하게 아버지의 의도와 계획에 따라 성장하였기 때문이다. 1489년 로마를 떠나 페루자에 있는 사피엔차 대학에서 공부했다. 이곳에서 이탈리아 반도에 있는 여러 공화국의 정치가와 교류했다. 그의 나이 15세 때인 1491년 부친 덕에 나바라 공화국 팜플로나Pamplona 교구 주교에 임명됐다. 이후 교구에서 발생하는 막대한 수입을 얻게 되었다. 같은 해 피사대학에서 법학을 공부하기 위해 피렌체 공화국 피사Pisa로 갔다. 피렌체공화국의 실질적 지배자인 메디치가와 원만한 관계를 유지하는 게 목적이었다. 당시 메디치가는 유럽 최고의 거상이자 명문가였다. 로렌초 데 메디치의 아들 조반니와 피사대학에서 함께 수학했다. 둘은 나이도 같은데다 교황이 되고자 하는 야망도 같았다. 1492년 8월 11일 로드리고가 교황 알렉산데르 6세로 선출됐다. 1493년 9월 체사레는 부친 알렉산데르 6세에 의해 발렌시아 대주교와 추기경으로 임명됐다. 1494년 나폴리공국의 왕위 임명을 두고 불만을 품은 프랑스 왕 샤를 8세가 로마를 침공하자 이내 체포돼 산탄젤로 성Castel Sant'Ángelo에 구금됐다. 프랑스군의 퇴각 후 프랑스 잔류군을 소탕하고 나폴리 왕 대관식에 대리 참석했다. 이때 방탕한 사생활로 나폴리에서 매독에 걸려 평생 고생하게 됐다. 1498년 추기경직을 포기하고, 로마냐에 왕국을 세워 군주가 되려는 야심을 키우기 시작했다. 프랑스의 도움이 필요하다고 판단해 관계개선에 애썼다. 교황특사 자격으로 프랑스에 간 게 그렇다. 루이 12세의 봉신封臣이 돼 발랑스Valence를 봉지로 받고 발렌티누아 공작Duc Valentinois에 봉해졌다. 이탈리아에서는 발렌티노 공IL Duca di Valentino으로 불렸다. 루이 12세는 결혼할 여인도 천거했다. 덕분에 프랑스의 지원 하에 중부 이탈리아의 여러 영주들을 차례로 정벌하고, 1501년까지 이탈리아 중부지역인 로마냐 일대를 손에 넣을 수 있었다. 당시 그는 나폴리 왕국에도 발을 들여 놓으면서 밀라노와 피렌체까지 위협해 항복과 동맹서약을 받아냈다. 그의 목표는 로마냐의 군주 자리였고, 부친 알렉산데르 6세의 목표는 아들을 통해 자신의 정치적 기반을 공고히 하는 것이었다. 체사레의 입장에서 볼 때 부친이 죽기 전에 목적을 달성해야만 했다. 목적을 위해 수단과 방법을 가리지 않는 냉혹한 모습을 보인 이유다. 그런 그를 두고 마키아벨리는 '난세의 이상적인 군주'로 평했다. 이탈리아 통일은 체사레처럼 무자비한 군주만이 성취할 수 있다고 판단한 결과다. 마키아벨리가 은퇴 후 그를 모델로 삼아 『군주론』을 저술한 배경이 여기에 있다. 체사레의 몰락은 1503년 8월 18일 말라리아에 걸린 부친의 죽음이 결정적인 계기로 작용했다. 당시 보르자 가문의 숙적인 율리우스 2세가 뒤를 이어 교황의 자리에 오르자 이내 실각하고 말았다. 마키아벨리는 『군주론』에서 보르자 가문에 우호적인 피콜로미니 추기경이 알렉산데르 6세의 뒤를 이어 비오 3세로 선출됐다가 1달 만에 병사했을 때 율리우스 2세의 피선被選을 방관했다고 비판했다. 이에 대한 평가가 엇갈리고 있으나 당시 체사레의 역할은 일정한 한계가 있었다. 율리우스 2세의 취임을 계기로 체사레는 이내 산탄젤로 성에 갇혔다가 얼마 후 스페인 카스티야 지역의 메디나 델 캄포에 있는 라 모타 요새로 이감됐다. 그는 기지를 발휘해 탈출에 성공한 뒤 나바라 왕국 팜플로나로 들어가 이내 나바라 왕국의 총사령관이 되었다. 장차 스페인 왕인 아라곤의 페르난도 2세와 전쟁을 벌이는 조건이었다. 그러나 곧 나바라 왕국의 페르난도 일파인 루이 드 뷰몽 백작이 배신해 내전이 빚어졌다. 1507년 3월 12일 체사레는 드 뷰몽 백작의 라히아쥐 성을 공격하다가 포위돼 25곳에 자상을 입고 마침내 숨을 거뒀다. 당시 그의 나이 32세였다.

브라초(Braccio da Montone, 1368-1424)

페루자 출신의 용병대장으로 원래 이름은 안드레아 포르테브라초Andrea Fortebraccio. 1416년 전사할 때까지 페루자의 지배자로 군림했다.

비스콘티, 베르나보(Bernabò Visconti, 1323-1385)

1355년부터 사망 시까지 밀라노의 지배자로 1323년 이탈리아 반도 북부 밀라노에서 출생하였다.

한때 밀라노에서 추방되어 망명지에서 살았으나 밀라노의 대주교이자 삼촌인 조반니 비스콘티 Giovanni Visconti의 부름을 받고 다시 밀라노로 돌아왔다. 1354년 조반니가 사망하자 밀라노 지배권을 분할 상속해 1358년부터 밀라노 동부지역을 다스렸다. 서부지역은 형제인 갈레아초 2세가 다스렸다. 1360년 갈레아초 2세의 아들인 잔 갈레아초가 프랑스 왕의 딸인 발루아의 이사벨라와 결혼했다. 1378년 잔 갈레아초가 부친의 뒤를 이어 밀라노 및 그 주변 영토의 서부를 다스렸다. 중심지는 밀라노 남쪽 파비아였다. 1382년 베르나보가 프랑스의 앙주 공작 루이와 군사동맹을 맺고 자기 딸 루차를 루이의 며느리로 들여보낼 계획을 세웠다. 장차 밀라노의 서부마저 손에 넣을 심산이었다. 이는 조카인 잔 갈레아초를 업신여긴 탓으로, 화를 불렀다. 당시 잔 갈레아초는 숙부의 이런 행보가 장차 자신에게 커다란 위협으로 다가올 것을 직감했다. 1385년 잔 갈레아초가 먼저 손을 썼다. 베르나보를 급습해 전격 체포한 것이다. 2달 뒤 베르나보의 손녀인 바이에른의 이자벨이 샤를 6세와 결혼해 프랑스 왕비가 되었다. 밀라노에서 벌어지고 있는 숙질간의 싸움이 프랑스의 현안이 된 이유다. 잔 갈레아초는 후환을 없애기 위해 수감된 베르나보를 독살해 버렸다. 베르나보는 평소 자신이 경멸하던 조카에 의해 비명횡사를 당한 셈이다. 1387년 잔 갈레초아의 딸 발렌티나가 프랑스 왕 샤를 6세의 동생인 오를레앙 공작 루이와 결혼했다. 이는 이후 루이 12세와 프랑수아 1세가 밀라노 공작령의 소유권을 주장하는 근거가 됐다. 당시 잔 갈레초아는 비스콘티 가문의 영지를 모두 손에 넣은 뒤 경쟁 도시국가들을 능숙하게 조종하며 영토를 크게 넓혔다. 유능한 행정가였던 그는 자신의 영지를 하나로 묶는 동시에 관원들에게 파비아대에서 교육과 훈련을 받도록 장려했다. 당시 그에게 큰 영향을 미친 인물은 궁정 도서관의 장서를 관리한 시인 페트라르카였다. 이후 뇌물공세를 펼쳐 1395년 밀라노 공작, 1396년 파비아 백작이라는 칭호를 받고 신성로마제국의 세습 제후가 되었다. 1399년에는 피사와 시에나, 1400년에는 페루자와 움브리아 일대 도시가 그의 지배를 받아들였다. 1402년에는 볼로냐가 합병됐다. 북부 이탈리아에서 그가 손에 넣지 못한 도시는 피렌체밖에 없었다. 볼로냐를 점령한 지 3달 뒤 피렌체를 공격하기 위해 군대를 모았으나 이내 전염병에 걸려 죽고 말았다. 마키아벨리가 태어나기 67년 전의 일이다.

비스콘티, 필리포 마리아(Filippo Maria Visconti, 1392-1447)

잔 갈레아초 비스콘티의 아들로 친형인 조반니 마리아 비스콘티의 사망 후 밀라노를 다스렸다. 보위에 오른 뒤 형이 잃었던 부친의 정복지를 모두 탈환했다. 그의 사후 후사가 없었던 까닭에 서녀 庶女 비앙카 마리아 비스콘티와 결혼한 용병대장 프란체스코 스포르차가 밀라노를 손에 넣었다.

비텔리, 니콜로(Niccolò Vitelli, 1414-1486)

치타 디 카스텔로Città di Castello 출신의 용병대장. 1468년 이 도시의 귀족들을 몰살하고 보위에 올랐다. 1474년 축출됐다가 8년 뒤인 1482년 복위에 성공했다. 1487년 사망했다.

비텔리, 비텔로초(Vittellozzo Vitelli, 1470-1502)

파울로 비텔리의 동생으로 형을 좇아 용병대장으로 활약했다. 1498년 형 밑에서 피렌체의 피사 탈환 작전에 참전했다. 형의 사후 체사레 보르자 휘하에 있었으나 1502년 동료 장수들과 함께 체사레에게 반기를 들었다. 1502년 12월 31일 체사레의 꾐에 넘어가 세니갈리아로 갔다가 교살됐다.

비텔리, 파울로(Paulo Vetelli, 1465-1499)

니콜로 비텔리의 아들로 부친 사후 고향에서 추방됐다. 이후 피렌체의 용병대장으로 활약하며 명성을 떨쳤다. 1498년 피렌체의 피사 탈환 작전을 지휘했으나 피렌체인의 의심을 산 나머지 이내 체포돼 참수형에 처해졌다.

사보나롤라, 지롤라모(Girolamo Savonarola, 1452-1498)

북이탈리아 페라라 출신의 도미니크회 수도사이자 종교 개혁가이다. 젊었을 때 도미니크회 수도원에 들어가 신학을 공부했다. 1491년 피렌체의 성 마르코 수도원장이 되었다. 교회혁신을 위한 설교와 예언자적 언사로 많은 지지자를 얻었다. 로렌초 데 메디치, 인노켄티우스 8세, 나폴리 국왕의 죽음을 예언한 게 대표적이다. 특히 '하나님의 노여움'으로 표현한 프랑스 왕 샤를 8세의 이탈리아 침공 예언은 사람들을 경악케 만들었다. 실제로 1494년 프랑스군의 이탈리아 원정은 이탈리아인에게 신벌神罰로 받아들여졌다. 그의 발언권이 커진 이유다. 그는 이런 분위기에 편승해 피렌체의 도덕적 해이와 속물근성, 교황청의 적폐 등을 신랄히 공격했다. 이해 11월 피에로 데 메디치가 피렌체를 떠난 후 피렌체 내에서 가장 유력한 인물로 부상한 이유다. 당시 프랑스는 그와 결탁해 민주정치와 신정神政을 혼합한 헌법으로 피렌체를 통치코자 했다. 교회 개혁에 많은 사람이 동조했다. 1497년의 사육제에서 그의 제언으로 '대평의회'의 설치와 세제개혁 등이 실현됐다. 이때 이교적인 책이나 미술, 사치품을 불태우는 광란적인 '허영의 소각'이 행해졌다. 이는 많은 사람의 반감을 샀다. 프랑스군의 철수 후 그에 대한 반대세력의 목소리가 커지는 와중에 평소 그에게 커다란 적개심을 지니고 있던 교황 알렉산데르 6세가 그를 파문하면서 장차 성사聖事 금지령을 내리겠다고 위협했다. 설상가상으로 프란체스코회와 대립하면서 그에 대한 지지가 급속히 줄어들었다. 마침내 이듬해인 1498년 5월 '무장하지 않은 예언자' 사보나롤라는 다른 2명의 도미니크회 성직자와 함께 종교재판에 회부됐다. 판결은 화형이었다. 비록 비참한 최후를 맞기는 했으나 당시의 사상계에 커다란 영향을 끼쳤다. 저서로 『십자가의 승리 Triumphus crucis』 등이 있다.

산세베리노, 지롤라모(Roberto da Sancto Severino, 1418-1487)

스포르차 가문과 베네치아에서 복무한 이탈리아 용병대장.

샤를 7세(Charles VII, 1403-1461)

1422년 부왕인 샤를 6세 사후 뒤를 이어 보위에 오른 프랑스 왕. 그의 치세 때 재정위기와 외침으로 커다란 위기를 겪었다. 당시 프랑스군은 잉글랜드-부르고뉴 연합군에게 연패했다. 이런 위기 상황에서 잔 다르크가 등장해 오를레앙 방어전에서 승리를 거뒀다. 1436년 파리에 입성한 뒤 잉글랜드가 점령한 지역을 회복했다. 1453년 백년전쟁이 종결됐을 때 칼레만이 유일한 잉글랜드 소유지로 남게 됐다. 마키아벨리는 그의 군사 및 재정정책을 높이 평가했다. 위기의 프랑스를 부강하게 만드는 결정적인 계기로 작용했다는 판단에 따른 것이었다.

샤를 8세(Charles VIII, 1470-1498)

루이 11세의 외아들로 13세 때인 1483년 보위를 계승했다. 어린 시절 못생긴 외모로 인해 힘든 사춘기를 보낸 데다 지적 발달의 지체 현상까지 보였다. 루이 11세가 생전에 출가한 딸 안느 드 프랑스와 사위 피에르 드 보즈Pierre de Beaujeu의 섭정을 염두에 둔 이유다. 그는 22세 때인 1492년이 되어서야 비로소 친정親政에 나설 수 있었다. 1494년 9월 그는 부왕의 유업을 잇기 위해 프랑스 앙주가에 속해 있던 나폴리 왕국의 상속 권리를 주장했다. 이때 그는 영국, 아라곤, 막시밀리안 1세의 중립을 돈으로 산 뒤 이탈리아의 피렌체로 진공했다. 이때 베네치아의 일부를 차지코자 했던 밀라노 공 루도비코 스포르차가 적극 지원하고 나섰다. 당시 피렌체는 사보나롤라가 등장해 메디치가 피에르의 악행을 벌주기 위해 보내진 '신의 선택을 받은 자'라며 민심을 선동하고 있었다. 나폴리 국왕은 시실리로 도망갔고, 샤를 8세는 거의 싸우지 않고 나폴리에 입성할 수 있었다. 당시 교황 주도하에 반反프랑스 동맹이 결성됐으나 별다른 효과를 내지 못해 나폴리는 이내 프랑스군에 의해 점령되고 말았다. 1495년 5월 그가 나폴리 왕국의 보위를 겸하게 된 배경이다. 그러나 프랑스의 확장을 우려한 오스트리아와 아라곤의 경계로 인해 그의 야망은 무산되고 말았다. 밀라노를 중심으로 한 이탈리아 동맹이 결성된 게 결정적이었다. 그가 귀국할 무렵 정복지를 거의 모두 상실했다. 1498년 그는 재차 원정을 기획하는 와중에 앙부아스 성 안에서 테니스 전신인 폼을 치다가 사고로 죽고 말았다. 이로써 발루아 왕조의 직계가 단절됐다. 이탈리아 원정 중에 이탈리아의 예술에 매료된 그는 프랑스에 르네상스 문물을 적극 수용한 바 있다. 프랑스 르네상스의 효시로 꼽히는 이유다. 그의 사후 후사가 없었던 까닭에 그의 미망인과 혼인한 루이 12세가 뒤를 이었다.

셉티미우스 세베루스(Lucius Septimius Severus, 146-211)

마르쿠스 아우렐리우스 밑에서 재무관과 집정관을 역임하고 판노니아 및 알제리 주둔군 사령관으로 있다가 병사들에 의해 황제로 추대된 인물. 193년 페르티낙스 황제가 암살되자 곧바로 카르눈툼에서 즉위한 뒤 재빨리 로마로 진군해 정적인 디디우스 율리아누스를 굴복시켰다. 이듬해인 194년 북시리아에서 페스세니우스 니그루스, 197년 갈리아 일대에서 알비누스를 격파했다. 이후 황실 근위대를 자신의 도나우 군단에서 차출한 15,000명가량의 정예병으로 교체했다. 이어 원로원을 약화시킨 뒤 자신의 권력기반인 군대를 강화하는 정책을 펼쳤다. 이탈리아 위주의 정책을 지양하고,

아들 카라칼라를 부황제副皇帝로 앉혔다. 197년에서 202년까지 메소포타미아에 침공한 파르티아를 격파한 뒤 이 일대를 로마의 판도에 편입시켰다. 208년 이후의 만년은 브리타니아 원정으로 보냈다. 브리타니아의 에보라쿰에서 병사했다. 그는 생전에 법제에도 큰 관심을 기울여 법학자 울피아누스, 파울루스, 파피니아누스 등을 등용했다. 재원을 늘리기 위해 통제경제를 실시했으나 군단 증설, 병사급여 증액, 식민시 건설, 거대건축물 축조 등으로 인해 커다란 경제적 부담을 남겼다. 마키아벨리는 『군주론』에서 로마 황제 분석 사례로 꼽은 161년-238년의 기간 중에 평화롭게 숨을 거둔 황제 가운데 한 사람으로 그를 꼽았다.

소데리니 형제(Piero Soderini di Tommaso Soderini, 1452-1522; Franceco di Tommaso Soderini, 1453-1524)

피에로 소데리니 디 톰마소 소데리니Piero Soderini di Tommaso Soderini는 대 로렌초의 고문으로 있던 톰마소 소데리니Tommaso Soderini의 큰 아들이다. 마키아벨리는 그를 모시고 일한 바 있다. 그가 1492년부터 1494년까지 피렌체를 다스린 피에로 데 메디치의 총신으로 있었던데 따른 것이다. 1501년 그는 피렌체 최고 행정회의인 시뇨리아signoria의 최고위원과 시민정부의 대표 격인 정의의 기수gonfaloniere가 되었다. 이듬해인 1502년 8월 종신 곤팔로니에레에 임명됐다. '종신 곤팔로니에레'는 메디치가의 몰락과 사보나롤라의 순교 이후 피렌체를 좀 더 안정적으로 이끌기 위한 방안으로 나온 직책이다. 사실상의 공화국 원수에 해당된다. 피에로 소데리니는 정직하고 친절한 성품의 소유자였으나 소심하고 유약했다. 마키아벨리가 메디치 가문 잔당에 대해 그의 어정쩡한 조치를 비판한 게 그렇다. 피에로 소데리니는 친親프랑스 정책을 견지했다. 1512년 9월 메디치 가문이 프랑스와 대립하고 있던 스페인의 힘을 빌려 피렌체로 복귀하자 이내 추방됐다. 교황 레오 10세는 1513년 초부터 피에로 소데리니의 로마체류를 허용했다. 그는 그곳에서 숨을 거뒀다. 그의 동생 프란체스코 디 톰마소 소데리니Franceco di Tommaso Soderini는 추기경이다. 마키아벨리와 함께 체사레 보르자 진영을 마키아벨리와 함께 방문한 바 있다. 마키아벨리가 친구 베토리에게 답신을 보낼 당시 이들은 공히 교황 레오 10세의 허락을 받고 로마에 거주하고 있었다. 마키아벨리가 내심 로마로 가 일을 하고 싶어 하면서도 부담스러워했던 이유다.

스키피오(Publius Cornelius Scipio Africanus, BC 236-183)

위기에 처한 로마를 구한 로마의 장군으로 양손자인 '소小 스키피오Scipio Minor'와 구분하기 위해 통상 '대大 스키피오Scipio Magnus'로 부른다. 기원전 210년 스페인 파견 지휘관으로 임명된 뒤 기원전 207년 스페인에서 카르타고 군을 몰아냈다. 기원전 205년 집정관으로 선출된 뒤 이탈리아 주둔 한니발의 군대를 무시한 채 카르타고 본국을 치기로 결정했다. 이게 주효해, 이듬해인 기원전 204년 로마군을 이끌고 북아프리카로 진군하자 소식을 접한 한니발도 황급히 카르타고로 귀환했다. 기원전 202년 10월 자마Zama 전투에서 한니발의 군사를 대파했다. 기원전 201년 카르타고의 항복을 받은 후 로마로 개선했다. 원로원이 그에게 '아프리카누스Africanus'의 호칭을 올렸다. 기원전 200

년-197년 사이에 제2차 마케도니아 전쟁이 벌어지자 원로원 수석의 자격으로 동생과 함께 소아시아에서 시리아의 안티오코스 3세와 싸웠다. 귀국 후 그리스를 선호한 탓에 골수 로마주의자인 정적 대大 카토Marcus Porcius Cato 일파의 탄핵을 받았다. 캄파니아의 리테르눔으로 낙향해 농사를 짓고 살다가 그곳에서 숨을 거뒀다. 정식 명칭은 푸블리우스 코르넬리우스 스키피오 아프리카누스 마요르Publius Cornelius Scipio Africanus Major이다. 통상 '대大 스키피오' 내지 '대 아프리카누스'로 부른다. 이는 '소小 스키피오' 내지 '소 아프리카누스'로 불린 그의 양자 아이밀리아누스 아프리카누스 누만티누스Aemilianus Africanus Numantinus와 구분키 위한 것이다.

** 스포르차 가문

루도비코 스포르차(Ludovico Sforza, 1451-1508)

프란체스코 스포르차의 아들로 레오나르도 다 빈치를 비롯한 많은 예술가를 후원한 것으로 유명하다. 검은 얼굴빛이나 칠흑같이 검은 머리 때문에 무어인을 뜻하는 일 모로il Moro로 불렸다. 일각에서 루도비코의 문장인 뽕나무에서 이 별명이 나왔다고 본다. 1491년 1월, 루도비코는 에르콜레 1세 데스테의 어린 딸 베아트리체 데스테와 결혼했다. 이어 베아트리체의 남동생 알폰소 데스테는 잔 갈레아초 스포르차의 누이인 안나 스포르차와 혼인했다. 당시 결혼식 축전의 감독을 맡은 사람은 레오나르도 다 빈치와 도나토 브라만테였다. 루도비코에게는 많은 애인이 있었다. 그들 가운데 체칠리아 갈레라니는 루도비코가 가장 총애하는 여인이었다. 루도비코와 베아트리체의 결혼식과 같은 해에 그녀는 루도비코의 아들을 낳았다. 그녀는 레오나르도 다 빈치의 흰 족제비를 안은 여인의 모델이 되었다. 흰 족제비는 루도비코의 문장에 그려진 짐승이다. 부친 사후 그는 친형인 갈레아초 스포르차Galeazzo Sfroza를 섬겼다. 1476년 12월, 형이 암살되자 보위가 그의 7세 조카 잔 갈레아초 스포르차에게 넘어갔다. 그는 1480년이 채 되기 전에 음모를 꾸며 섭정의 자리에 올랐다. 실권을 거머쥔 것이다. 1482년 이래 17년 동안 레오나르도 다 빈치가 밀라노에서 일하게 된 것은 적전으로 그의 공이었다. 당시 섭정에 만족치 못한 그는 조카의 권력을 약화시켜 밀라노의 통치권을 손에 넣고자 했다. 낌새를 눈치 챈 조카 잔 갈레아초가 조부인 나폴리 왕 페르난도 1세에게 이를 알렸다. 페르난도 1세가 섭정을 그치고 실권을 넘길 것을 명하자 그는 이를 거부한 뒤 나폴리와의 싸움에 대비하기 위해 프랑스 및 신성로마제국을 끌어들이고자 했다. 두 사람의 경쟁 관계를 이용해 권력기반을 튼튼히 하고자 한 것이다. 이후 이탈리아 전역에 전쟁이 빈발한 이유다. 1494년에 조카가 죽자 이해 10월 22일 밀라노 귀족들의 승인 아래 보위에 올랐다. 이때 그는 신성로마제국에 거금을 제공하고 조카딸 비안카를 막시밀리안 1세와 결혼시켜 주는 대가로 밀라노 공작 칭호를 받았다. 이어 샤를 8세가 나폴리 왕국을 점령할 때 이에 가담해 베네치아 영토의 일부를 손에 넣고자 했다. 그러나 상황이 여의치 않자 프랑스의 개입으로 오히려 자신의 위치가 위험하게 된 것을 뒤늦게 눈치 챈 그는 곧 반反프랑스 동맹에 가입했다. 1495년 다 빈치의 조각상을 만들려고 모은 80톤의 청동으로 무기를 만든 덕분에 포르노보 전투에서 프랑스군을 처음으로 물리칠 수 있었다. 결국 프랑스가 이탈리아에서 물러나기는 했으나 마키아벨리는 『군주론』에서 이탈리아를 혼란에 빠뜨린

책임을 그에게 물었다. 1499년 9월 새로 보위에 오른 프랑스 왕 루이 12세가 밀라노 공작의 계승권을 주장하면서 롬바르디아로 진격했다. 그의 압력을 견디지 못한 루도비코는 이내 보위에서 밀려났다. 1500년 2월 다시 집권했으나 루이 12세가 루도비코의 근거지인 노바라를 포위했다. 스위스 용병을 포함한 양측 군대가 대치하는 상황에서 자국의 용병끼리 싸우고 싶지 않았던 스위스 용병이 이내 노바라를 내버려 두고 철수키로 했다. 이해 4월 루도비코가 스위스 병사로 가장해 탈출을 시도하다가 프랑스군에 체포되고 말았다. 이후 그는 프랑스 투렌에 있는 로슈 성에 갇혀 지내다 죽었다. 그의 사후 밀라노 공작의 자리는 루도비코의 아들인 막시밀리안 스포르차에게 돌아갔다. 루도비코의 또 다른 아들 프란체스코 2세도 잠시 밀라노 공작의 자리에 앉았다. 루드비코의 등장을 계기로 스포르차 가문은 15-16세기에 걸쳐 밀라노 일대를 거점으로 한 이탈리아의 명족으로 자리 잡았다.

무치오 스포르차(Muzio Attendolo Sforza, 1369-1424)

프란체스코 스포르차의 부친으로 일명 '대大 스포르차'로 불린다. 페루자와 밀라노, 피렌체, 나폴리 등 이탈리아 여러 도시에서 용병대장으로 활약했다. 많은 전공을 세워 명성을 떨친 바 있다.

아스카니오 스포르차(Ascanio Sforza, 1455-1505)

프란체스코 스포르차의 아들로 1484년 추기경이 되었다. 자신의 형인 루도비코 스포르차의 강력한 정치적 후원자로 활약했다.

카테리나 스포르차(Caterina Sfroza Riario, 1463-1509)

칼레초아 마리아 스포르차의 서녀庶女이자 루도비코 스파르차의 조카. 남편 리아리오 사후 포를리와 이몰라의 지배권을 손에 넣었다. 1477년 반란이 일어났을 때 포를리를 끝까지 사수했다. 체사레 보르자가 사방으로 영토를 확장할 때 실각해 로마에 구금됐다가 수녀원으로 보내졌다. 그곳에서 숨을 거뒀다.

프란체스코 스포르차(Francesco Sfroza, 1401-1466)

용병대장으로 명성을 떨친 부친 무치오 스포르차 사후 그의 군대를 이어받아 용병대장으로 활약했다. 일명 '소小 스포르차'로 불린다. 1441년 밀라노 공 필로포 비스콘티의 딸인 비앙카 마리아와 결혼했다. 비스콘티 사후 후계자가 없자 밀라노를 손에 넣고 사실상의 지배자로 군림했다.

**

식스투스 4세(Sixtus IV, 1414-1484)

본명은 프란체스코 델라 로베레Francesco della Rovere. 프란체스코 수도회 수사를 거쳐 1464년 수도회 총회장이 되었다. 1467년 추기경, 1471년 8월 9일 교황에 선출됐다. 그는 당시의 관습대로 교회의 영적 수장 역할에 매진하면서 자기 가문과 교황령의 지위를 높이는 데 심혈을 기울였다. 당시는 오스만투르크에 대항해 십자군을 일으키려는 이상이 사그라지는 때였다. 그럼에도 그는 추기경 올리비에로 카라파를 대장으로 삼아 함대를 파견했다. 이 함대는 이슬람세력의 거점인 스미르나의 상륙에는 성공했으나 1473년 새로 시도한 원정에서는 실패했다. 당시 그는 프랑스와 사이가 좋지 않았다. 루이 11세가 전에 프랑스 교회의 자유를 확정한 부르주 국본조서를 강경하게 주장했기 때문이다. 1474년과 1476년 러시아 교회와 로마 교회를 재통합하고 투르크를 공격하기 위해 러시아의 지원을 받으려고 노력했으나 실패로 끝났다. 이후 그는 세계 문제에 대한 관심을 포기하고, 이탈리아 내부 문제에 관심을 쏟았다. 이때 그는 뿌리 깊은 족벌주의를 드러냈다. 친족들에게 특혜를 부여해 거부로 만든 게 그렇다. 이로 인해 여러 복잡한 분쟁에 휘말렸다. 최악의 사례가 로렌초 데 메디치 암살음모 사건이다. 1478년 4월 26일 피렌체 성당에서 미사가 진행되는 도중 식스투스 4세의 조카 지롤라모 리아리오가 자객을 보내 '대 로렌초'에게 상처를 입히고, 그의 동생 줄리아노 데 메디치를 살해했다. 이 사건이 커다란 물의를 일으키자 그는 그럴 듯한 명분을 내세워 로렌초를 파문한 뒤 피렌체에 성사 금지령을 내렸다. 또 교황청의 동맹자인 나폴리 왕 페르난도 1세를 부추겨 전쟁을 선포하게 만들었다. 이 전쟁은 이탈리아를 2년 동안 혼란스럽게 만들었다. 1480년 로렌초는 교황청과 피렌체 간의 전쟁을 부추긴 그를 제쳐두고 대담하게 페르난도와 화해했다. 그 역시 로렌초를 사면하고 성사 금지령을 해제할 수밖에 없었다. 1482년 그는 베네치아를 부추겨서 페라라 왕국을 공격케 만들었다. 밀라노와 피렌체, 나폴리가 중재에 나섰다. 1483년 그는 베네치아가 위험한 세력으로 부각되자 이내 성사 금지령을 포고했다. 그럼에도 그는 나름 일정한 공을 세웠다. 스페인 종교재판소가 자행하던 악습들을 단죄하고, 최초로 기아棄兒 수용소를 세워 크게 후원하고, 많은 학교를 세워 예술과 문학을 장려한 게 그렇다. 가장 대표적인 게 시스티나 성당의 축조이다. 역대 2번째로 바티칸 도서관을 크게 확장해 이를 학자들에게 개방한 것도 빼놓을 수 없다. 그러나 이 모든 업적을 뒷받침한 게 무거운 세금과 성직매매였다는 것은 커다란 모순이다. 조카인 줄리아노 델라 로베레도 교황 율리우스 2세로 선출됐다.

아가토클레스(Agathocles, BC 361-289)

시칠리아 출신으로 도공陶工의 아들로 태어났다. 군대에 들어가 군인이 되기 전까지 옹기를 굽기도 했다. 기원전 325년 시라쿠사에서 민주파의 지도자가 돼 과두파 정권을 전복하려다가 실패해 2차례나 추방당했다. 기원전 317년 용병을 이끌고 다시 시라쿠사로 귀환해 과두정권의 지도자를 포함해 약 1만 명의 시민을 추방하거나 죽이고 보위에 올랐다. 이후 빈민구제책을 실시하고, 육해군을 증강하면서 영토 확장의 준비를 서둘렀다. 기원전 316년-313년 사이에 벌인 일련의 전쟁으로 메시나Messsina를 포함해 시칠리아의 대부분을 손에 넣었다. 이때 카르타고가 시칠리아에 보유하고 있던 영토를 잃을까 우려해 대군을 파견하면서 대규모 전쟁이 벌어졌다. 기원전 311년 시라쿠사에서 카르타고 군에 포위되는 위기를 맞기도 했으나 결국 포위망을 뚫고 탈출하는데 성공했다. 이듬해인 기원전 310년 아프리카로 건너가 카르타고를 공략했다. 몇 차례 승리를 거두기는 했으나 기원전

307년 결국 패하고 말았다. 기원전 306년 카르타고와 맺은 평화조약을 통해 시칠리아 내 영향력을 상당부분 유지할 수 있었다.

아쿠토, 조반니(Giovanni Acuto, 1320-1394)

원래 영국 출신 용병대장으로 원래 이름은 존 호크우드John Hawkwood. 이탈리아에서는 '조반니 아쿠토'로 불렸다. 아쿠토Acuto를 아우쿠트Aucut로 표기하기도 한다. 백년전쟁의 와중에 영국군으로 프랑스에 복무하다가 이탈리아로 넘어와 용병대장으로 활약했다. 1380년부터 피렌체에서 복무하다가 숨을 거뒀다.

아킬레우스(Achilleus)

트로이 전쟁을 소재로 한 호메로스의 서사시 『일리아드』에 나오는 전설적인 전사戰士. 라틴어는 '아킬레스'. 바다의 여신 테티스와 펠레우스왕의 아들로, 어머니인 바다의 여신이 그를 불사신不死身으로 만들기 위해 황천黃泉의 스틱스 강물에 담갔다. 이때 어머니가 손으로 잡고 있던 발뒤꿈치만은 물에 젖지 않아 치명적인 급소가 되고 말았다. '아킬레스건腱' 명칭이 나온 이유다. 양친은 그를 트로이전쟁에 나가지 않도록 하려고 그를 여장女裝시켜 스키로스의 왕 리코메데스의 딸들 틈에 숨겼다. 그러나 이내 아킬레우스가 없이는 트로이를 함락시킬 수 없다는 예언을 듣고 찾아온 오디세우스에게 발견되었다. 당시 오디세우스가 여자 아이들이 좋아할 물건들 속에 무기를 섞어 놓았는데, 아킬레우스만은 사내라서 무기를 집음으로써 정체가 드러났다. 이후 그리스군은 10년 동안에 걸쳐 트로이를 공략했다. 아가멤논은 아폴론 신전의 신관인 크류세스의 딸을 잡아 자신의 애인으로 삼았다. 이로 인해 아폴론 신의 저주를 받아 그리스 군영에 역병이 나돌기 시작했다. 아킬레우스가 아가멤논에게 그 여자를 돌려줄 것을 요구하자 아가멤논은 대신 아킬레우스의 애인을 바치라고 한다. 아킬레우스는 리르네소스의 왕 에티온을 죽이고 미녀 브리세이스를 손에 넣었으나 아가멤논에게 빼앗기고 말았다. 격분한 아킬레우스는 아가멤논을 죽이려고 했으나 아테나 여신의 만류로 단념하고 대신 철군한 뒤 두 번 다시 전쟁터에 나타나지 않았다. 그리스군이 연패하자 보다 못한 친구 파트로클로스가 아킬레우스의 무구武具를 갖추고 출격했다. 그가 적장 헥토르의 손에 죽자 격분한 아킬레우스는 다시 출전케 됐다. 이때 그가 걸친 무구는 어머니가 공신工神 헤파이스토스를 시켜 특별히 만든 것으로 유명한 '아이기스'이다. 그는 적장 헥토르를 죽여 원수를 갚고 그의 시체를 전차에 매어 끌고 돌아왔다. 헥토르의 부친 프리아모스가 몸소 진중으로 찾아와 자식의 유해를 돌려달라고 애원하자 이를 승낙했다. 그러나 그 자신도 이내 파리스의 화살을 급소에 맞고 숨을 거뒀다. 격정적이기는 하나 다정했던 그는 트로이 전쟁의 최고 영웅으로 전해졌고, 발이 빠른 준족駿足의 상징으로 일컬어졌다.

안토니오 조르다니 다 베나프로(Antonio Giordani da Venafro, 1459-1530)

나폴리 출신의 법률가로 시에나의 군주 판돌포 페트루치 밑에서 오랫동안 법률자문을 했다. 마키아벨리의 친구인 프란체스코 베토리는 이제까지 들어본 사람들 가운데 안토니오가 가장 설득력 있는 인물이었다고 평한 바 있다. 시에나 대학에서 교수를 지냈다.

안티오코스 3세(Antiochos III, BC 242-187)

시리아의 셀레우코스 왕조의 왕으로, 셀레우코스 2세의 아들. 부왕 사후 형 셀레우코스 3세의 뒤를 이어 즉위했다. 내분이 빈발하자 국력을 부흥시키고 혼란한 왕국을 통일시키기 위해 프톨레마이오스 왕조의 이집트와 싸웠으나 패했다. 이른바 제4차 시리아 전쟁이다. 이후 잃은 땅을 회복하면서 이전에 알렉산드로스 대왕의 동방원정 길을 따라 동진했다. 아르메니아·파르티아·박트리아 등을 회복하고 인도에 침입해 대왕을 칭했다. 동방 헬레니즘 제국을 통일하기 위하여 재차 이집트와 싸워서 시리아·페니키아를 수복했다. 지중해 방면으로 진출할 계획을 세웠으나 동진해 오는 로마와 충돌해 기원전 191년에 벌어진 소아시아의 마그네시아 전투에서 대패했다. 로마에 소아시아를 분할해 주고, 아들 안티오코스 4세를 볼모로 내줘야만 했다. 기원전 187년 수사에서 죽었다.

알비누스(Decimus Clodius Albinus, 150-197)

콤모두스 황제 치세 때의 영국 총독. 콤모두스 사후 보위를 놓고 셉티미우스 세베루스와 경쟁했다가 이내 패해 처형됐다.

알렉산데르 세베루스(Marcus Aurelius Alexander Severus, 208-235)

201년 황제인 사촌 헬리오가발루스에 의해 입양됐다가, 이듬해인 202년 헬리오가발루스가 근위대에 의해 암살되자 6세의 나이로 즉위했다. 그의 재위 기간 동안 실권은 그의 즉위를 위해 애쓴 외조모와 모친이 쥐고 있었다. 반란이 빈발한 이유다. 235년 3월 갈리아에 침공한 게르만족과 싸우기 위해 출정했다. 모친의 충고에 따라 게르만족을 매수해 평화조약을 맺으려고 하다가 군대의 분노를 샀다. 마침내 갈리아 일대의 반란군이 그와 그의 모친을 죽인 뒤 막시미누스를 황제로 옹립했다. 이로써 세베루스 왕조는 단절되고, 군인황제 시대의 혼란이 시작됐다.

알렉산드로스 3세 대왕(Alexandros III Magnus, BC 356-323)

마케도니아의 필리포스 2세의 아들로 페르시아 제국을 무너뜨리고 인도까지 진출한 군주. 흔히 '알렉산더 대왕' 내지 '알렉산드로스 3세'로 불린다. 그의 탄생과 관련해 그리스 작가 플루타르코스는 『영웅전』에 "필리포스의 아내 올림피아스가 벼락이 배에 떨어지는 꿈을 꾸고 임신했다." 또는 "필리포스가 아내의 곁에 있는 뱀을 보았다."는 전설을 기록해 놓았다. 아리스토텔레스가 마케도니아 수도인 펠라의 궁정에 초빙돼 3년 동안 그에게 윤리학·철학·문학·정치학·자연과학·의학 등을 가르쳤다. 이후 호메로스의 시를 애독하여 원정 때도 그 책을 지니고 다녔고, 동방원정에 나섰을 때 스승의 영향을 받아 그리스 문화를 숭앙하며 대동한 학자들로 하여금 각지를 탐험·측량케 했다. 또

부왕 필리포스로부터는 전술·행정 등의 실제적인 일을 배웠다. 기원전 338년의 카이로네이아 전투에 참전한 게 그렇다. 부왕이 암살되자 군대의 추대를 받아 20세의 젊은 나이로 보위에 올랐다. 이어 그리스 도시의 대표자 회의에서 부왕처럼 헬라스 연맹의 맹주로 뽑혔다. 때마침 마케도니아 북방에 이민족이 침공하고 서방에도 반란이 일어나자 친정親征에 나섰다. 이 싸움에서 전사했다는 소문이 퍼지자 온 그리스가 동요하고 테베가 반란을 일으켰다. 그는 즉시 테베를 토벌하고 테베의 전 시민을 노예로 팔아버렸다. 기원전 334년 마케도니아와 헬라스 연맹의 군사를 이끌고 소小아시아로 건너갔다. 그라니코스 강변에서 페르시아 군과 싸워 승리를 거두고, 페르시아 지배하에 있던 그리스의 여러 도시를 해방시켰다. 이어 사르디스 그 밖의 땅을 점령한 뒤 시리아를 공략했다. 기원전 333년 킬리키아의 이수스 전투에서 다리우스 3세의 군대를 대파하고, 이어 페르시아 함대의 근거지인 티루스·가자 등을 점령했다. 여세를 몰아 시리아·페니키아를 정복한 뒤 이집트를 공략했다. 나일 강 하구에 자신의 이름을 딴 알렉산드리아 시를 건설하고 1,000km가 넘는 사막을 거쳐 아몬 신전에 참배했다. 이때 '신의 아들'이라는 신탁神託을 받았다. 기원전 330년 다시 군대를 돌려 메소포타미아로 가 가우가멜라에서 페르시아 군을 3번이나 격파했다. 대패한 페르시아의 다리우스 3세가 도주하다가 신하인 베소스에게 죽음을 당했다. 알렉산드로스는 잇달아 바빌론·수사·페르세폴리스·엑바타나 등의 여러 도시를 차례로 정복했다. 이때 그는 마케도니아와 그리스 병사 가운데 지원자만 이끌고 동방원정에 나섰다. 이란 고원을 정복한 뒤 인도의 인더스 강에 이르렀다. 그러나 열병이 퍼지고 장마가 계속되자 군대를 돌려 기원전 324년 페르세폴리스로 귀환했다. 이듬해인 기원전 323년 바빌론으로 돌아와 아라비아 원정을 준비하던 중 갑자기 죽고 말았다. 당시 33세였다. 그는 생전에 '알렉산드리아'로 명명한 식민도시를 70개나 건설했다. 모두 그리스문화를 전파하는 거점이 되었다. 그는 유럽과 아시아, 아프리카에 걸쳐 대제국을 건설함으로써 그리스문화와 오리엔트문화를 융합시킨 새로운 헬레니즘문화를 이룩했다는 평가를 받고 있다. 그의 사후 제국의 판도는 크게 마케도니아, 시리아, 이집트로 3분됐다.

알베리고 디 코니오(Alberigo di Conio, 1348-1409)

로마냐 출신 용병대장으로 교황청과 밀라노, 나폴리 등에서 근무했다. 외국인 출신 용병의 유입을 막는데 크게 기여했다. 14세기 말에 이르러 용병대장 자리가 대부분 이탈리아 출신에게 돌아간 배경이다.

알폰소 5세(Alfonso V, 1395-1458)

강력한 계몽군주로 '관후왕el Magnánimo'의 별칭을 갖고 있다. 1416년 아라곤의 왕이 된 후 1420년 사르데냐와 시칠리아를 손에 넣었다. 1442년 나폴리 점령에 성공해 1458년까지 나폴리의 왕을 겸했다. 그의 나폴리 궁정은 이탈리아 르네상스문화와 스페인의 고딕문화를 절묘하게 조화시켰다는 평을 받고 있다. 그는 동방교역을 보호하고, 투르크에 맞서 기독교의 교권을 수호하기 위해 지중해 일대에서 활발한 군사외교 활동을 전개했다. 제노바를 공격하던 중 1458년 6월 갑자기 나폴리에서 죽었다.

에스테, 알폰소(Alfonso I D'Este, 1476–1534)

에르콜레 데스테의 아들로 뛰어난 용병술을 자랑했다. 교황 알렉산데르 6세의 딸인 루크레치아 보르자와 결혼했으나 이내 외교문제로 장인과 대립했다. 장인의 방해에도 불구하고 뛰어난 외교술로 권력을 유지했다.

에스테, 에르콜라(Ercole I D'Este, 1431–1505)

1471년 페라라의 군주가 된 후 문예부흥에 진력했다. 딸들을 만토바와 밀라노 군주에게 보내 권력기반을 튼튼히 했다.

에파미논다스(Epaminondas, BC 418–362)

고대 그리스 도시국가인 테베의 장수 겸 정치인. 기원전 379년 이후 스파르타의 군사적 우위를 견제하는데 성공했다. 덕분에 그리스의 여러 도시국가들이 세력균형을 이룰 수 있었다. 스파르타의 공격을 막아내는데 성공함으로써 테베도 독립국가로 우뚝 설 수 있었다. 아테네 스파르타 동맹군과 맞선 만티네이아 전투에서 테베의 승리를 이끌었으나 이때 입은 부상이 도져 이내 사망했다. 그의 사후 테베가 패권을 잃은 배경이다.

오르시니, 니콜로(Niccolò Orsini, 1442–1510)

교황국과 피렌체, 베네치아 등에서 활약한 용병대장. 1509년 바일라 전투에서 베네치아 군사를 이끌고 싸우다 패했다. 세니갈리아에서 체사레 보르자의 함정에 빠져 살해된 파올로 오르시니의 사촌이다.

오르시니, 파올로(Paolo Orsini, 1460–1503)

추기경인 라티노 오르시니Latino Orsini의 서자. 1483년 페라라 전쟁 때 교황군을 지휘해 명성을 떨쳤다. 이후 베네치아와 체사레 보르자를 위해 일하기도 했다. 1502년 체사레 보르자에 대항하는 마조네Magione 음모를 주도했으나 보르자 휘하 장군 미켈레토Micheletto에게 격파 당했다. 이해 12월 체사레 보르자의 거짓 화해전술에 넘어가 체포된 뒤 목숨을 잃었다.

올리베로토 에우프레두치(Oliverotto Euffreducci, 1475–1502)

파올로 비텔리 밑에서 훈련을 받은 용병대장. 비텔리와 함께 피사와 나폴리 왕국에서 프랑스 진영에 가담해 싸웠다. 499년 10월 피렌체 시민이 비사와의 전쟁에서 피렌체를 배신했다는 이유로 비텔리를 처형했을 때 그는 체사로 보르자의 용병대장인 비텔로초 비텔리 휘하에 있었다. 1501년 간계를 구사해 페르모의 정권을 장악했다. 1502년 10월 그는 보르자 세력의 확대를 꺼리는 마조네Magione 음모에 가담했다. 보르자는 짐짓 화해전술을 구사해 올리베로토와 다른 오르시니가문의 지도자들을 시니갈리아에서 함정에 빠뜨려 몽땅 체포했다. 1502년 12월 31일 올리베로토는 비텔로초 비텔리와 함께 처형됐다.

우발도, 귀도(Guido Ubaldo Montefeltro, 1472–1508)

우르비노 군주의 아들로 1502년 체사레 보르자에 의해 축출됐다가 같은 해 귀환했다.

율리우스 2세(Julius II, 1443–1513)

속명은 줄리아노 델라 로베레Giuliano della Rovere. 교황 식스투스 4세의 조카로 1503년 교황에 취임했다. 젊었을 때 프란체스코회 수사가 되었다. 1471년 삼촌이 교황으로 선출되자 추기경에 임명됐다. 당시 그는 교황 선출회의에서 로드리고 보르자의 선출을 반대한 까닭에 보르자가 알렉산데르 6세로 취임한 후 입지가 크게 좁아졌다. 알렉산데르 6세를 뒤이은 교황 피우스 3세가 곧바로 죽자 그의 뒤를 이어 교황으로 선출됐다. 단호한 결단과 강력한 추진력을 자랑한 그는 교황령의 질서를 회복하고, 기존의 세속 통치자들을 몰아내는데 박차를 가했다. 1509년 막시밀리안 1세 및 루이 12세와 합세해 베네치아를 공격한 게 대표적인 사례이다. 이후 프랑스의 세력이 의외로 커지자 곧바로 베네치아 및 스페인과 동맹을 맺었다. 생전에 라파엘로와 미켈란젤로에게 작품을 의뢰하는 등 예술가에 대한 지원을 아끼지 않았다. 브라만테가 설계한 성 베드로 성당은 그의 재위기간 중에 착공됐다.

조르주 당부아즈(George d'Amboise, 1469–1510)

루앙의 대주교로 추기경이자 정치가. 14세에 몽토방의 주교가 된 후 1492년 나르본의 대주교, 1493년 루앙의 대주교, 1498년 추기경이 되었다. 오를레앙 공작이 루이 12세로 즉위하자 재상에 임명됐다. 루이 12세의 밀라노 원정을 계획했다. 1499년 9월 루이 12세를 좇아 이탈리아로 갔다. 1503년 교황 알렉산데르 6세가 죽자 2번에 걸쳐 교황 후보자로 지목됐다. 1508년 베네치아를 견제하기 위한 캉브레 동맹의 결성에 참석했다. 루이 12세와 함께 2번째 이탈리아 원정에서 귀환하는 길에 죽었다.

조르조 스칼리(Giorgio Scali, 1350–1382)

피렌체의 부상富商으로 1378년 소모공梳毛工들이 일으킨 이른바 '치옴피Ciompi의 난'에 가담해 평민파의 지도자가 됐다. 반란의 성공은 잠시였고 이내 권력남용 혐의로 체포돼 처형됐다. 마키아벨리는 『피렌차사』에서 백성의 변덕에 대한 스칼리의 불평을 상세히 기술해 놓았다.

카라칼라(Marcus Aurelius Antoninus Caracalla, 188–217)

셉티미우스 세베루스 황제의 장남으로 카라칼루스Caracallus로 불리기도 한다. '카라칼라'는 '두건이

달린 갈리아풍의 긴 의복'이란 뜻이다. 그가 이런 의상을 즐겨 입은 데서 이 호칭이 나왔다. 196년 부황제를 뜻하는 '카이사르', 198년 부친인 세베루스와 동격인 '아우구스투스' 칭호를 받았다. 209년 똑같이 '아우구스투스' 칭호를 받은 동생 게타Geta와 함께 부황을 좇아 브리타니아 원정에 참여했다. 211년 원정 중에 세베루스가 요크에서 죽은 후 로마로 돌아와 동생과 공동 황제가 되어 제국을 다스렸다. 형제간의 갈등이 증폭되자 212년 동생을 죽이고 단독 황제가 됐다. 같은 해에 그는 안토니우스 시민법을 제정해 제국의 모든 자유 거주민에게 로마시민권을 부여했다. 상속세의 증대를 통해 재정적자를 메우고자 한 것이다. 세금을 올리고 화폐의 질을 낮춰 주조한 것은 군비지출을 벌충하기 위한 조치였다. 이어 민심을 얻기 위해 대목욕장을 건설했다. 지금도 로마에는 웅장한 규모의 카라칼라 욕장 유적이 남아 있다. 파르티아 원정 중에 메소포타미아 북부의 카레 부근에서 훗날 보위에 오른 근위장관 마크리누스 등에게 살해당했다.

카르마뇰라(Francesco Bussone da Carmagnola, 1385~1432)

빈민 출신의 용병대장. 한때 밀라노에 복무하다가 베네치아로 옮겨 활동했다. 밀라노에서 복무한 전력으로 인해 충성심을 의심받아 결국 베네치아 정부에 의해 체포돼 처형됐다.

카이사르, 율리우스(Julius Caesar, BC 100~44)

영어로는 '시저', 독일어로는 '카이저', 러시아어로는 '차르'라고 읽는다. 유서 깊은 귀족 집안 출신이기는 하나 조상 중에는 유명한 정치가가 없었다. 기원전 69년 재무관, 기원전 65년 안찰관按察官, 기원전 63년 법무관 등의 요직을 역임했다. 이때 민심을 정확히 파악하는 수완을 발휘해 훗날 대정치가로 도약하는 기반을 구축하였다. 기원전 60년 폼페이우스 및 크라수스와 함께 제1회 3두동맹三頭同盟을 열었다. 제2회 3두동맹이 공식적인 것에 반해 이는 사적인 성격을 띠고 있었다. 기원전 59년에는 공화정부 로마의 최고 관직인 콘술 즉 집정관에 취임했다. 이때 국유지 분배법안을 비롯한 각종 민생법안을 제출해 백성의 커다란 지지를 얻었다. 기원전 58년부터 속주 갈리아의 지방장관이 되어 기원전 50년까지 재임 중 이른바 갈리아전쟁을 수행했다. 그 동안 갈리아의 평정만이 아니라 라인 강을 건너 게르만족의 땅 공략을 2번, 영국해협을 건너 브리튼 섬 공략을 2번 시도해 모두 성공했다. 기원전 52년 베르킨게토릭스 주도 아래 갈리아인의 대반란이 일어났다. 이 또한 진압해 갈리아전쟁을 종식시켰다. 이때의 경험을 토대로 『갈리아 전기戰記』를 썼다. 기원전 53년 크라수스가 메소포타미아에서 쓰러지자 제1회 3두정치가 무너지고 원로원의 지지를 받은 폼페이우스와도 관계가 악화됐다. 군대를 해산하고 로마로 돌아오라는 원로원의 결의가 나오자 기원전 49년 1월, 주사위는 던져졌다는 뜻의 '알레아 약타 에스트Alea jacta est!'를 외치고 갈리아와 이탈리아 국경인 루비콘 강을 건넜다. 우선 폼페이우스의 거점인 에스파냐를 제압한 뒤 동쪽으로 도망친 폼페이우스를 추격해 기원전 48년 8월 그리스의 파르살로스에서 격파했다. 패주하는 폼페이우스를 쫓아 이집트로 향했으나 그가 알렉산드리아에 상륙하기 전에 폼페이우스는 암살을 당했다. 이때 이집트 왕위계승 싸움에 휘말려 알렉산드리아 전쟁이 발발했다. 전쟁에서 승리를 거두고 클레오파트라 7

세를 왕위에 오르게 한 뒤 그녀와의 사이에서 프톨레마이오스 15세로 즉위하는 아들 카이사리온을 낳았다. 기원전 47년 9월 소아시아 젤라에서 미트리다테스 대왕의 아들 파르나케스를 격파했다. 이때 '왔노라, 보았노라, 이겼노라!'의 뜻을 지닌 '베니veni, 비디vidi, 비키vici' 단 3마디로 된 유명한 보고를 원로원으로 보냈다. 기원전 46년 4월 폼페이우스의 잔당을 속주인 아프리카 탑소스에서 소탕하고 공화정의 실권을 쥐고 있던 원로원을 완전히 제압했다. 기원전 45년 3월 에스파냐의 문다에서 폼페이우스의 두 아들과 싸워 승리함으로써 내란을 종식시켰다. 종신 독재관을 비롯한 각종 특권과 특전이 그에게 부여되었다. 이로 인해 왕위를 탐내는 자로 의심을 받게 됐다. 기원전 44년 3월 15일 원로원 회의장에서 브루투스와 카시우스 롱기누스를 주모자로 하는 원로원의 공화파에게 칼에 찔려 죽었다. 그러나 카이사르가 취한 방향은 옳았다. 로마가 도시국가에서 제국으로 확장됐기 때문이다. 로마를 지배·통치하는 데는 강력한 독재자가 필요했다. 실제로 그의 양자 아우구스투스 즉 옥타비아누스가 이를 실현했다. '인사人事를 다하고 운명의 여신의 도움을 바라야 한다!'고 주장한 것도 카이사르였다. 그는 또 자신의 정적을 너그러이 받아들이는 '인자한 인물'이기도 했다. 돈을 빌리는 천재라고 일컬어진 그는 인간적 매력도 풍부해 뛰어난 웅변술과 함께 인심을 그러모으는데 발군의 실력을 보여주었다. 민중파 정치가로서 대대적인 사회개혁에 성공을 거둔 이유다. 뿐만 아니라 그는 최정상의 문인이기도 했다. 간결한 문체로 역사적 사실을 정확히 묘사한 『갈리아전기』와 『내전기內戰記』가 지금까지 라틴문학의 정수로 꼽히는 게 그 증거다.

콤모두스(Lucius Aelius Aurelius Commodus, 161-192)

마르쿠스 아우렐리우스의 아들로 로마제국 최악의 황제로 꼽힌다. 포학제暴虐帝의 별명이 이를 뒷받침한다. 그의 등극으로 오현제 시대는 끝났다. 177년 연로한 부친 마르쿠스 아우렐리우스와 공동통치하는 형태로 보위에 올라 부친과 함께 도나우 강 연안에서 게르만족과 싸웠다. 180년 3월 부친이 죽자 단독 황제가 되었다. 182년 누이 루킬라가 원로원과 공모해 그의 암살을 시도했다가 실패했다. 분노한 콤모두스는 많은 원로원 의원을 처형했다. 190년 화재로 로마의 절반이 소실될 때 자신의 영광을 나타낼 좋은 기회라고 여긴 그는 재건된 로마의 명칭을 '콜로니아 콤모디아나'로 명명했다. '콤모두스의 땅'이라는 뜻이다. 192년 12월 31일, 다음날 검투사 복장으로 원로원으로 가서 집정관 직위를 받아들일 계획을 세우고 곤히 자고 있다가 고문관들이 고용한 레슬링 선수에 의해 목이 졸렸다. 그의 사후 원로원은 기록말살을 선고했으나 훗날 셉티미우스 세베루스가 아우렐리우스 씨족의 호의를 얻기 위해 그의 죄를 면제해 기록이 회복되었고, 신으로서 모셔졌다. 그의 암살을 계기로 군대가 실권을 잡게 됐다. 다음 황제 페르티낙스 이후 군인에 의해 황제가 옹립되게 되고, 이후 로마제국은 이른바 '군인황제 시대'로 진입했다.

크세노폰(Xenophon, BC 430-354)

소크라테스 문하생으로 아테네의 군인이자 저술가. 기원전 401년 페르시아 왕 아르타 크세르크세스의 아우 키로스가 형에게 모반할 생각으로 바빌론 진격을 위한 대군을 모집하고 있었다. 크세노폰은 스승의 충고를 뿌리치고 여기에 참가했다. 바빌론 근처 전투에서 키로스가 전사한 후 1만 명의 그리스 용병대를 지휘하면서 눈이 쌓인 아르메니아로부터 흑해 연안과 소아시아를 거쳐 2년 만에 귀환했다. 이때의 사정을 산문형식으로 쓴 수기가 『아나바시스Anabasis』이다. 기원전 399년 소크라테스 사후 제자들이 뿔뿔이 흩어질 때 그도 소아시아로 가 스파르타 왕 아게실라오스와 친교를 맺었다. 이후 코로네아 전투에 스파르타군의 일원으로 참가했다. 이로 인해 조국 아테네에서 추방령이 선고됐다. 스파르타는 그에게 보상으로 올림피아에 가까운 스킬루스에 넓은 영지를 주었다. 여기서 저술에 전념했다. 『가정론家政論』과 『수렵론狩獵論』, 『마술馬術』 등의 소품에 당시의 생활이 잘 묘사돼 있다. 기원전 370년 스킬루스가 반反스파르타의 에리스군에 점령된 탓에 코린토스로 옮겨가 살다가 그 곳에서 죽었다. 그의 작품은 일찍부터 아티카 산문의 모범으로 존중된 덕분에 전 작품이 지금까지 전해지고 있다. 『아나바시스』 이외의 중요 저작으로 『소크라테스의 추억』을 들 수 있다. 스승에 대한 추상기追想記로, 일각에서는 플라톤의 『국가론』보다 소크라테스의 본래 모습을 잘 보여주고 있다는 호평을 받고 있다. 『그리스 역사』는 투키디데스의 저술을 뒤이은 것으로 평가받고 있다. 『키로스의 교육』은 고대 페르시아 제국의 건설자 키로스 2세를 주인공으로 한 역사소설이다. 타락한 민주정치를 증오한 그는 국가와 위정자에 대한 자신의 생각을 가감 없이 보여주고 있다.

키로스 2세 대왕(Kyros II, BC 590-529)

캄비세스 1세의 아들로 흔히 키로스 대왕Cyrus the Great으로 불리고 있다. '키로스'는 태양을 뜻한다. 한글판 구약성서에는 '고레스 대왕'으로 나온다. 헤로도토스에 따르면 그의 어머니는 메디아 왕국의 아스티게스Astyges의 딸 만다네이다. 아스티게스의 꿈에 딸이 오줌을 누는데 황금 강물로 변해 왕국을 홍수로 만들어 버렸다고 한다. 아스티게스가 사제들에게 꿈의 해몽을 묻자 손자들이 왕국의 통치를 위협할 것이라고 해석했다. 아스티게스는 만다네를 변방의 작은 왕국인 얀산의 왕에게 시집보냈다. 만다네와 얀센의 왕 사이에 태어난 아이가 키로스였다. 아스티게스는 키로스를 죽이려고 했으나 목동과 함께 달아나 실패했다. 기원전 559년 키로스는 얀산 왕이 되었고, 기원전 550년 아스티아게스를 쳐 메디아를 멸망시켰고, 그 도읍인 에크바타나를 수도로 삼았다. 기원전 546년 리디아의 도읍 사르디스를 함락시키고 소아시아를 지배했다. 여세를 몰아 박트리아 · 마르기아나 등 동방의 여러 지역을 평정했다. 기원전 538년 나보니도스를 무찌르고 칼데아의 신 바빌로니아를 멸했다. 이때 바빌로니아에 포로로 잡혀 있던 유대인을 석방했다. 그의 이름이 구약성서에 나오는 이유다. 이집트를 제외한 오리엔트 전역이 그의 지배하에 들어갔다. 페르시아제국의 기초가 이때 만들어졌다. 만년에는 파사르가다이로 도읍을 옮겼다. 정복지의 신을 인정하고, 풍습을 존중하고, 자치를 허용하는 등 유화정책을 편 까닭에 그의 사후에도 칭송이 자자했다. 마사게타이를 토벌하는 도중에 죽었다고 한다.

테세우스(Theseus)

아테네의 왕 아이게우스의 아들로 태어나 어머니 아이트라의 고향인 트로이젠에서 자랐다. 청년이 되었을 때 어머니가 일러주는 대로 큰 바위를 들어 올려 부왕 아이게우스가 숨겨 둔 왕가의 검과 샌들을 찾아낸 뒤 이를 들고 아테네로 향했다. 안전한 해로 대신 육로를 택해 온갖 위험을 무릅쓰고 부왕을 찾아간 덕에 왕자로 인정받는다. 얼마 후 그는 당시 아테네인이 크레타 왕에게 보내도록 강요받고 있던 젊은 남녀 각 7명 가운데 끼여 크레타 섬으로 건너갔다. 섬의 미궁迷宮에 사는 소머리 모습의 괴물 미노타우로스의 제물이 될 운명이었다. 크레타의 왕녀 아리아드네는 테세우스를 보고 크게 반해 검과 실을 전해주었다. 이 실의 끝을 미궁의 입구에 매어둔 덕분에 그는 괴물을 퇴치한 뒤 무사히 밖으로 나와 일행과 함께 아리아드네를 데리고 섬을 빠져나올 수 있었다. 돌아오는 도중 낙소스 섬에 아리아드네를 혼자 떼어 놓았다. 아테네 항구 가까이 배가 이르렀을 때 무사하다는 표시로 흰 돛을 달기로 한 약속을 잊은 까닭에 부왕 아이게우스는 비통해하다가 바다에 몸을 던졌다. 보위를 계승한 테세우스는 사방으로 영토를 확장해 아테네를 융성케 만들었다. 여기서 여인의 나라인 아마존을 정복한 전설이 나왔다. 아마존은 보복을 위해 아테네를 공격했으나 격렬한 전투 끝에 테세우스에게 멸망당했다. 명계冥界를 정복한 전설도 있다. 스키로스 섬의 벼랑에서 누군가가 밀어뜨려 추락사했다고 한다. 이후 아테네의 기반을 구축한 영웅으로 숭배됐다. 마라톤 회전 때 아테네 군을 도왔다는 얘기도 전해진다.

티투스 퀸티우스 플라미니누스(Titus Quinctius Flamininus, BC 229-174)

대大 스키피오 휘하의 부관으로 기원전 197년 테살리아에서 마케도니아 왕 필리포스 5세를 격파한 뒤 로크리 일대를 지배했다.

파비우스, 막시무스(Quintus Fabius Maximus, BC 280-203)

제2차 포에니 전쟁 당시 로마의 독재관과 집정관으로 있으면서 한니발의 군대와 정면대결을 피한 채 지구전을 구사하여 명성을 떨쳤다. 그의 지구전은 본국 카르타고의 지원을 받지 못한 한니발을 고립시켜 고사시키려는 속셈에서 나왔다. 속셈을 알지 못한 로마인은 기원전 216년 파비우스를 사임시키고 바로와 아이밀리우스를 집정관으로 선출했다. 기원전 216년 바로는 칸나이 전투에서 7만 명의 군사를 잃는 등 대패했다. 기원전 215년에서 213년까지 파비우스가 1차로 집정관을 지내고 뒤이어 아들을 대신해 다시 섭정했다. 기원전 209년에서 208년까지 다시 집정관을 지냈다. 4년 동안 독재를 한 셈이다. 이후 원로원 의장을 지냈다. 기원전 204년 대大 스키피오를 시켜 아프리카의 카르타고를 치게 했다. 기원전 203년 한니발의 군사가 이탈리아에서 물러났다. 파비우스는 한니발이 이탈리아에서 철수한 지 1주일 후 병사했다. 이듬해인 기원전 202년 로마군이 아프리카의 자마전투에서 승리한 여세를 몰아 카르타고 함락 직전까지 몰아붙인 뒤 휴전협정을 맺었다. 비난을 퍼부었던 로마인들이 비로소 그의 지구전 전략을 크게 칭송했다. 20세기 영국의 사회주의 운동을 뜻하는 파비안Fabian 용어가 나온 배경이다.

페르난도 2세(Fernando II, 1452–1516)

아라곤의 왕자로 카스티야의 왕녀인 이사벨과 결혼한 후 아내와 함께 공동 통치자가 되었다. 아라곤 왕으로는 페르난도 5세, 나폴리·시칠리아 왕으로는 페르난도 3세이다. '페르난도'는 스페인어 표기이고 아라곤어로는 페란도Ferrando이다. 마키아벨리는 『군주론』에서 스페인어로 표기해 놓았다. 1492년 페르난도는 두 나라 군사를 병합해 그라나다를 함락시킨 공을 인정받아 교황으로부터 '레콩키스타 운동'의 완성자라는 취지의 '가톨릭 부부왕los Reyes Católicos' 칭호를 받았다. 이 단계에서 에스파냐가 통일된 것으로 알고 있으나 실은 그렇지 않다. 두 사람은 각기 귀족층·도시·농민의 문제를 안고 있었고, 콜럼버스에 대해서도 페르난도는 1499년부터 냉담하게 대했다. 1504년 이사벨이 죽자 왕녀 후아나가 카스티야 왕위를 계승했고, 그녀의 남편인 신성로마제국의 황제 막시밀리안 1세의 아들 펠리프 1세도 페르난도의 섭정 취임을 거부했다. 1506년 펠리프 1세가 죽자 페르난도는 카스티야의 실권을 장악했다. 이후 재혼을 했으나 아들을 낳지 못했다. 그의 사후 카스티야와 아라곤의 보위는 후아나의 아들 카를로스 1세에게 넘어 갔다. 이때 비로소 진정한 의미의 에스파냐 통합이 이뤄졌다. 카를로스 1세는 1519년부터 신성로마제국의 황제가 돼 칼Karl 5세로 불렸다.

페르티낙스(Publius Helvius Pertinax, 126–193)

해방 노예인 헬비우스 수세서스 아들로 로마에서 교사 생활을 하다가 30대 중반에 군대에 입대했다. 말단에서 시작하여 차례로 진급하며 파르티아 전쟁에서 능력을 인정받았다. 이후 시리아·브리튼·도나우 강·라인 강 등지의 부대를 지휘했다. 마르쿠스 아우렐리우스 황제 치세 때는 주목을 받지 못했다. 169년 게르만족이 침공했을 때 큰 공을 세워 명성을 떨쳤다. 180년 원로원에 진출한 뒤 모이시아·다키아·시리아 등지를 관할하는 사령관에 임명됐다. 188년–189년 동안 아프리카의 프로콘술 자리를 맡았다. 황제 콤모두스는 그를 로마의 집정관인 콘술에 임명하였다. 192년 12월 31일, 콤모두스가 살해당하자 원로원이 그를 황제로 선포했다. 당시 로마의 재정은 궁핍한 상태였다. 그가 일반경비와 군비를 줄이려고 하자 군대가 강력 반발했다. 193년 3월 28일 군인들에 의해 피살된 이유다. 그의 재위 기간은 3달이 채 안 되었다. 뒤이어 보위에 오른 셉티미우스 세베루스가 그를 합법적인 황제로 인정해 암살에 가담한 군인을 처형하면서 그의 명예를 회복시켜 주었다. 이때 칙령을 내려 그를 위한 성소聖所를 마련한 뒤 페르티낙스로 명명했다.

페데리코 1세(Federico I, 1452–1504)

페르난도 1세Fernando의 차남으로 알폰소 2세Alfonso II의 동생. 스페인을 통일한 페르난도 2세의 4촌이기도 하다. 나폴리 왕국의 왕으로 있을 때 신민들로부터 존경을 받았으나 페르난도 2세와 프랑스 왕 루이 12세가 나폴리 분할을 골자로 한 그라나다 비밀협약을 맺으면서 희생양이 되고 말았다. 1501년 여름 프랑스군이 나폴리 북쪽을 침공하고, 스페인군이 나폴리 남쪽을 대부분 점거하자 강압에 의해 보위에서 물러났다. 이내 프랑스로 옮겨진 뒤 1504년 그곳에서 죽었다.

피로스(Pyrrhos, BC 318-272)

그리스 북서쪽의 에페이로스 왕. 전략에 뛰어난 그는 기원전 280년 이후 이탈리아에서는 로마, 시칠리아에서는 카르타고에 대적해 싸웠다. 몇 차례 승리를 거두기는 했으나 손실이 너무나 컸다. 병사가 첩보를 전하자 그가 탄식키를, "이런 승리 하나면 우리는 망하고 만다!"고 했다. 여기서 상처뿐인 승리를 두고 '피로스의 승리Pyrrhic victory'라는 말이 나왔다.

필로포이메네스(Philopoemenes, BC 253-184)

메가폴리스 출신의 그리스 장수. 크레타에서 용병대장으로 활약한 뒤 기원전 208년 아카이아 동맹의 총사령관이 되었다. 이후 스파르타의 군주 나비스를 여러 차례 격파했다. 덕분에 아카이아 동맹의 지도자로 군림했으나 메시니 반란 때 사로잡혀 처형됐다.

필리포스 2세(Philippos II, BC 382-336)

알렉산드로스 대왕의 부친으로 마케도니아의 기초를 다졌다. 젊었을 때 3년 동안 테베에서 인질로 지낸 적이 있다. 이때 그리스문화를 접하면서 명장인 에파미논다스의 영향을 받았다. 귀국 후 형 페르디카스 3세가 전몰하자 기원전 359년부터 조카 아민타스 4세의 섭정으로 활약했다. 기원전 357년-355년의 제2회 아테네 해상 동맹을 주축으로 한 동맹시同盟市 전쟁이 빚어졌을 때 암피폴리스를 손에 넣고, 팡가이온의 금광을 경영하기 시작했다. 또 변경의 방비를 강화하기 위해 군사 식민지를 건설하고, 군제개혁을 단행했다. 기원전 356년 군사회의로부터 '왕'의 칭호를 받고, 이때를 계기로 10년 동안 지속된 제3차 신성神聖 전쟁에 적극 편승해 북부 그리스의 패권을 손에 넣었다. 기원전 346년 아테네와 '필로크라테스 화약'을 맺었다. 기원전 338년 카이로네이아에서 아테네와 테베의 연합군을 격파했다. 기원전 337년 '코린트 동맹'을 결성해 우두머리가 되었으나 이듬해인 기원전 336년 페르시아 원정을 꾀하는 와중에 마케도니아 왕가의 내분에 얽혀 암살되었다.

필리포스 5세(Philippos V, BC 238-179)

데메트리우스 2세Demetrius II의 아들로 마케도니아의 왕. 모친은 크리세이스Chryseis. 기원전 229년 부친이 죽었을 때 겨우 9세였다. 사촌 안티고누스 도손Antigonus Doson이 섭정으로 다스리다 기원전 221년에 사망하자 17세의 나이로 보위에 올랐다. 이후 대대적인 영토 확장에 나섰다. 기원전 206년 아이톨리아 동맹의 중심지인 테르뭄Thermum을 점령하고, 이듬해에 로마 및 동맹국들과 포에니케Phoenice 화약을 맺은 게 대표적이다. 기원전 200년 카르타고를 제압한 로마가 마케도니아에 전쟁을 선포했다. 잇달아 패한 그는 기원전 195년 로마가 스파르타의 나비스 왕과 싸울 때 로마 쪽에 가담했다. 덕분에 전쟁배상금도 면제받고 인질로 잡혀 있던 차남 데메트리우스Demetrius도 풀려날 수 있었다. 이후 내정을 개혁하는 등 국내문제에 집중했다. 새 화폐를 발행하고 광산개발을 재개한 게 그렇다. 기원전 180년 장남 페르세우스와 차남 데메트리우스가 후계자 자리를 놓고 다투자 차남을 내란죄로 처형했다. 이후 크게 괴로워하다가 1년 뒤인 기원전 179년 암피폴리스Amphipolis에서 사망했다. 그의 뒤를 이은 페르세우스는 마케도니아의 마지막 왕이 되었다.

한니발(Hannibal, BC 247-183)

카르타고의 명장 하밀카르 바르카의 아들로 기원전 221년에 26세의 나이로 총사령관에 임명됐다. 당시 카르타고는 지중해 최강국이었다. 기원전 8세기에 페니키아인이 건설한 카르타고는 지금의 튀니지 북쪽 해안의 카르트하다쉬트를 기점으로 북아프리카 지중해 연안 서부, 이베리아, 몰타, 발레아레스 제도, 코르시카, 사르디니아, 시칠리아의 일부까지 지배했다. 서쪽 지중해는 '카르타고의 허락 없이는 바닷물에 손을 담글 수도 없다!'고 할 만큼 완벽히 장악하고 있었다. 카르타고는 이런 막강한 국력을 배경으로 동쪽 지중해까지 세력을 넓히고자 했다. 먼저 서쪽 절반만 지배하고 있던 시칠리아 섬의 나머지를 취하고자 했으나 잇달아 암초에 부딪쳤다. 에페이로스의 왕 피로스와 로마가 당사자였다. 기원전 8세기경 성립된 로마는 삼니움와 갈리아 등 이민족을 제압해 점차 세력을 넓혀가다가 3세기에는 마침내 이탈리아 반도의 통일에 성공했다. 통일의 마지막 장애물이 바로 에피루스의 피로스였다. 그는 카르타고와는 정반대로 동지중해를 기반으로 서쪽으로 세력을 확장코자 했다. 피로스는 시칠리아의 카르타고를 친 뒤 여세를 몰아 다시 로마와 겨뤘으나 패퇴하고 말았다. 피로스가 사후 지중해의 패권을 노리는 카르타고를 막을 세력은 로마밖에 없었다. 로마의 국력은 카르타고에 비하면 약세였고, 특히 해전에서는 더욱 열세였다. 기원전 264년 로마와 카르타고 사이에 제1차 포에니 전쟁이 빚어졌다. 카르타고 편의 시칠리아 도시들이 배반하여 로마 편을 드는 바람에 로마군은 우위에 설 수 있었다. 기원전 260년 시칠리아 북부 해안에서 카르타고 해군을 격파했다. 이어 카르타고 본거지를 쳤으나 패하고 말았다. 다시 시칠리아를 무대로 벌어진 공방전에서 기원전 241년 최후의 승리를 거둠으로써 제1차 포에니 전쟁은 로마의 승리로 막을 내렸다. 로마는 거액의 배상금과 함께 시칠리아 전역을 손에 넣고, 여세를 몰아 사르디니아와 코르시카까지 장악했다. 제1차 포에니 전쟁 당시 카르타고 장군 하밀카르 바르카스는 패전 후 이베리아로 건너가 정복지를 넓히고 은광을 개발해 카르타고의 손상된 국력을 보충했다. 그러나 기원전 229년 로마의 사주를 받은 자에 의해 암살되고 말았다. 그에게는 세 아들이 있었다. 맏아들이 바로 한니발 바르카스였다. 하밀카르는 어린 한니발에게 주문키를, "네가 자라면 반드시 로마를 멸망시켜야 한다. 신과 내 앞에 맹세토록 하라!"라고 했다. 기원전 221년 한니발은 26세에 이베리아 카르타고군의 총사령관이 되자 곧 이베리아 북부를 공략 중이던 로마에 대한 정면공격을 선언했다. 당시 로마는 지중해 연안의 도시 사군툼을 속령으로 선언하고, 카르타고의 접근을 허용하지 않는다고 밝혔다. 그러나 한니발은 사군툼을 단숨에 점거했다. 기원전 218년의 일이다. 이른바 제2차 포에니 전쟁의 시작이었다. 제1차 포에니 전쟁 이래 카르타고의 국력은 크게 쇠퇴했지만, 로마와 자웅을 겨루는 게 불가능한 일은 아니었다.

그러나 당시 카르타고 본국은 부패와 정쟁으로 인해 크게 피폐해 있었다. 민간인과 군인의 구분이 없던 로마와 달리 직업군인 제도의 카르타고에서는 어떤 장군이 대공을 세우면 민간인 정치인들이 크게 시기했다. 농업 세력과 해상무역 세력 사이의 갈등도 심각했다. 카르타고 본국의 도움을 포기한 한니발은 홀로 로마와 싸우기로 결심했다. 그는 카르타고가 로마에 비해 육전에 약하다는 고정 관념을 깨고 육전의 필승 전략을 개발했다. 4만의 병력으로 피레네산맥을 넘고, 갈리아를 통과, 다시 알프스산맥을 넘어 이탈리아 북부로 침입하는 계책이 그것이다. 예상치 못한 곳에서 튀쳐나온 한니발 군사를 보고 로마인들은 경악했다. 그러나 총 75만의 병력을 가진 로마군은 원정 과정에서 절반가량 줄어 이제는 25,000명가량인 한니발 군사를 간단히 무찌를 수 있을 것 같았다. 한니발은 기병대와 코끼리부대를 동원해 로마의 중장보병을 격파한 뒤 보병대로 밀어붙이는 전법을 구사해 연전연승을 거두었다. 기원전 216년의 칸나 전투에서 로마군 8만 명 가운데 5만 명을 살육했다. 이는 제1차 세계대전의 와중인 1916년의 솜 전투 이전까지 서양에서 하루에 가장 많은 병사가 전사한 전투로 남았다. 한니발은 리더십도 뛰어났다. 적진에서 17년 동안 머물렀으나 대부분 용병인 한니발 군사는 전선을 이탈하거나 난동을 부린 적이 없었다. 병사들과 함께 먹고 함께 자며, 오직 적을 무찌르는데 골몰한 한니발에 대한 존경심이 없었으면 불가능한 일이었다. 그러나 그는 군략에는 뛰어났지만 정략에는 미욱했다. 근본적으로 '훌륭한 조국'을 갖지 못했다. 이 와중에 로마군 총사령관 파비우스 막시무스가 지연술을 구사했다. 이 전략이 주효했다. 한니발은 처음 몇 차례의 대승 이후 로마군의 전력을 좀처럼 줄이지 못한 채 시간만 허비했다. 이 사이에 '한니발을 본받아 한니발에게 이기자!'는 목표를 세운 젊은 로마 장군인 대大 스키피오가 등장했다. 그는 한니발의 길을 거꾸로 밟아 그의 본거지인 이베리아를 정복했다. 이어 북아프리카로 건너가 카르타고 본국을 공략했다. 카르타고는 비겁하게도 '우리는 이번 전쟁과 무관하며, 모든 책임은 한니발 개인에게 있다!'며 거액의 배상금을 매년 바치는 한편 한니발을 소환하겠다고 약속했다. 기원전 203년 한니발은 군사를 이끌고 배에 올라 카르타고를 향할 수밖에 없었다. 그가 귀국하자 카르타고 집권자들은 다시 돌변해 로마에 적대적인 입장을 나타냈다.

당시 카르타고는 로마의 감시를 받는 거의 속국이나 다름없었다. 한니발은 은밀히 병력을 모으며 결전을 꾀했다. 이 와중에 로마의 수송선이 카르타고인에게 약탈되는 사건이 벌어졌다. 로마 원로원이 스키피오에게 카르타고의 섬멸을 명했다. 기원전 202년 북아프리카의 자마에서 45세의 한니발과 33세의 스키피오가 세기의 결전을 벌였다. 한니발은 수적으로 스키피오보다 약간 앞선 약 5만 가량의 병력을 동원했다. 그러나 한니발 전술의 핵심인 누미디아 기병대가 이번에는 로마군 편에 서 있었다. 코끼리 부대가 그 공백을 메워 주기를 기대했으나, 로마군의 화살과 투창 세례에 놀란 코끼리는 오히려 뒤로 돌아서 카르타고 군영을 짓밟았다. 전투는 로마의 승리로 귀결됐다. 한니발은 다시 망명했다. 티레, 시리아, 비티니아 등지를 떠돌며 복수할 방법을 모색했으나 헛수고였다. 기원전 183년, 그는 비티니아 왕이 로마군에게 그를 넘겨주기로 결정했다는 소식을 듣고 이내 독약을 마셨다. 죽어가며 이렇게 외쳤다고 한다. "아, 카르타고여! 나를 용서해 다오!" 그가 죽은 지 37년 뒤 로마는 피폐해질 대로 피폐해진 카르타고에 최후의 선전포고를 했다. 기원전 146년 카르타고는 철저히 패망했다. 로마군은 도성 안의 모든 남자를 학살한 뒤 모든 여자와 아이를 노예로 잡아갔다. 이어 나무와 풀을 불사르고는 소금을 대량으로 뿌렸다. 풀 한 포기 자라지 못하는 죽음의 땅으로 만든 것이다.

헬리오가발루스(Heliogabalus, 205-222)

218년부터 222년까지 보위에 있다가 근위대에 의해 살해된 로마의 황제. 본명은 '마르쿠스 아우렐리우스 안토니누스 아우구스투스'. '헬리오가발루스 신'의 제사장을 역임한데서 나온 별칭이다. 이 별칭은 엘라가발루스Elagabalus, 엘라가발Elagabal, 엘가발El-Gabal 등으로도 불린다. 엘라가발루스는 당초 시리아의 에메사에서 숭배된 신이었다. 시리아어 일라 하그-가발Ilāh hag-Gabal은 신을 뜻하는 일라Ilāh와 산을 뜻하는 가발gabal이 합쳐진 것이다. 시리아어 '가발'은 히브리어 '거불'과 아랍어 '자발'과 어원이 같다. '엘라가발루스'는 곧 '산의 신'을 뜻한다. 이를 라틴어로 표기하면 '엘라가발루스', 그리스어로 표기하면 '헬리오가발루스'이다. 그는 엘라가발루스를 로마 판테온의 주신으로 만들려고 했다. 그는 엘라가발루스의 이름을 무적의 태양신을 뜻하는 데우스 솔 인빅투스Deus Sol Invictus로 바꾼 뒤 유피테르 위에 두고, 엘라가발리움Elagabalium 신전을 세웠다. 그의 사후 본명보다는 자신이 숭배한 신과 동일한 이름의 엘라가발루스로 더 알려지게 된 배경이 여기에 있다. 그는 재위 기간 중 괴이한 행동으로 유명하다. 217년 카라칼라가 마크리누스에게 살해당하고 마크리누스가 보위에 올랐다. 218년 조모인 율리아 마이사 등이 군대를 사주해 마크리누스를 살해하고 엘라가발루스를 옹립했다. 그는 최초의 동방출신 황제였다. 동물을 좋아해 거미집을 수집하기도 하고, 각종 동물을 마차에 싣고 거리를 돌아다니게 했다. 파티 때는 손님에게 유리로 만든 음식을 대접하는가 하면, 제대로 된 음식에도 거미나 말똥을 섞어 넣기도 했다. 거대한 목욕탕을 지은 뒤 한 번만 사용하고 부수어 버리기도 했다. 국고가 이내 바닥났다. 조모인 마이사가 그의 동생 알렉산데르를 후계자로 결정하자 근위대장을 시켜 알렉산데르를 제거코자 했으나 오히려 222년 3월 11일 모친인 율리아 소아이미아스와 함께 군사들에 의해 살해됐다.

히에론 2세(Hieron II, BC 308-216)

기원전 270년부터 기원전 215년까지 재위한 시라쿠사의 왕. 히에론 2세 이전의 시라쿠사 통치자는 에페이로스의 피로스였다. 피로스가 로마에 패해 철군하자 피로스 휘하의 장군으로 있던 그는 시라쿠사의 명망가 레프티네스의 딸과 결혼하여 입지를 강화한 뒤 시라쿠사 북쪽에 있는 그리스 식민지였던 메시나를 제압했다. 덕분에 기원전 270년 시라쿠사의 왕이 될 수 있었다. 제1차 포에니 전쟁에서 카르타고를 지지하며 로마에 대적했다. 기원전 263년 로마군과 접전해 대패한 뒤 시칠리아의 일부를 할양하는 조건으로 강화조약을 맺었다. 이후 그는 죽을 때까지 로마 편에 섰다. 당시 그는 시라쿠사의 방어를 위해 아르키메데스를 고용하였다. 아르키메데스는 도시방어에 필요한 여러 도구를 발명했다. 훗날 시라쿠사 공방전에서 시라쿠사는 로마군의 진격을 2년이나 저지할 수 있었다. 기원전 1세기의 로마 건축가 비트루비우스Vitruvius의 기록에 따르면 그는 금세공사에게 순금을 주어 신에게 바칠 금관을 만들게 한 적이 있었다. 완성된 금관을 받은 그는 은이 섞인 것이 아닌지 의심했으나 확인할 방도가 없자 아르키메데스에게 검사를 의뢰했다. 아르키메데스는 욕조에 들어갔다가 물질의 밀도에 따라 비중이 다르다는 것을 발견했다. 크게 기뻐한 나머지 그는 맨 몸으로 뛰쳐나와 드디어 찾았다는 뜻의 '유레카εὕρηκα!'를 외쳤다고 한다.

참고문헌

1. 기본서

『논어』, 『맹자』, 『관자』, 『순자』, 『열자』, 『한비자』, 『윤문자』, 『도덕경』, 『장자』, 『묵자』, 『양자』, 『상군서』, 『안자춘추』, 『춘추좌전』, 『춘추공양전』, 『춘추곡량전』, 『여씨춘추』, 『회남자』, 『춘추번로』, 『오월춘추』, 『신어』, 『세설신어』, 『잠부론』, 『염철론』, 『국어』, 『설원』, 『전국책』, 『논형』, 『공자가어』, 『정관정요』, 『자치통감』, 『독통감론』, 『일지록』, 『명이대방록』, 『근사록』, 『송명신언행록』, 『설문해자』, 『사기』, 『한서』, 『후한서』, 『삼국지』.

2. 저서 및 논문

1) 한국

가이쯔까 시게끼, 『제자백가』(김석근 외 역, 까치, 1989).

강상중, 『오리엔탈리즘을 넘어서』(이산, 1997).

강정인 외, 『군주론, 강한 국가를 위한 냉혹한 통치론』(살림출판사, 2005).

곽말약, 『중국고대사상사』(조성을 역, 도서출판 까치, 1991).

관중, 『관자』(김필수 외 역, 소나무, 2006).

김경준, 『지금 마흔이라면 군주론』(위즈덤하우스, 2012).

김경희, 『공존의 정치 : 마키아벨리 군주론의 새로운 이해』(서강대출판부, 2013).

김길환, 「공자의 정치철학에 대한 해석」 『문화비평』 3-1(1971).

김승혜, 『원시유교』(민음사, 1990).

김엽, 「전국·진한대의 지배계층」『동양사학연구』(1989).

김영국, 『마키아벨리와 군주론』(서울대출판부, 1995).

김용찬, 「헤겔과 근대 자연권의 위기」『한국정치학회보』36-1(2002).

김정진, 「공자의 이상정치론과 그 철학」『동양문화연구』5(1978).

김충열, 『노장철학 강의』(예문서원, 1995).

김한식, 『실학의 정치사상』(일지사, 1979).

나이토 요시히토, 『마키아벨리의 인생지략』(박지현 역, 더난출판사, 2012).

나카지마 다카시, 『한비자의 제왕학』(오상현 역, 동방미디어, 2004).

니담, 『중국의 과학과 문명』(이석호 역, 을유문화사, 1988).

니시지마 사다이끼, 『중국고대사회경제사』(변인석 편역, 한울아카데미, 1996).

두웨이밍, 『문명들의 대화』(김태성 역, 휴머니스트, 2006).

라이샤워 외, 『동양문화사』상하(고병익 외 역, 을유문화사, 1973).

량치차오, 『중국문화사상사』(이민수 역, 정음사, 1980).

리쩌허우, 『중국현대사상사의 굴절』(김형종 역, 지식산업사, 1998).

리쭝우, 『후흑학』(신동준 역, 효형, 2003).

린유탕, 『공자의 사상』(민병산 역, 현암사, 1984).

마루야마 마사오, 『일본정치사상사연구』(김석근 역, 한국사상사연구소, 1995).

마쓰시마 다까히로 외, 『동아시아사상사』(조성을 역, 한울아카데미, 1991).

마오쩌둥, 『실천론·모순론』(이승연 역, 두레, 1989).

마키아벨리, 『군주론』(강정인 외 역, 까치글방, 2008).

_____, 『군주론』(최장집 편, 박상훈 역, 후마니타스, 2014).

_____, 『군주론/정략론』(황문수 역, 동서문화사, 2007).

_____, 『군주론』(박상섭 역, 서울대출판문화원, 2011).

_____, 『군주론』(신철희 역, 책마루, 2013).

_____, 『군주론』(신복룡 역, 을유문화사, 2007).

_____, 『군주론/전술론』(이상두 역, 범우사, 2002).

_____, 『로마사 논고』(강정인 외 역, 한길사, 2003).

_____, 『전술론』(이영남 역, 스카이, 2011).

모리모토 준이치로, 『동양정치사상사 연구』(김수길 역, 동녘, 1985).

모리야 히로시, 『한비자, 관계의 지략』(고정아 역, 이끌리오, 2008).

미조구치 유조, 『중국 사상문화 사전』(김석근 외 역, 책과 함께, 2011).

박영진, 『공자에서 노신까지』(삼경, 1999).

박충석, 『한국정치사상사』(삼영사, 1982).

박한제, 『중국역사기행』1-3(사계절, 2003).

북경대중국철학사연구실 편, 『중국철학사』(박원재 역, 자작아카데미,
         1994).

사이드, 『오리엔탈리즘』(박홍규 역, 교보문고, 1997).

샤오궁취안, 『중국정치사상사』(최명 역, 서울대출판부, 2004).

서복관, 『중국예술정신』(이건환 역, 이화문화사, 2001).

서울대동양사학연구실 편, 『강좌 중국사』1-7(지식산업사, 1989).

성태용, 「심성론, 예론과의 관련아래서 본 순자의 수양론」 『태동고전연구』
         (1989).

세러 브래드퍼드, 『체사레 보르자』(김한영 역, 사이, 2008).

손무, 『손자병법』(유동환 역, 홍익출판사, 2002).

손빈, 『손빈병법』(김진호 역, 명문당, 1994).

솔즈베리, 『새로운 황제들』(박월라 외 역, 다섯수레, 1993).

송영배, 『제자백가의 사상』(현암사, 1994).

슈월츠, 『중국고대사상의 세계』(나성 역, 살림출판사, 1996)

신동준, 『덕치, 인치, 법치』(예문서원, 2003)

―――, 『후흑학』(인간사랑, 2010).

신창호, 『관자, 최고의 국가건설을 위한 현실주의』(살림출판사, 2013).

아리스토텔레스, 『정치학』(천병희 역, 숲, 2010).

알리스터 맥알핀, 『기업군주론』(이기문 외 역, FKI미디어, 2000).

양국영, 『맹자 평전』(미다스북스, 2002).

엔리에산 외, 『이탁오평전』(홍승직 역, 돌베개, 2005).

엔쟈지, 『수뇌론』(한인희 역, 희성출판사, 1990).

오가다 히데히로, 『세계사의 탄생』(이진복 역, 황금가지, 2002).

오동환, 『공자처럼 읽고 소크라테스처럼 생각하라』(세시, 2000).

오카모토 류조, 『한비자 제왕학』(배효용 역, 예맥, 1985).

유필화, 『역사에서 리더를 만나다』(흐름출판, 2010).

윤무학, 『순자』(성균관대출판부, 2005).

이강수, 「장자의 정치윤리사상」『정신문화연구』(1986).

이계희, 「중국의 정치학과 정치개혁」『한국정치학회보』34-3(2000).

이기동, 『공자』(성균관대 출판부, 1999).

이남훈, 『여성을 위한 군주론』(북퀘스트, 2013).

이성규 외, 『동아사상의 왕권』(한울아카데미, 1993).

이재권, 「순자의 명학사상-'정명편'을 중심으로」『동서철학연구』8(1991).

이철, 『가슴에는 논어를, 머리에는 한비자를 담아라』(원앤원북스, 2011).

이춘식, 「유가정치사상의 이념적 제국주의」『인문논집』27(1982).

이치카와 히로시, 『영웅의 역사, 제자백가』(이재정 역, 솔, 2000).

이탁오, 『분서』(김혜경 역, 한길사, 2004).

장기근, 「예와 예교의 본질」『동아문화』9(1970).

전목, 『중국사의 새로운 이해』(권중달 역, 집문당, 1990).

전세영, 『공자의 정치사상』(인간사랑, 1992).

전일환, 『난세를 다스리는 정치철학』(자유문고, 1990).

전해종 외, 『중국의 천하사상』(민음사, 1988).

정동국, 『공자와 양명학』(태학사, 1999).

정영훈, 「선진 도가의 정치사상」『민주문화논총』(1992).

정정훈, 『군주론, 운명을 넘어서는 역량의 정치학』(그린비, 2011).

조광수, 「노자 무위의 정치사상」『중국어문논집』4(1988).

조윤수, 「유가의 법치사상」『중국연구』10(1987).

존 산본마쓰, 『탈근대군주론』(신기섭 역, 갈무리, 2005).

진고응, 『노장신론』(최진석 역, 소나무, 1997).

차이런허우, 『순자의 철학』(천병돈 역, 예문서원, 2000).

체스타 탄, 『중국현대정치사상사』(민두기 역, 지식산업사, 1979).

초굉익후, 『노자익』(이현주 역, 두레, 2000).

최명, 『춘추전국의 정치사상』(박영사, 2004).

최성철, 「선진유가의 정치사상 연구」『한국학논집』11(1987).

캉유웨이, 『대동서』(이성애 역, 민음사, 1994).

퀜틴 스키너, 『마키아벨리의 네 얼굴』(강정인 외 역, 한겨레출판, 2010).

크릴, 『공자, 인간과 신화』(이성규 역, 지식산업사, 1989).

펑여우란, 『중국철학사』(정인재 역, 형설출판사, 1995).

펑유, 『천인관계론』(김갑수 역, 신지서원, 1993).

프란체스코 귀치아르디니, 『신군주론』(이동진 역, 해누리, 2003).

플라톤, 『국가·정체』(박종현 역, 서광사, 1997).

플루타르코스, 『플루타르크 영웅전』(김병철 역, 범우사, 1994).

한국공자학회 편, 『공자사상과 현대』(사사연, 1986).

한국도교문화학회, 『도교와 생명사상』(국학자료원, 1998).

한국동양철학회 편, 『동양철학의 본체론과 인성론』(연세대출판부, 1990).

한무희 외 편, 『선진제자문선』(성신여대출판부, 1991).

함재봉, 『유교자본주의, 민주주의』(전통과 현대, 2000).

황원구, 『중국사상의 원류』(연세대출판부, 1988).

후스, 『중국고대철학사』(송긍섭 역, 대한교과서주식회사, 1983).

후쿠나가 미쓰지, 『장자, 고대중국의 실존주의』(이동철 외 역, 청계, 1999).

2) 중국

耿振東, 『管子硏究史－戰國至宋代』(學苑出版社, 2011).

高亨, 『老子正詁』(中華書店, 1988).

高懷民, 「中國先秦道德哲學之發展」『華岡文科學報』14(1982).

顧頡剛 外, 『古史辨』1926－1941(上海古籍出版社).

郭沂, 『郭店竹簡與先秦學術思想』(上海敎育出版社, 2001)

郭末若, 『十批判書』(古楓出版社, 1986).

冀昀, 『韓非子』(線裝書局, 2008).

羅世烈, 「先秦諸子的義利觀」『四川大學學報(哲學社會科學)』1988－
        1(1988).

童書業, 『先秦七子思想硏究』(齊魯書社, 1982).

羅根澤, 『管子探源』(岳麓書社, 2010).

樓宇烈, 『王弼集校釋』(中華書局, 1999).

牟宗三, 『中國哲學的特質』(臺灣學生書局, 1980).

方立天, 『中國古代哲學問題發展史』上下(中華書局, 1990).

傅樂成, 「漢法與漢儒」『食貨月刊』復刊5－10(1976).

徐復觀, 『中國思想史論集』(臺中印刷社, 1951).

蕭公權, 『中國政治思想史』(蕭公權先生全集4)(臺北聯經出版事業公司,
        1980).

蘇誠鑑, 「漢武帝"獨尊儒術"考實」『中國哲學史硏究』1(1985).

蘇俊良, 「論戰國時期儒家理想君王構想的産生」『首都師範大學學報』
        2(1993).

孫謙, 「儒法法理學異同論」『人文雜誌』6(1989).

宋洪兵, 『新韓非子解讀』(人民大學出版社, 2010).

梁啓超, 『先秦政治思想史』(商務印書館, 1926).

楊寬, 『戰國史』(上海人民出版社, 1973).

楊榮國 編, 『中國古代思想史』(三聯書店, 1954).

楊幼炯, 『中國政治思想史』(商務印書館, 1937).

楊義, 『韓非子還原』(中華書局, 2011).

楊鴻烈, 『中國法律思想史』上, 下(商務印書館, 1937).

呂思勉, 『秦學術概論』(中國大百科全書, 1985).

吳光, 『黃老之學通論』(浙江人民出版社, 1985).

吳辰佰, 『皇權與紳權』(儲安平, 1997).

王文亮, 『中國聖人論』(中國社會科學院出版社, 1993).

王先愼, 『新韓非子集解』(中華書局, 2011).

饒宗頤, 『老子想爾注校證』(上海古籍出版社, 1991).

于霞, 『千古帝王術, 韓非子』(江西教育, 2007).

熊十力, 『新唯識論－ 原儒』(山東友誼書社, 1989).

劉澤華, 『先秦政治思想史』(南開大學出版社, 1984).

游喚民, 『先秦民本思想』(湖南師範大學出版社, 1991).

李錦全 外, 『春秋戰國時期的儒法鬪爭』(人民出版社, 1974).

李宗吾, 『厚黑學』(求實出版社, 1990).

李澤厚, 『中國古代思想史論』(人民出版社, 1985).

人民出版社編輯部 編, 『論法家和儒法鬪爭』(人民出版社, 1974).

張固也, 『管子研究』(齊魯書社, 2006).

張寬, 『韓非子譯注』(上海古籍出版社, 2007).

張君勱, 『中國專制君主政制之評議』(弘文館出版社, 1984).

張岱年, 『中國倫理思想研究』(上海人民出版社, 1989).

蔣重躍, 『韓非子的政治思想』(北京師範大出版社, 2010)

錢穆, 『先秦諸子繫年』(中華書局, 1985).

鍾肇鵬, 『董仲舒的儒法合流的政治思想』『歷史研究』3(1977).

周立升 編, 『春秋哲學』(山東大學出版社, 1988).

周燕謀 編, 『治學通鑑』(精益書局, 1976).

陳鼓應, 『老子注譯及評價』(中華書局, 1984).

馮友蘭,『中國哲學史』(商務印書館, 1926).

許抗生,『帛書老子注譯與研究』(浙江人民出版社, 1985).

胡家聰,『管子新探』(中國社會科學出版社, 2003).

胡適,『中國古代哲學史』(商務印書館, 1974).

侯外廬,『中國思想通史』(人民出版社, 1974).

侯才,『郭店楚墓竹簡校讀』(大連出版社,1999).

3) 일본

加藤常賢,『中國古代倫理學の發達』(二松學舍大學出版部, 1992).

角田幸吉,『儒家と法家』『東洋法學』12-1(1968).

岡田武彦,『中國思想における理想と現實』(木耳社, 1983).

鎌田正,『左傳の成立と其の展開』(大修館書店, 1972).

高文堂出版社 編,『中國思想史(上,下)』(高文堂出版社, 1986).

高須芳次郎,『東洋思想十六講』(新潮社, 1924).

顧頡剛,『中國古代の學術と政治』(小倉芳彦 等 譯, 大修館書店, 1978).

館野正美,『中國古代思想管見』(汲古書院, 1993).

溝口雄三,『中國の公と私』(研文出版, 1995).

宮崎市定,『アジア史研究(I-V)』(同朋社, 1984).

金谷治,『秦漢思想史研究』(平樂寺書店, 1981).

大久保隆郎也,『中國思想史(上)-古代.中世-』(高文堂出版社, 1985).

大濱晧,『中國古代思想論』(勁草書房, 1977).

渡邊信一郎,『中國古代國家の思想構造』(校倉書房, 1994).

服部武,『論語の人間學』(富山房, 1986).

上野直明,『中國古代思想史論』(成文堂, 1980).

西野廣祥,『中國の思想 韓非子』(德間文庫, 2008).

西川靖二,『韓非子 中國の古典』(角川文庫, 2005).

小倉芳彦,『中國古代政治思想研究』(靑木書店, 1975).

守本順一郎,『東洋政治思想史硏究』(未來社, 1967).

守屋洋,『右手に論語 左手に韓非子』(角川マガジンズ, 2008).

安岡正篤,『東洋學發掘』(明德出版社, 1986).

安居香山 編,『讖緯思想の綜合的硏究』(國書刊行會, 1993).

宇野茂彦,『韓非子のことば』(斯文會, 2003).

宇野精一 外,『講座東洋思想』(東京大出版會, 1980).

栗田直躬,『中國古代思想の硏究』(岩波書店, 1986).

伊藤道治,『中國古代王朝の形成』(創文社, 1985).

日原利國,『中國思想史(上,下)』(ペリカン社, 1987).

竹內照夫,『韓非子』(明治書院, 2002).

中島孝志,『人を動かす「韓非子」の帝王學』(太陽企畵出版, 2003).

中村哲,『韓非子の專制君主論』『法學志林』74-4(1977).

紙屋敦之,『大君外交と東アジア』(吉川弘文館, 1997).

貝塚茂樹 編,『諸子百家』(筑摩書房, 1982).

戶山芳郎,『古代中國の思想』(放送大敎育振興會, 1994).

丸山松幸,『異端と正統』(每日新聞社, 1975).

丸山眞男,『日本政治思想史硏究』(東京大出版會, 1993).

荒木見悟,『中國思想史の諸相』(中國書店, 1989).

4) 서양

Ahern, E. M., *Chinese Ritual and Politics*(London-Cambridge Univ. Press, 1981).

Allinson, R.(ed.), *Understanding the Chinese Mind-The Philosophical Roots* (Hong Kong- Oxford Univ. Press, 1989).

Aristotle, *The Politics* (London-Oxford Univ. Press, 1969).

Barker, E., *The Political Thought of Plato and Aristotle*(New York-Dover Publications, 1959).

Bell, D. A., "Democracy in Confucian Societies-The Challenge of Justification." in Daniel Bell et. al., *Towards Illiberal Democracy in Pacific Asia*(Oxford- St. Martin's Press, 1995).

Bondanella, P., *The Prince*(N.Y., Oxford University Press, 2005).

Carr, E. H., *What is History*(London-Macmillan Co., 1961).

Cohen, P. A., *Between Tradition and Modernity-Wang T'ao and Reform in Late Ch'ing China*(Cambridge-Harvard Univ. Press, 1974).

Creel, H. G., *Shen Pu-hai. A Chinese Political Philosopher of The Fourth Century B.C.*(Chicago-Univ. of Chicago Press, 1975).

Cua, A. S., *Ethical Argumentation-A study in Hsün Tzu's Moral Epistemology* (Honolulu-Univ. Press of Hawaii, 1985).

De Bary, W. T., *The Trouble with Confucianism*(Cambridge, Mass./London-Harvard Univ. Press, 1991).

Fukuyama, F., *The End of History and the Last Man*(London-Hamish Hamilton, 1993).

Hsü, L. S., *Political Philosophy of Confucianism*(London-George Routledge & Sons, 1932).

Inglese, G., *Il Principe*(Tonino, Einaudi, 2005).

Melograni, P., *Il Principe di Niccolò Machiavelli*(Milano, BUR, 2006).

Moritz, R., *Die Philosophie im alten China*(Berlin-Deutscher Verl. der Wissenschaften, 1990).

Munro, D. J., *The Concept of Man in Early China*(Stanford-Stanford Univ. Press, 1969).

Nikodimov, M.G., *Le Prince*(Paris, LGF, 2000).

Peerenboom, R. P., *Law and Morality in Ancient China-The Silk Manuscripts of Huang-Lao*(Albany, New York- State Univ. of New York Press, 1993).

Plato, *The Republic*(London-Oxford Univ. Press, 1964).

Pott, W. S., *A Chinese Political Philosophy*(New York-Alfred. A. Knopf, 1925).

Rubin, V. A., *Individual and State in Ancient China-Essays on Four Chinese Philosophers*(New York- Columbia Univ. Press, 1976).

Schwartz, B. I., *The World of Thought in Ancient China* (Cambridge-Harvard Univ. Press, 1985).

Skinner, Q. & Price, R., *The Prince*(Cambridge, Cambridge University Press, 1988).

Stewart, M., *The Management Myth*(New York, W. W. Norton & Company, 2009).

Taylor, R. L., *The Religious Dimensions of Confucianism*(Albany, New York- State Univ. of New York Press, 1990).

Tomas, E. D., *Chinese Political Thought*(New York- Prentice-Hall, 1927).

Tu, Wei-ming, *Way, Learning and Politics-Essays on the Confucian Intellectual* (Albany, New York- State Univ. of New York Press, 1993).

Waley, A., *Three Ways of Thought in Ancient China*(New York- doubleday & company, 1956).

Wu, Geng, *Die Staatslehre des Han Fei-Ein Beitrag zur chinesischen Idee der Staatsräson* (Wien & New York-Springer-Verl., 1978).

마키아벨리 군주론

발행일 1쇄 2014년 10월 20일
　　　　24쇄 2023년 11월 20일
지은이 니콜로 마키아벨리
옮긴이 신동준
펴낸이 여국동

펴낸곳 도서출판 인간사랑
출판등록 1983. 1. 26. 제일 - 3호
주소 경기도 고양시 일산동구 백석로 108번길 60-5 2층
전화 031)901 - 8144(대표) | 977 - 3073(영업부) | 031)907 - 2003(편집부)
팩스 031)905 - 5815
전자우편 igsr@naver.com
페이스북 http://www.facebook.com/igsrpub
블로그 http://blog.naver.com/igsr
인쇄 인성인쇄 **출력** 현대미디어 **종이** 세원지업사

ISBN 978 - 89 - 7418 - 330 - 1 03340

이 도서의 국립중앙도서관 출판시도서목록(CIP)은 서지정보유통지원시스템 홈페이지(http://seoji.nl.go.kr)와
국가자료공동목록시스템(http://www.nl.go.kr/kolisnet)에서 이용하실 수 있습니다.(CIP제어번호: CIP2014027538)